독자의 1초를 아껴주는 정성!

세상이 아무리 바쁘게 돌아가더라도
책까지 아무렇게나 빨리 만들 수는 없습니다.
인스턴트 식품 같은 책보다는
오래 익힌 술이나 장맛이 밴 책을 만들고 싶습니다.

땀 흘리며 일하는 당신을 위해
한 권 한 권 마음을 다해 만들겠습니다.
마지막 페이지에서 만날 새로운 당신을 위해
더 나은 길을 준비하겠습니다.

독자의 1초를 아껴주는
정성을 만나보십시오.

미리 책을 읽고 따라해 본 2만 베타테스터 여러분과
무따기 체험단, 길벗스쿨 엄마 기획단,
시나공 평가단, 토익 배틀, 대학생 기자단까지!

믿을 수 있는 책을 함께 만들어주신 독자 여러분께 감사드립니다.

(주)도서출판 길벗 www.gilbut.co.kr
길벗이지톡 www.eztok.co.kr
길벗스쿨 www.gilbutschool.co.kr

이제, 돈 되는 경매다

이제, 돈 되는 경매다

초판 1쇄 발행 · 2017년 10월 16일
초판 4쇄 발행 · 2021년 5월 20일

지은이 · 이현정
발행인 · 이종원
발행처 · (주)도서출판 길벗
출판사 등록일 · 1990년 12월 24일
주소 · 서울시 마포구 월드컵로 10길 56(서교동)
대표 전화 · 02)332-0931 | **팩스** · 02)323-0586
홈페이지 · www.gilbut.co.kr | **이메일** · gilbut@gilbut.co.kr

기획 및 책임 편집 · 이지현(lee@gilbut.co.kr)
제작 · 손일순 | **영업마케팅** · 정경원, 최명주 | **웹마케팅** · 김진영, 장세진
영업관리 · 김명자 | **독자지원** · 송혜란, 윤정아

편집진행 · 이명애 | **디자인 및 전산편집** · 디박스 | **인쇄** · 예림인쇄 | **제본** · 예림바인딩

▶ 책 속의 내용은 2017년 9월을 기준으로 작성하였습니다.
▶ 잘못된 책은 구입한 서점에서 바꿔 드립니다.
▶ 이 책에 실린 모든 내용, 디자인, 이미지, 편집 구성의 저작권은 (주)도서출판 길벗과 지은이에게 있습니다.
   허락 없이 복제하거나 다른 매체에 옮겨 실을 수 없습니다.

ISBN 979-11-6050-298-5 13320
(길벗 도서번호 070288)

정가 16,800원

독자의 1초를 아껴주는 정성 '길벗출판사'
(주)도서출판 길벗 | IT실용, IT/일반 수험서, 길벗 비즈, 길벗 라이프, 더퀘스트 www.gilbut.co.kr
길벗이지톡 | 어학단행본, 어학수험서 www.eztok.co.kr
길벗스쿨 | 국어학습, 수학학습, 어린이교양, 주니어 어학학습, 교과서 www.gilbutschool.co.kr

이제, 돈 되는 경매다

돈 없는 당신도 집주인, 상가주인, 땅주인이 될 수 있다!

이현정 지음

프 | 롤 | 로 | 그

돈이 없어서 경매를 했던 그 이후

≪나미야 잡화점의 기적≫에서 하루미는 나미야씨에게 보낸 상담 편지의 답장을 받는다. 실은 그 편지는 미래에서 온 편지다. 편지에는 괴상한 이야기가 쓰여 있었다.

"부동산과 주식을 공부하세요. 1985년부터 부동산을 사세요. 그리고 1990년에는 모두 파세요. 대폭락이 올 거든요. 1990년 이후에는 인터넷사업을 하세요. 그러면 당신이 원하는 성공을 가지게 될 거예요."

1980년도의 하루미에게는 이상하기만 한 편지였지만, 하루미는 편지의 조언대로 부동산과 주식을 공부했고, 뛰어난 사업가가 되었고, 성공한 부자가 된다.

주변 사람들은 하루미가 하는 일이 모두 잘되는 것을 보고 선견지명이 있다고 말했다.

우리는 하루미처럼 미래에서 온 편지를 받진 못하지만, 비슷한 이야기는 이미 알고 있다.

- **부동산과 주식을 공부하세요.** 학교에서는 돈에 대해 가르쳐주지 않는다. 부동산과 주식을 공부해야 하고, 경제신문을 읽어야 하며, 유가와 환율에 관심을 가져야 한다.
- **1990년도에는 가진 부동산을 모두 파세요.** 부동산의 겨울이나 주가폭락은 주기적으로 온다. 정확히 날짜를 알지 못해도 그날이 온다는 것은 사실이다. 잊지 말아야 한다.
- **인터넷사업을 하세요.** 투자만이 아닌 자신의 사업을 같이 해야 한다. 미래지향적 사업 말이다.

나도 하루미와 같은 편지를 받았다. 그것도 거의 매일, 지금도 받고 있다.

내게 편지를 보낸 사람들은 수많은 저자들이다. 브라이언 트레이시, 보도 섀퍼, 스티븐 코비, 그리고 데일 카네기 등등. 나는 그들의 말대로 원하는 결과를 얻기 위해 원인을 만들었고, 돈에 대한 철학을 세웠다. 중요한 일을 먼저 처리하려고 노력했고, 어차피 일어나게 될 일에 대해서 지나치게 걱정하지 않는 배포를 갖게 되었다.

나를 버티게 해주었던 고마운 책들처럼 내가 쓴 책이 누군가에게 희망이 된다면 얼마나 감사한 일인가. 감사하게도 첫 책《나는 돈이 없어도 경매를 한다》를 써주어서 고맙다는 독자들의 메일을 수없이 받았다. 책을 읽고 경매를 시작해서 내집마련에 성공했다는 분은 물론이며, 임대사업자가 된 분들도 만났다. 자신만의 투자 이야기로 저자가 되신 분들도 여럿 있다.

저자에게 이보다 더한 기쁨이 있을까.

"경매 어떨 때 가장 힘들어요?"

독자의 질문에 나는 한참을 생각한 후 겨우 답을 찾았다.

"돈 되는 물건 찾는 거요."

돈이 없어 경매를 하던 그때도 그랬고, 지금도 같은 고민이다.

부동산 시장 상황이 변했다.

나도 변했다. 기고 걷던 아이가 덤블링을 하듯이 나도 많이 성장했다.

쉽고 간단한 물건만 하던 나는 이제 다양한 물건을 하고 있다. 상가를 낙찰받았고, 대지, 전, 임야 등 다양한 토지를 낙찰받아 건축까지 하였다. 간간이 주거용 물건도 한다. (현재 나는 동생과 함께 투자법인을 운영하고 있다.)

새로 시작하는 물건은 매번 도전이었고, 어김없이 좌충우돌이었다. 가끔은 운좋게 잘 풀리기도 하고, 가끔은 힘들게 겨우겨우 헤쳐나간다. 그렇게 조금씩 나는 성장했다.

이제, 돈 되는 경매다

경매가 돈이 되는 이유는 어렵기 때문이다.

《나는 돈이 없어도 경매를 한다》에서 나는 쉬운 경매만을 이야기했다. 아무리 쉬운 경매를 한다고 해도 '따라하기'는 간단치 않다. 경매에서 특히 힘든 부분은 '명도'인데, 명도가 어려울수록 경쟁이 낮다.

어려운 명도를 제대로 할 수 있다면 경쟁력이 있다.

주거용에서 명도가 함정이라면, 상가나 토지는 일반인이 접근조차 하기 어려운 분야다.

사업을 하는 사람은 상가 임차인 경험이 있으므로 상가경매에 유리하다. 나는 직접 상가 임차인이 되었고, 그제야 비로소 상가가 이해가 됐다.

토지를 이해하기 위해 많은 공부가 필요했다. 토지는 개별성이 강하고 변수가 많아 여전히 어렵다. 하지만 매력 있다.

경매, 어려우면 어려울수록 경쟁은 낮고 수익은 높다.

경쟁이 치열한 지금, 당신이 이제 쉬운 경매를 벗어나야 하는 이유다.

이제 당신의 이야기다

나는 여전히 세 아이의 엄마다. 어제는 막내 체험학습에서 먹을 김밥을 싸고, 오늘은 둘째 생일 미역국을 끓인다. 나에게는 이런 일이 특별할 것 없는 일상이다.

그 일상 한가운데에 경매가 있다.

당신에게도 경매가 일상이 되길 바란다. 그러기 위해서 한 단계 업그레이드가 필요하다.

이제 나와 함께 (그 대단한) 일상 속으로 들어가보자.

이현정

P.S. 이 책을 이용하는 방법

이 책에는 돈 벌었다는 장황한 이야기가 없다. 이 책은 돈 되는 경매를 하기 위한 사례 이론서다. 어려운 용어를 쉽게 풀려고 노력했고, 다양한 사례를 실었다.

이 책은 토지부터 상가, 권리분석, 공매, 세금까지 다양한 구성으로 이루어져 있다. 순서대로 읽지 않고 관심 있는 분야를 먼저 읽어도 상관없다.

이 책은 내가 직접 경험하고 겪은 일을 바탕으로 하였으되, 겪지 않은 일은 여러 권리분석 책을 참고하였고 다른 투자자들의 조언을 얻었다. 일일이 허락을 구하지 못하고 사례로 게재한 분들께 이해를 구한다. (이름은 주로 가명으로 하였고, 지인의 이름을 빌려 썼다.)

늘 함께하는 동생과 회사 식구들, 흔쾌히 인터뷰에 응해 주신 멤버들, 즐거운경매 회원들, 우리 가족과 편집자, 출판사 관계자분들, 그리고 책을 집필하는 데 도움을 주신 모든 분들께 미리 감사의 마음을 전한다.

목 | 차

| 프롤로그 |
돈이 없어서 경매를 했던 그 이후   004

PART 1   큰돈 되는 상가와 토지에 눈떠라!
012

첫째 마당

경매가 많이 변했다

01 | 부동산 시장의 사계절   016
02 | 부동산 실력 쌓기에 경매만 한 게 없다   021
03 | 돈 되는 경매의 시작   025

둘째 마당

땅에서 기회를 발견하다

04 | 나도 정원 딸린 예쁜 전원주택에 살고 싶다   030
05 | 땅주인이 되는 다양한 방법   034
06 | 토지 관련 법, 이것만 알면 된다!   038
07 | 시간과 비용을 아끼려면 도로와 배수로부터!   042
08 | 좋은 토지를 찾아내는 인터넷 현장답사   046

09	대지 369평을 낙찰받다	051
10	이 땅을 어떻게 쓸까? 용도지역과 지목	057
	알아두면 돈 되는 지식 토지의 지목 & 용도지역별 건폐율과 용적률	063
11	지목 확인은 필수! 나가는 돈이 다르다	067
12	농지취득증명서, 의외로 쉽다!	074
13	토지 체크 포인트 1 – 지상권과 법정지상권	078
14	토지 체크 포인트 2 – 분묘기지권과 지분권	084
Interview ❶ 10년치 월급보다 경매가 더 효도하네요.		087

셋째마당 월세 2배, 상가 입찰 도전하기

15	좋은 상가 알아보는 8가지 방법	092
16	상가 입찰하기	100
17	좋은 상가와 나쁜 상가, 공실률이 말해 준다	105
18	공실률 낮추는 상가 관리법	111
19	상가 강제집행과 동산경매	116
20	도전! 공장 입찰	123
Interview ❷ 스몰비어 점주입니다. 저도 건물주가 되고 싶더라고요.		127

PART 2 아는 게 힘이다! 돈을 버는 권리분석
130

넷째마당 말소기준권리, 내 돈을 지키는 안전장치

| 21 | 많이 알수록 기회도 많아진다 | 134 |

22	돈 되는 경매를 위한 등기부등본 파헤치기	137
23	경매 난이도, 말소기준권리가 말해 준다!	140
24	말소하다, 오직 돈에 얽힌 것만	142

알아두면 돈 되는 지식 모든 법칙이 그러하듯이 예외가 있다 … 145

25	말소기준권리 ❶ 은행 근저당권, 말소기준권리의 시작	146
26	말소기준권리 ❶ 은행은 손해 보지 않는다	151
27	말소기준권리 ❷ 가압류 있는 집, 입찰해도 되나요?	156

알아두면 돈 되는 지식 저당권과 압류는 어떻게 다른가 … 161

28	말소기준권리 ❸ 깨끗한 등기부등본, 경매개시결정만 보면 된다!	162
29	말소기준권리 ❹ 이 집은 주인이 있소, 담보가등기	164
30	말소기준권리 ❺ 선순위 전세권·임차권, 다 무서운 거 아닌가요?	169
31	가처분, 너 살아 있니?	174

알아두면 돈 되는 지식 지금은 사라진 예고등기 … 178

Interview ❸ 부부가 함께하니 수익도 즐거움도 두 배예요! … 179

다섯째마당 권리분석에 관한 모든 것

32	미리 대비하는 여러 청구권들	184
33	토지미등기, 이 정도는 알고 가라!	189
34	미등기 신규 아파트, 조심해야 할 것들	195
35	토지별도등기의 유형들	198
36	고수들의 놀이터, 지분권	204
37	위반건축물, 뭘 체크해야 할까?	208
38	불황에 빛을 발하는 부실채권(NPL)	216
39	공사대금 달라는 유치권, 진짜 줘야 하나?	223

Interview ❹ 중국에서 온 저도 경매를 해요! … 230

여섯째 마당 — 돈 되는 아파트의 핵심은 임차인이다

40 | 임차인, 그들은 왜 중요한가 — 234
41 | 대항력 | 전액 배당받는 임차인이 최고! — 238
42 | 우선변제권 & 최우선변제권 | 보증금을 일부만 배당받아도 임차인은 협조적이다 — 242
알아두면 돈 되는 지식 낙찰잔금 상계하는 방법 — 247
43 | 억울한 세입자, 난감한 낙찰자 — 248
44 | 아무도 살지 않는 '미상', 반드시 현장을 조사하라! — 252
Interview ❺ 경매는 일생에 한 번이라 믿었던 부동산 전공자, 투자자로 거듭나다. — 254

일곱째 마당 — 대항력 있는 자, 무서울 것 없으리니

45 | 조심, 무조건 조심! 대항력 있는 임차인의 집 — 260
46 | 대항력에 우선변제권까지, 무적의 세입자 — 267
47 | 땡큐! 입찰자의 부담을 덜어주는 최우선변제권 — 272
알아두면 돈 되는 지식 이 세입자, 소액임차인이 맞을까? — 279
48 | 전세권과 임차권 중 어떤 권리가 더 셀까? — 282
Interview ❻ 셰어하우스요? 요즘 가장 핫한 투자죠! — 289

PART 3 공매 & 배당으로 더 유리하게! 세금은 더 정확하게!
292

여덟째 마당 — 공매는 정말 매력적이다

49 | 돈도 벌고 시간도 버는 공매 — 296

50	온비드로 공매 시작하기	299
51	캠코	세금 체납으로 나온 압류재산 입찰하기	303
52	캠코	국유재산&수탁재산&유입자산	309
53	이용기관물건과 신탁공매	312
54	실전, 온비드 공매 입찰!	314

Interview ❼ 공매로 첫 낙찰, 에어비앤비까지 도전해요! — 323

아홉째마당 | 고수들은 배당도 스스로 챙긴다

55	배당, 기본용어부터 익히자	328
56	배당에도 순위가 있다	334
57	사람도 많고 사연도 많은 다가구 임차인	346

알아두면 돈 되는 지식 배당을 연습해 보자 — 353

Interview ❽ 유치원 선생님에서 부동산 투자자로 대변신! — 357

열째마당 | 집이 있는 곳에 세금이 있다

58	부동산을 살 때 내야 하는 세금	362
59	부동산을 가지고 있을 때 내야 하는 세금	365
60	부동산을 팔 때 내야 하는 세금	372
61	임대사업자, 어떤 세금을 어떻게 낼까?	380
62	임대사업자의 사업소득, 임대소득세	384

별첨1. 농지취득자격증명원 — 387
별첨2. 국유재산 매각입찰공고문 — 390

PART

1

이제,
돈 되는 경매다

큰돈 되는
상가와
토지에
눈떠라
!

이제,
돈 되는 경매다

첫째
마당

경매가
많이
변했다

01 | 부동산 시장의 사계절

02 | 부동산 실력 쌓기에 경매만 한 게 없다

03 | 돈 되는 경매의 시작

부동산 시장의 사계절

부동산의 겨울

부동산 시장의 봄, 여름, 가을, 겨울을 어떻게 보낼 것인가. 겨울부터 이야기해 보자. 혹독한 겨울의 기억은 봄, 가을보다 생생하니까.

1997년, 나는 암사동의 다가구주택 1층 왼쪽 집에 살고 있었다. 보증금 2500만원에 월세 10만원짜리 집이었다. (금리가 20%인 시절이다. 당시 보증금 500만원이면, 월세로 환산해 10만원이었다. 불과 20여년 전 일이다.)

다음해 봄, 살던 월셋집의 계약기간이 만료되었다. IMF로 세상이 무너지고, 부동산 가격도 폭락하던 때였다. 전월세도 하락했다. 우리 부부는 이참에 좀 더 나은 집으로 이사를 가기로 하고, 위층 주인집 할머니를 찾아갔다.

"할머니, 저희 이사하려구요. 5월에 방 빼주세요."
"왜 그래, 새댁. 여기 좋잖아. 월세 안 내고 그냥 살면 안 될까?"

몇 개월 동안 울며 겨자 먹기로 그 집에서 더 살았다. 매일매일 할머니를 졸라서 겨우 보증금을 돌려받아 이사할 수 있었다.

임차인을 구하기 어려웠던 그때, 주인집 할머니는 우리에게 보증금을 내주기 위해 아마 더 싸게 임대를 놓아야 했을 것이다. 어쩌면 할머니는 월세가 줄었으니 생활비도 줄었을 것이다. 이런 상황을 견디고 버텨내지 못했다면, 아마도 집을 팔아야 했을 것이다. 1997년, 98년은 대한민국 부동산의 첫 겨울이었다.

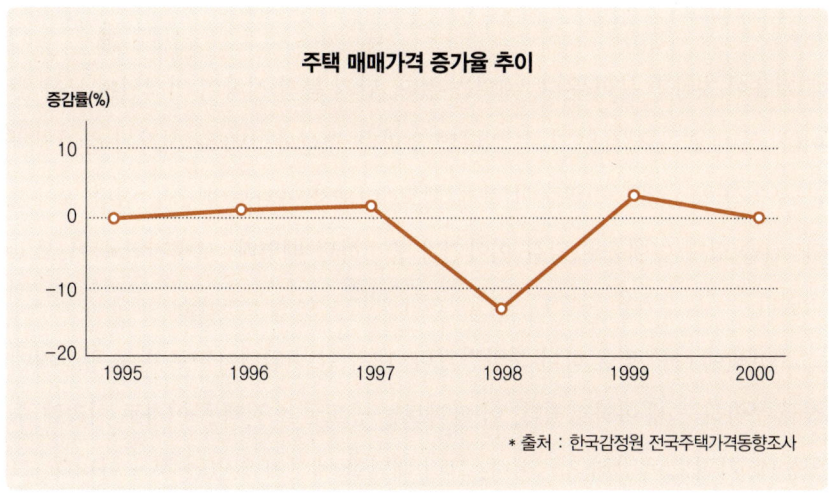

두 번째 겨울은 2008년 미국발 경제위기 때다. 당시 우리 가족은 오금동의 빌라에서 전세 8000만원에 살고 있었다. 어느 날 집주인이 집을 팔겠다고 통보해 왔다. 그런데 집주인이 제안을 했다.

"싸게 드릴 테니 이 집 사시면 어때요?"

대출이 무서웠던 당시의 나는 집주인의 제안을 거절하고 다른 전셋집으로 이사했다. (지금 돌이켜보면 어떻게든 그때 그 집을 샀어야 했다. 1억 2천만원으로 송파구의

30평형 신축빌라를 가질 마지막 기회였으니 말이다.)

부동산 시장에 겨울이 오면 매매가, 전세가, 월세 모두 폭락한다. 가격은 떨어지고 팔려는 사람이 많다. 집을 사려는 사람에게는 좋은 물건이 사방에 널려있는 때이다. 하지만, 겨울은 춥다. 너나없이 다 춥다. 더 추워질까 몸을 움츠리게 마련이다. 겨울에 과감하게 베팅을 하는 사람은 진짜 실력자다.

부동산의 봄

겨울이 지나면 봄이 온다. 예외는 없다. 단지 봄의 시작이 언제일지 모를 뿐이다. 봄이 오기 직전을 알 수 있다면 얼마나 좋을까? IMF로 시작된 경기침체는 부동산 시장에도 찬바람이 불게 했고, 미분양 아파트의 수도 점점 많아졌다. 집을 샀다는 이유로 망한 이야기가 즐비하던 때였다. 그렇지만 봄은 오고 있었다.

2001년에 나는 집을 하나 분양받았다. 내가 살던 임대아파트 바로 옆단지에 신규 분양하는 새 아파트였다. 이 아파트는 중도금을 전액 무이자로 처리해 주었는데, 가격도 굉장히 저렴했다. 그리 대단한 계산이 있었던 것은 아니다. 그저 쌌고, 살고 있던 집 바로 옆이었기에 별다른 고민 없이 계약을 했을 뿐이다.

분양계약서를 쓰러 사무실에 갔는데, 어떤 할아버지가 아까부터 열심히 사인을 하고 계셨다.

"사장님, 힘드시죠. 거의 다 하셨어요. 이제 한 개 남으셨어요."

'헉, 집을 한 번에 이렇게 많이 사다니. 돈이 무지 많으신가 보다….'

옆자리 할아버지를 힐끔거리며 이렇게 생각했다.

그러다가 2005년 그 집을 팔면서 나는 처음으로 양도세라는 것을 알게 되었고, 그제야 비로소 그 할아버지의 진가를 알아챘다. 당시는 주택경기 활성화 대책으로 일부 신축주택에 대한 양도소득세를 면제하고, 취등록세를 감면해 주던 때였다. 그 아파트는 월세로 임대를 놓으면 투자금이 전혀 들지 않는 무피투자(피 같은 내 돈이 들어가지 않는 투자라는 뜻의 신조어)였던 것이다(은행 대출+임차인 보증금). 임대수익은 없지만, 투자금도 전혀 없고, 양도세도 한 푼 없는 수채의 아파트…. 지금은 눈뜨고 찾으려야 찾을 수 없는 물건이다.

"그때 그 할아버지처럼 했어야 했어."

나는 봄이 온지도 몰랐다. 여름이 지나고 또 한번의 겨울이 지나고서야 '아, 그때가 봄이었구나' 하고 깨달았다. 그때 나에게 "지금이 봄이야" 하고 이야기해 주는 사람은 아무도 없었다. 아마도 내 주위의 사람들은 다 몰랐을 것이다. 두 번째 부동산의 봄이 주어진다면, 놓치지 않으리라.

부동산의 여름, 그리고 가을

여름, 내가 가장 좋아하는 계절이다. 옷차림도 가볍고, 발걸음도 가볍다.

경기가 한창 좋았던 90년대 초반, 사회 초년생이었던 나는 뭐가 뭔지 몰랐다. 당연히 들어야 한다기에 청약부금을 들었고, 매달 부은 적금은 금세 잔고가 늘었다(95년도 이자율은 9%였다). 부동산도 사기만 하면 가격이 오르던 시절이었다.

여름은 가진 사람들만 누릴 수 있는 풍요의 계절, 집이 없는 사람들에게는 그림의 떡일 뿐이다. 내가 겪은 첫 번째 여름은 아무런 감흥을 남기지 못했다. 나는 집이 없었으니까.

신기하게도 부동산에는 가을이 없다. 여름 다음 바로 겨울이다. 어제까지 아무 일이 없었는데, 오늘 갑자기 세상이 무너진다. 2008년에도 미국의 서브프라임 모기지 사태로 시작된 글로벌 금융위기가 우리나라에 도달하기 전날까지 부동산 시장은 뜨겁게 돌아가고 있었다. 2003년 버블세븐(강남 3구, 목동, 분당, 평촌, 용인)을 잡기 위해 시행했던 양도세 강화, 분양권 전매 제한, LTV 강화 등에도 끄떡없던 부동산 시장이 바다 건너 먼 나라의 영향으로 하루아침에 무너졌다.

이렇게 부동산의 사계절을 다 겪고 나서 2010년에 나는 경매를 처음 알게 되었다. 무심코 지나쳤던 부동산의 여름도, 미처 대비하지 못했던 겨울도 이제는 어느 정도 준비를 할 수 있게 되었지만, 그래도 여름은 생각보다 더 덥고 겨울 역시 생각보다 훨씬 춥다.

여름 감기가 더 지독하다

2017년은 부동산에 아주 무더운 여름이었다. 돌이켜보면 2014년 이후로 쭈욱 여름이었다. 긴 겨울을 보내면서 움추린 건설회사들이 공급을 하지 않아 집이 부족했고, 재건축사업이 진행되면서 집이 더 부족해졌다. 그 여파로 집값은 계속 올랐다. 전세도 부족해서 전세가가 수십 개월 동안 오르기만 했다. 사람들은 너나없이 분양을 받기 위해 긴 줄을 섰다. 분양권을 전매해서 한몫 보는 사람들이 늘자 정부는 실태조사에 나섰다.

부동산의 여름에는 집 사서 대박난 이야기를 듣는 것이 그리 어려운 일이 아니다. 여름에는 투자자들 모두 행복하다. 하지만, 어느 날 갑자기 가을을 건너뛴 겨울이 올 것이다. 예외는 없다. 어찌하랴, 그저 어느 때 겨울이 닥쳐오더라도 견딜 수 있게 두툼한 외투를 준비하는 수밖에.

02 이제, 돈 되는 경매다

부동산 실력 쌓기에 경매만 한 게 없다

첫눈에 아파트의 가치를 파악하다

성남에서 입찰과 패찰을 반복하던 미정양이 드디어 내집마련에 성공했다. 누구보다 경매에 열심이던 그녀의 첫 집은 낙찰이 아닌 중개사를 거친 매매였다.

"암만 입찰을 해도 제가 원하는 가격으로는 도저히 낙찰을 받을 수 없는 거예요. 전 매매가보다 비싸게 낙찰받을 생각이 전혀 없었구요."

4개월가량을 동네를 헤집고 다니다 보니 공인중개사들과도 친해진 그녀.

"미정씨, 자기가 맘에 들어할 만한 물건이 나왔는데, 한번 볼래요?"

평소 경매물건이 나올 때마다 시세조사를 하러 내 집 드나들듯 했던 공인중개사의 전화다. 방금 나왔다는 그 물건, 집주인이 내놓은 가격이 얼마 전 패찰한 빌라의 낙찰가격보다 저렴하다.

"경매를 하면서 시세를 꿰고 있으니까 첫눈에 싸다는 걸 알았어요."

그녀는 당장 계약금을 입금했고, 한달 후 입주했다. 그녀가 입주한 이후 인근 빌라의 매매가와 낙찰가는 더 올랐다.

원하는 가격으로 협상하는 능력을 배우다

어머니를 모시게 되어 방 4개짜리 아파트로 이사를 해야 하는 경민씨. 그는 오늘도 용인에서 패찰을 하고 돌아가는 길이다.

"너무 아깝게 떨어졌어요. 몇십만원밖에 차이가 나지 않았거든요. 날은 추운데 속은 열이 나서 죽겠더라구요. 오늘은 정말 낙찰받을 줄 알았거든요."

아쉬운 마음에 패찰한 아파트가 있는 동네 매물을 뒤져보았다.

최근 낙찰가가 2억 4천만원, 매물로 나온 물건 중 가장 저렴한 녀석이 2억 4천만원이다.

"사장님, 광고 보고 왔어요. 47평 2억 4천만원 아파트 보여주세요."

"아, 그거는 얼마 전에 나갔어요. 2억 4500만원에 나온 게 있는데, 한번 보실래요?"

중개사가 전화를 하는데, 어쩐 일인지 임차인과 연락이 되지 않는 모양이다. 그러더니 같은 평형의 다른 집을 보여준다.

"솔직히 이만한 가격이면 괜찮겠다는 생각이 들었어요. 하지만, 저 경매하는 사람이잖아요. 물건을 보지도 못했는데 집주인이 달라는 가격을 다 줄 이유는 없죠. 제가 원하는 가격은 2억 4천만원이었다는 것을 다시 되뇌었어요."

그는 조금 전 패찰하고 돌려받은 수표를 꺼내 중개사 앞에 내려놓으며 말했다.

"사장님, 다른 집 말고 제가 살 집을 보여주세요. 그리고, 가격은 2억 4천만원이면 사겠습니다. 보여주실 수 있으면 지금 바로 계약하구요, 안 되면 전 그만 가보겠습니다."

수표를 본 중개사의 눈빛이 달라진다.

"아유, 성미도 급하시네. 그 집, 사실은 전세 살고 계시는 분이 집을 안 보여 줘요. 집주인이 하도 속을 썩여서 싸게 내놓은 거예요. 원래 6천은 받아야하는데, 정말 싸게 내놓은 거라니까요. 집은 내가 봤어요. 아까 보신 그 집보다 상태가 좋아요. 인테리어도 싹 다 했어요. 오죽하면 세입자가 집을 안 보여주겠어요. 하여간 잠깐만 기다려봐요."

집주인과 한참 통화를 하던 중개사가 다시 말을 이었다.

"집주인이 2억 4천 이야기하니까 펄쩍 뛰시네. 한 2백만 절충하면 어떨까?"

"아니오, 집도 못 보고 계약하는 상황인데 그렇게는 안 되겠습니다. 전 그만 가보겠습니다."

그가 돌아나오고 20분이 지나지 않아 전화벨이 울렸다.

"사장님, 얼른 오셔요. 집주인이 계약하신대요. 빨리요."

얼마간의 협상 끝에 그는 2억 3700만원에 매매계약을 했다. 인근 낙찰가보다 저렴한 가격에 원하는 집을 살 수 있었다. 봄이 되자 단지 내 3억 미만의 아파트는 자취를 감추었다.

경매, 부동산 지식을 쌓는 최고의 지름길이다

경매 공부를 하면 가장 먼저 배우는 것이 등기부등본 보는 방법이다. 등기부등본을 제대로 해석하면 부동산 지뢰를 피해갈 수 있다. 남의 집에 세 들어갈 때도 도움이 된다. 안타깝게 보증금을 잃지 않기 위해서라도 경매는 꼭 알아두는 게 좋다.

경매에서 물건의 가치를 판단하는 것도 매우 중요한 부분이다. 경매에서는 부동산의 가격을 입찰자 자신이 스스로 결정한다. 이 때문에 물건의 가치를 시장보다 낮게 보는 사람은 낙찰을 결코 받을 수 없고, 너무 높게 보는 사람은 고가 낙찰로 속을 끓이게 된다. 그래서 물건을 제대로 보는 눈을 갖게 된다.

경매를 하면 법도 알게 된다. 사람과 사람 사이의 문제를 해결하는 민법부터 시작해서, 부동산을 갖게 되면 세법도 알게 되고, 토지투자를 하게 되면 공법까지 공부하게 된다. 책상머리에서 억지로 하는 공부가 아니라 필요에 의한 공부인지라 머리에 쏙쏙 잘 들어온다.

부동산이라는 큰 산에는 들어가는 입구가 여럿 있다. 학문이라는 문으로 들어갈 수도 있고, 법이라는 문으로 들어갈 수도 있다. 현실에서 가장 가까운 문은 경매라는 문이다. 처음 여는 문이 조금 무겁고 낯설지라도 겁먹지 마라.

서두르지 말고 그 자체를 즐겨보자.

경매라는 이 길, 부동산이라는 큰 산을 오르는 지름길이다.

03 이제, 돈 되는 경매다

돈 되는 경매의 시작

경매, 아직도 할 만한가요?

요 몇 년, 부동산 시장이 과열되면서 경매법정에도 사람이 그득하다. 낙찰가가 감정가를 넘어서는 일이 더 이상 신기하지 않다. 번듯한 아파트는 낙찰가가 매매가보다 높기도 하다. 좋은 가격에 낙찰을 받는 것이 참 어려운 시기다.

경매로 싸게 집을 사려는 당신에게는 실망스러운 상황일 수도 있겠다. 이제, 어쩌면 그냥 경매만으로는 살아남기 어려울지도 모르겠다.

도전하는 사람이 많은 경기에서는 나만의 특별한 기술이 필요하다. 남들이 거들떠보지 않는 낡은 빌라를 큰돈 들이지 않고 리모델링할 수 있는 기술이 있다면 경쟁력이 있다. 월세를 오래 살아본 직장인이라면 임차인이 좋아할 만한 집을 단번에 알아볼 것이다. 자영업자라면 상가 자리에 어떤 업종이 적합한지 한 눈에 감을 잡기도 한다. 이런 물건을 낙찰받기 위해서는 제법 쉬운 아파트부터 상가, 토지까지 광범위하게 경매를 해야 한다.

돈 되는 경매, 어떻게 시작할까?

당장 밖으로 나갈 수 있다면 부동산을 방문하고, 컴퓨터 앞에 앉아 있다면 인터넷으로 물건검색을 하면 된다. 책이 있으면 읽고, 여력이 되면 강의도 들어라. 갈 수 있으면 법원 구경을 가는 것도 좋다. 아파트에만 한정짓지 말고 이제는 경매사이트의 모든 물건에 호기심을 갖자. 뭐든 좋으니 시작하라. 그냥 아무것도 안 하지만 말자.

권리분석 어려워요

경매에 나오는 부동산은 어딘가 문제가 있는 물건들이다. 빚더미가 쌓여 있기도 하고, 엉뚱한 사람이 집주인이라고 우기기도 한다. 이런저런 문제를 해결하는 일을 권리분석이라고 한다.

어려운 물건이 아닌 일반물건의 권리분석은 쉽다. 3단계면 모두 끝난다. 말소기준권리를 찾고, 임차인의 권리를 찾고, 배당순위를 확인하면 된다. 얼마나 간단한가. 기본은 간단하지만, 이를 실제 물건에 적용하는 일은 연습이 필요하다. 구구단을 다 외웠어도 계산을 잘하려면 연습을 해야 하는 것과 같다. 책상에서 하는 권리분석 공부는 파고들면 들수록 더욱 어렵다.

우리는 돈이 되는 경매를 하기 위해 경매의 범위를 넓혔고, 난이도도 높였다. 권리분석은 돈 되는 경매의 첫걸음이라는 것을 꼭 기억하자.

대출 이용 방법 궁금해요

가계에 빚이 많아지면 정부가 나서서 은행 대출을 규제하여 부채를 조절한다. 하지만, 대출을 받지 않고 집을 살 수 있는 사람이 몇이나 될까? 때문에 대출 가능 여부는 부동산 거래에 큰 영향을 미친다.

정부에서는 은행이 대출을 내줄 때 세 가지 원칙에 맞춰 심사를 하도록 한다.
① LTV(주택담보인정비율), ② DTI(총부채상환비율), ③ DSR(총체적 상환능력 평가)

기존 LTV와 DTI에 더해 원리금 상환 능력이 있는지 소득까지 따져보는 DSR이 생겼다. 소득이 많은 사람이 유리하다. 당신이 은행이라면 누구에게 돈을 잘 빌려줄까? 이자를 꼬박꼬박 낼 수 있는 사람이 최고 고객이다. 은행은 기본적으로 든든한 담보가 있는 경매 낙찰자에게 호의적이다.

경매보다 매매가 낫지 않나요

같은 물건인데 백화점에서 파는 가격과 아울렛에서 파는 가격이 같다면, 굳이 번거롭게 외곽에 있는 아울렛까지 갈 이유가 있을까.

경매와 같은 가격의 매매물건이 있다면 그냥 매매로 사라.

경매는 집을 싸게 사기 위한 방법이지 목적이 아니다. 집 내부도 보지 못하고 명도도 해야 하는 경매는 저렴하지 않으면 의미 없다.

이제,
돈 되는 경매다

둘째 마당

땅에서 기회를 발견하다

04 | 나도 정원 딸린 예쁜 전원주택에 살고 싶다

05 | 땅주인이 되는 다양한 방법

06 | 토지 관련 법, 이것만 알면 된다!

07 | 시간과 비용을 아끼려면 도로와 배수로부터!

08 | 좋은 토지를 찾아내는 인터넷 현장답사

09 | 대지 369평을 낙찰받다

10 | 이 땅을 어떻게 쓸까? 용도지역과 지목

11 | 지목 확인은 필수! 나가는 돈이 다르다

12 | 농지취득증명서, 의외로 쉽다!

13 | 토지 체크 포인트 1 - 지상권과 법정지상권

14 | 토지 체크 포인트 2 - 분묘기지권과 지분권

Interview ❶
10년치 월급보다 경매가 더 효도하네요

나도 정원 딸린
예쁜 전원주택에 살고 싶다

'저 푸른 초원 위에 그림 같은 집을 짓고….'

푸른 초원은 어디에 있을까?

동화 속 집을 짓고 산다는 것은 불가능이다. 아파트 천국 대한민국에서, 특히 서울에서는 절대 이루어질 수 없기에 이것을 꿈이라고 한다.

나도 이것이 완전한 '동화 속 꿈'이라고 생각했다.

하지만 토지 경매를 알고 나서 생각이 완전히 바뀌었다.

돈 되는 경매, 그 이야기의 시작을 토지로 정했다. 왜? 정말 돈이 되니까. 경매 중에서 말썽 부리기도 1등이지만, 잘만 다뤄주면 수익률도 1등이다.

흥미로운 토지 이야기, 지금부터 시작해 보자.

농가주택에서의 하룻밤

"애들아, 우리 강화 집에 놀러 가자."

수진은 고교 동창이다. 시골에 농가주택이 있는데, 민박집처럼 살림살이가 갖춰져 있단다. 고교 동창들이 각자 아이들을 데리고 강화도의 시골집에 모였다. 강화도는 대단한 관광지는 아니었는데도 참 좋았다. 그냥 우리만의 집이 있어서 좋았다. 넓은 마당에서 아이들이 뛰놀고, 바비큐를 구웠다. 도시에서는 상상할 수 없는 여유와 자유로움이 있었다.

수진의 부모님이 이 집을 투자용으로 사두셨다고 한다. 시세차익이 날 때까지 기다리면서 가끔 별장으로 이용하고 있단다. 여유자금을 은행 대신 이곳에 보관하고 계셨던 것이다.

'아, 나도 갖고 싶다.'

서울에서 나고 자란 서울 토박이인 나. 지금껏 한 번도 생각해 보지 못했던 전원생활에 관심이 생겼다.

그날 이후 바로, 도시가 아닌 지역에 대해 공부하기 시작했다.

사람들은 도시에 몰려 산다. 원하는 사람이 많기에 도시의 땅값은 비싸다. 사람이 많아지면 도시는 커진다. 도시의 가장자리는 얼마 전까지 도시가 아니었던 곳이다. 농사를 짓던 외곽의 토지에 아파트가 들어서고 가격이 오른다. 그리고 다른 가장자리가 새로이 생긴다. 새로운 교통시설이 생기면서 도시와 도시가 연결된다. 새로 난 길을 따라 사람이 움직이고, 돈의 흐름이 생긴다. 토지는 한자리에 머물러 있지만 그 활용방법은 계속 변한다.

여기에 기회가 있다. 토지, 흥미롭다.

스타급 토지 데뷔시키기

주거용은 이미 데뷔한 가수와 같다.

가수 아이유는 데뷔 후 바로 스타 대열에 올랐다. 부동산으로 치면 반포 자이쯤이다. 오래전부터 지금까지 꾸준한 사랑을 받고 있는 이문세는 압구정 현대아파트 정도 되겠다. 의심할 여지 없이 믿고 듣는 가수니까. 대스타는 아니지만, 꾸준히 활동을 하는 많은 가수들이 서울 수도권의 아파트다.

주거용 부동산은 기존 가수들처럼 익숙하고 편안하다. 실거래가 정보로 매도가격을 예상할 수 있고, 어떤 사람들이 사는지 현장조사로 알 수 있다. 평소 접하는 부동산이기에 누구나 예상을 할 수 있어 어렵지 않다.

그에 비해 토지는 다듬어지지 않은 예비스타다. 가수가 되고 싶은 연습생들, 아직 그들은 스타가 아니지만, 그중 누군가는 대단한 스타가 될 것이다.

많고 많은 토지 중에 잘난 녀석을 고른 후, 때 빼고 광내서 멋지게 만들어주면 보물이 된다. 1위가 아니어도 된다. 이 녀석에게 반한 한 명만 있으면 된다.

토지의 묘미는 보석을 찾는 데 있다

우리나라에서 가장 비싼 땅은 명동의 네이처리퍼블릭 매장이 있는 자리로, 2017년 기준 m^2당 8600만원(평당 2억 8380만원)이다. 가장 저렴한 땅은 전남 진도군 조도면 땅으로, m^2당 120원(평당 326원)이다. 같은 대한민국 땅인데 조도면의 토지는 억울하겠다.

토지의 가격은 '얼마나 많은 사람이 그 토지를 밟아주나'에 달려 있다. 때문에 도시의 토지는 늘 비싸다.

사람이 잘 살지 않는 산속이나 섬, 깊은 시골의 땅은 저렴하다. 그런데 산속이지만 강이 보이거나, 시골이지만 길이 좋아서 도시의 백화점에 가기 좋다면 이 땅의 가치는 달라진다. 여기에 토지투자의 묘미가 있다.

땅주인이 되는 다양한 방법

"이 땅을 오래전에 샀는데요, 어떻게 좋은 방법이 없을까요?"

그녀가 내민 지적도를 보니 뭐라 해줄 말이 없다. 산을 네모반듯하게 깎아 여러 개로 분할한 토지다. 산 전체가 네모들로 이루어져 있고, 길은 없다. 그녀의 땅은 그 산의 꼭대기 한가운데 있다(등고선 꼭대기로부터 20%까지는 건축이 불가능하다).

"에고, 죄송하지만 제가 도와드릴 부분이 없네요. 어째요."

젊은 친구가 쓸모없는 땅을 샀다. 좋은 토지를 싸게 판다는 전화를 받고, 감언이설에 속은 모양이다.

"아흑… 그래도… 어디 팔 수 없을까요?"

"은경씨 같으면 이 땅 사시겠어요?"

그녀는 말이 없다.

토지는 부동산의 꽃이다. 하지만 지어진 건물만 보고 살아온 도시사람들에게 토지는 낯설고 어렵다. 그러니 배워야 한다. 진짜 부자들은 토지에 투자한다.

첫 토지투자, 무엇을 물어봐야 하나요?

지금부터 내가 이야기할 내용은 토지투자의 전부가 아니다. 맛보기라 해두자. 실제 여러분이 토지에 투자할 때는 다양한 변수가 있을 것이다. 그래서 매 과정마다 이 길이 맞는지 확인하는 작업이 필요하다.

먼저, 어떤 목적으로 토지투자를 할 것인가를 분명히 하자.

어떤 목적이냐에 따라 선택할 토지가 달라진다.

집을 짓기 위해서라면 법적으로 집을 지을 수 있는 토지여야 할 것이고, 얼마만한 집을 지을 수 있는지 확인해야 한다. 공법, 건축법 등 관련 법 공부도 필수다.

시세차익이 목적이라면 가격이 오를 만한 토지를 골라야 한다. 개발호재가 있거나, 지목을 변경해서 활용도를 높일 수 있거나, 수용 예정지면 좋다.

이제 하나하나 차분히 알아보자.

토지구입의 목적은 크게 세 가지다

① 시세차익

토지투자의 달인들은 땅의 미래가치를 보고 산다. 미래를 보는 눈이 있어 개발 가능성을 점치고 가격이 오를 땅을 미리 선점해 둔다니 참으로 부러운 기술이다.

사실 땅은 시간이 지나면 자연히 가격이 오른다(디디고 설 토지가 부족하니까). 시간에 투자하는 것이 부동산이다. 하지만 때로는 예상이 빗나가 자금이 장기간 묶일 수도 있다. 토지투자 좀 한다는 고수들도 의도치 않은 장기투자용 토지를 가지고 있는 경우가 종종 있다.

② 내 건물, 내 집을 지으려는 실수요자

집을 짓고 싶은 사람은 집을 지을 수 있는 땅을 사야 한다. 반듯하게 예쁜 땅이면 좋고, 교통이 편리하면 더 좋다.

임대용 건물을 원하는 사람은 도시지역의 택지를 사서 상가주택을 짓는다. 1층 상가, 2~3층은 임대를 놓고, 본인은 4층에 산다.

빌라업자들은 입지 좋은 낡은 단독주택 부지를 좋아한다. 낡은 주택을 헐고 빌라를 지어 분양하는 것이 그들의 업이다.

전원주택을 짓는 사람들은 교통과 자연이 어우러지는 곳을 좋아한다.

③ 단기간에 땅의 가치를 올리려는 개발자

토지개발은 논밭과 임야를 집을 지을 수 있는 땅인 대지로 전환하거나, 삐뚤빼뚤 못생긴 땅을 예쁘게 성형해서 실수요자가 원하는 토지로 만드는 일이다. 토지투자를 주로 하는 사람들은 건물을 지어서 팔기보다 토지를 예쁘게 다듬어 파는 경우가 많다.

투자기간과 투자금액 정하기

실수요자들은 바로 건축을 할 것이고, 토지개발을 하는 사람들은 1년 내 단기투자를 목적으로 하지만, 시세차익용 토지투자는 짧으면 2~3년, 보통 5년 이상을 본다. 목적에 따른 투자기간을 정하고 투자자금을 계산해 두어야 한다.

① 장기투자라면 투자금에 이자도 포함시킨다

가진 현금이 1억이 있다고 하자. 대출을 50% 받아 2억원짜리 땅을 산다. 1억에 대한 이자는 연 5%일 때 1년 500만원이다(금리가 싸더라도 대출이자는 늘 보수적으로 계산하자. 그래야 금리가 올라도 마음이 평온하다). 5년이면 총 2500만원의 이자가 발생한다. 5년을 투자하기로 정했다면 대출통장을 만들어서 2500만원을 넣어두고, 이 통장에서 5년 동안 매달 대출이자가 나가게 한다(총 투자금은 1억 2500만원이 된다). 한마디로, 투자금 총액을 계산할 때 이자까지 더해 계산하는 것이다. 땅은 월세가 안 나오니 그동안의 유지비용까지 준비해 두어야 부담이 적다.

② 중기투자는 정부 정책에 유의하자

경기가 안 좋을 때 싸게 산다. 당연한 말이지만 현실에서는 그리 쉽지 않다. 개인적인 견해로는, 정권 말기와 주식이 활황일 때가 토지투자의 타이밍인 것 같다. 정권이 바뀔 때에는 나라에서 토지 규제를 풀어주는 일이 종종 있고, 주식이 활황일 때는 부동산에 대한 관심이 낮아지는 경향이 있기 때문이다. 남들이 다 살 때 안 사고, 남들이 팔 때 사는 것이 맞다.

말은 쉽다. 한데 실천하기는 참 어렵다.

③ 단기투자는 양도세 준비 필수!

토지 단기투자는 토지를 매입해서 지목변경하거나, 분할하여 매도하는 게 보통이다. 여기에 그리 긴 시간이 들지 않기 때문에 이런 단기투자만 선호하는 사람들도 있다. 다만, 토지를 산 지 1년 내에 매도하면 양도세를 50% 내야 하고, 2년 미만이면 40%를 내야 한다.

06 이제, 돈 되는 경매다

토지 관련 법,
이것만 알면 된다!

토지법, 수많은 '하지 마'에서 '해도 돼' 찾기

땅은 내 땅이라도 내 마음대로 개발하지 못한다. 땅에는 나라에서 정한 용도가 있다. 개발제한구역으로 묶여 있는 토지는 도시 한복판에 있어도 쓸모없는 땅이 되기도 한다.

이렇게 공공의 이익을 위해서 여러 가지 개발제한을 하는 법이 공법(公法)이다. 공법에는 하지 말라는 온갖 금지내용들이 나열되어 있다. 그중 '국토계획법'(국토의 계획 및 이용에 관한 법률)은 토지에서 가장 기본이 되는 법률이다. 이 법으로 땅의 용도를 정한다. 그외에도 도시에는 도시개발법과 도시정비법이 있고, 산에는 산지법, 논에는 농지법이 있다. 소규모 개발계획인 지구단위계획도 있다. 건축을 할 때는 건축법에 맞추어 지어야 한다.

토지투자를 이제 막 시작하는 걸음마 단계에서 이 많은 법들을 모두 마스터

할 수는 없다. 내가 관심 있는 물건에 어떤 규제가 있는지 그때그때 확인하는 것으로 시작하자. 민법이 개인과 개인의 거래에서 문제가 생겼을 때 해결하는 기준이라면, 공법은 나라에서 규제를 하기 위해 만든 법이다. 많고 많은 '하지 마' 중에서 할 수 있는 방법을 찾는 게 포인트다.

토지이용계획확인원 해석하기

서류가 낯설다. 하지만 경매를 하는 우리는 이미 늘 보아왔다.

경매 사이트의 물건 페이지에서 토지현황에 나오는 내용이 '토지이용계획확인원' 내용이다. 요약된 내용에 지번, 지목, 토지이용계획, 지가(비교표준지가), 면적, 단가, 감정가격이 표시되어 있다.

	지번	지목	토지이용계획	비교표준지가	면적	단가(㎡당)	감정가격	비고
1	운심리	대지	계획관리지역	199,000원	895㎡ (270.74평)	330,000원	295,350,000원	
2	운심리	대지	계획관리지역	199,000원	895㎡ (270.74평)	330,000원	295,350,000원	
3	운심리	대지	계획관리지역	199,000원	895㎡ (270.74평)	330,000원	295,350,000원	
4	운심리	도로	계획관리지역	199,000원	493㎡ (149.13평)	109,000원	53,737,000원	
기타	운심교 동측 인근에 위치 / 주위는 농가주택 전원주택, 농경지 및 임야 등으로 이루어진 전원주택지대로서 주위환경은 무난함 / 본건까지 차량출입 가능하며, 북측 인근에 노선버스 정류장이 소재하여 이를 이용하여 인근지역으로의 이동이 용이하나, 정류장까지 거리 및 운행횟수 등으로 보아, 대중교통상황은 보통시됨/기호 1, 2 : 북측 하향 완경사지를 자체지반 평탄하게 조성한 세장형 기호 3 : 북측 하향 완경사지를 자체지반 평탄하게 조성한 부정형 기호 4 : 북측 하향 완경사지를 이루고 있는 부정형 / 남측으로 노폭약 4~5미터의 포장도로와 접하여 있음							

물건 페이지의 토지현황

> **건물 짓기에 좋은 땅은?**
> 계획관리지역은 규제가 많지 않아 건물을 짓기 좋아요. 초보자들은 계획관리지역 위주로 보면 됩니다.

위 사례의 집은 대지가 세 개 있고, 도로가 하나 있다. 대지는 집을 지을 수 있는 땅을 말한다. 도로까지 딸려 있으니 집짓기에 좋은 땅이다. 이 땅의 용도는 계획관리지역이다. 자세히 살펴보니 대지 3필지의 면적이 같다. 대지를 잘 다듬어서 세 개로 나누어놓은 땅임을 알 수 있다.

토지이용계획확인원을 직접 열람하려면 토지이용규제정보서비스(luris.molit. go.kr) 사이트에 접속하면 된다. 스피드옥션에서도 '토지이용계획'을 클릭하면 바로 해당 번지로 연결된다. 토지이용계획확인원에는 물건 페이지의 요약 내용보다 더 자세한 내용이 나와 있다. 규제 관련 법률이 어떤 법인지도 확인할 수 있다. 입찰할 물건이라면 토지이용계획확인원상의 제한 내용을 꼼꼼히 확인해야 한다.

앞의 물건을 토지이용계획확인원으로 자세히 살펴보자.

토지이용규제정보서비스(luris.molit.go.kr)

이곳은 '수도권정비계획법'에 따른 자연보전권역이며, '수도법'에 의한 공장설립승인지역이다. '수질 및 수생태계 보전에 관한 법률'에 따르면 배출시설설치제한지역이기도 하다. 그외에도 각종 법률에 의해 여러 가지 지역으로 지정돼 있다. 다양한 법률에 의해 이 토지의 쓰임새를 정해 놓았다는 뜻이다.

이러한 내용이 경매물건 상세 페이지의 아랫부분에 '부동산종합공부 요약'으로 정리되어 있다.

부동산종합공부 요약					
지번	-12	지목/면적	대 (895㎡)	공시지가	기준일 : 2017/01 → 230,000원 / ㎡
• 계획관리지역 • 자연보전권역 수도권정비계획법 • 공장설립승인지역 수도법 • 배출시설설치제한지역 수질 및 수생태계 보전에 관한 법률 • 폐기물매립시설 설치제한지역 한강수계 상수원수질개선 및 주민지원 등에 관한 법률 • 수변구역 한강수계 상수원수질개선 및 주민지원 등에 관한 법률 • 수질보전특별대책지역 환경정책기본법					

부동산종합공부 요약

부동산 일사편리
'부동산종합공부 요약' 내용의 세부 사항은 일사편리(kras.gg.go.kr)에서도 확인할 수 있어요. 지적도, 건축물대장까지 한번에 볼 수 있습니다(일사편리는 지자체별로 각각 달라요).

이 땅에 공장 설립을 하려면 승인을 받아야 하고, 배출시설을 설치하려면 인가를 받아야 하는 지역이라고 표시되어 있는데, 토지이용계획확인원에 나온 내용을 간추려 보여주고 있다.

담당 공무원이 그 지역 토지 전문가다

처음에는 아무리 들여다보아도 이해가 안 갈 것이다. 서류를 들고 가서 담당 공무원에게 물어보자.

"담당자님, 제가 여기에 이층집을 짓고 싶은데요, 지을 수 있나요?"

관할관청의 담당자는 그 지역 토지 전문가다. 집을 지을 수 있는지 없는지는 물론이며, 친절한 분은 각 용어의 의미와 내용까지 설명해 주며 필요조건을 충족하는 방법까지도 알려준다. 공인중개사도 토지 전문이 아닌 분들은 토지가 어렵다고 한다. 내용이 복잡한데다 지자체마다 세부 내용이 다르기 때문이다. 그래서 토지 초보자는 일단 서류를 들고 가서 공무원에게 물어보는 것이 좋다.

시간과 비용을 아끼려면 도로와 배수로부터!

경매물건 검색을 하면 땅이 많이 나온다. 땅이 단순히 흙일 뿐이라면, 가치가 낮다. 땅 위에 무언가를 지어올릴 수 있어야 가치가 있는 땅이다. 높은 건물을 지을 수 있는 땅일수록 활용도가 높고, 활용도가 높을수록 가치가 있다.

건물을 지으려면 두 가지 조건이 충족되어야 한다.

집을 짓는 첫 번째 조건, 도로

땅에 건물을 지으려면 도로, 즉 길이 있어야 하는데, 건축법상 도로는 보행(사람이 다니는 길)과 자동차 통행이 가능한 너비 4m 이상의 도로를 말한다. 차들이 쌩쌩 달리는 고속

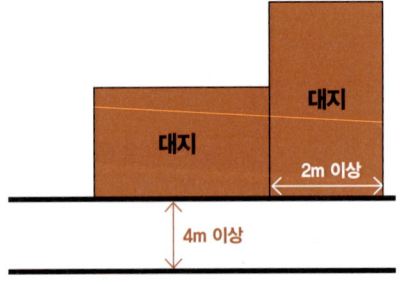

건축법상 도로

도로는 건축법상의 도로가 아니고, 경운기가 다니는 시골길은 자동차가 다닐 수 없어 도로가 아니다. 도로폭은 4m 이상이어야 하고, 집을 지을 땅의 2m 이상이 도로에 닿아 있어야 한다.

막다른 길은 예외다. ① 10m 미만의 막다른 도로라면 도로폭이 2m여도 건축이 가능하다. ② 10m 이상 35m 미만 길이의 막다른 도로는 도로폭이 3m 이상 되어야 하는데, ③ 길이가 35m 이상이면 도로폭이 6m가 되어야 한다(막다른 도로의 길이가 35m 이상이라도 도시지역이 아닌 읍면지역은 도로폭이 4m면 된다). 막다른 도로라도 그 길이가 길면 차를 돌릴 수 있는 너비여야 하기 때문이다.

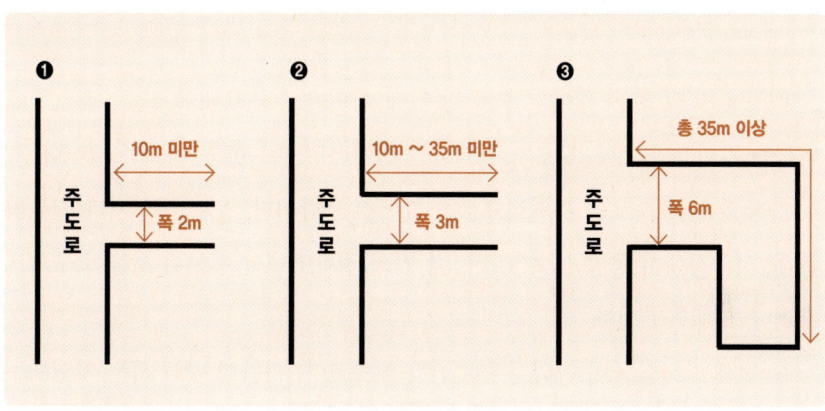

막다른 도로의 예

도로에는 공로(公路)와 사도(私道)가 있다. 공로는 공공의 길이기에 누구나 이용할 수 있지만, 사도는 개인 소유물이기에 도로 주인의 허락을 얻어야 이용할 수 있다. 만약 땅과 인접한 유일한 도로가 다른 사람 소유의 사도라면 도로 소유주와 도로 이용에 관한 협상을 해야 한다. 협의가 안 되면, 도로의 주인은 자기 땅에 남들이 함부로 다니지 못하게 길을 막을 수도 있다. 어쩔 수 없이 사도를 이용해야 하는 땅을 가졌다면, 도로 지분을 사거나 도로 소유주로부터 통행해도 좋다는 동의서를 얻어야 한다. 도로 소유주의 동의를 얻지 못하면 건축을 할 수 없고, 건축할 수 없는 땅은 쓸모없는 땅이 되어버린다.

건물을 지을 때 도로는, 중요한 첫 번째 체크사항이다.

두 번째 조건, 배수로

배설물은 집 안에 쌓아놓을 수 없기에 어딘가로 내보내야 한다. 배설물이 나가는 길이 배수로다. 도로가 들어가는 길이라면, 배수로는 나가는 길이다.

가장 흔한 배수로는 자연적으로 만들어진 도랑이다. 도랑은 구거라고 불리는데, 시골길에서 종종 볼 수 있다. 각 집의 정화조에서 정화된 오물이 구거로 흘러나가 배수가 된다.

두 번째는 사람들이 인위적으로 만든 배수로다. 사람이 많이 사는 지역에는 도로 아래 배수로가 만들어져 있다. 도로에 맨홀이 있으면 그 아래에 배수로가 있다는 것이다. 이미 있는 배수로에 내 땅에서 나오는 오수관을 연결하면 된다. 맨홀에 '오'자가 쓰여 있으면 오수, 즉 똥물이 흐르는 길이고, '우'자가 쓰여 있으면 빗물이 흐르는 길이라는 뜻이다. 비가 많이 오면 빗물이 역류할 수 있기에 오물과 빗물이 섞이면 곤란하다. 똥물이 역류해서 난리가 난 과거와 달리 지금은 오수와 우수를 분리해서 배출한다.

만약 내 땅 앞에 배수로가 없다면 배수관을 넣어 공사를 하면 된다. 구거까지 가는 길이 모두 내 땅이라면 배수로만 만들면 되지만, 남의 땅을 거쳐 배수로를 만들어야 한다면, 그 토지 소유주의 허락을 얻어야 한다. 시간과 비용이 드는 일이다.

우수

오수

좋은 토지를 찾아내는
인터넷 현장답사

로드뷰로 자세히 보기

"언니, 얘 어때?"

공매 사이트를 뒤지던 동생이 모니터를 돌려 물건을 보여준다. 파주의 땅이다.

"이쁘네! 로드뷰는 어때?"

땅모양과 주변 환경을 보는 데에는 로드뷰가 최고다. (로드뷰는 네이버와 다음에 모두 있는데, 다음 로드뷰에서는 더 최근 모습을 볼 수 있다.)

대한민국의 많고 많은 토지를 일일이 다 가볼 수 없기 때문이다. 그래서 인터넷 현장답사는 토지 경매를 할 때 필수 중의 필수다.

① 도로

이 토지는 양쪽으로 도로를 끼고 있는데, 한쪽은 외부로 통하는 길이고, 다른 한쪽은 주택가 안쪽으로 들어가는 길이다. 각각의 도로는 6m, 4m다. (로드뷰에서 화면 오른쪽에 있는 자 모양 아이콘을 선택해 드래그하면 거리를 측정할 수 있다.) 이 토지 옆의 도로는 누구나 이용할 수 있는 공로다. 건축하기 딱 좋다. 도로가 4m 이상이고, 대지가 2m 이상 도로에 접하고 있기에 건축은 문제없다. (도로가 공로인 것은 공무원에게 확인받았다.)

 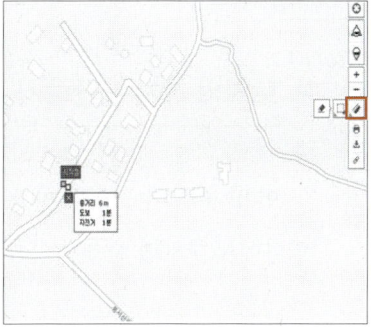

② 배수로

다음은 배수로를 확인할 차례다. 로드뷰로 보니 인근에 다른 주택이 많다. 다른 주택이 있다는 것은 이미 배수로를 확보했다고 볼 수 있다. 바로 아래 작은 개천인 구거도 보인다. 모니터상으로 보았을 때 배수로도 문제없어 보인다. (입찰 전에 현장확인은 필수이고, 담당 공무원에게도 다시 확인받아야 한다.)

③ 이웃

우리는 이 토지를 건축을 원하는 사람에게 매도할 계획이다. 새집에 이사하고픈 사람들이 원하는 이웃은 어떤 사람일까? 이효리가 사는 집이면 좋겠지. 아니 이효리가 구경 왔던 집이라고 해도 그 자체만으로 갖고 싶은 집이 된다.

유명 연예인까지는 아니더라도 이야기를 나눌 수 있는 친구가 있는 집이라면 좋다. 다 떠나간 자식들을 그리워하는 노인들만 남은 50년 된 낡은 집보다는 푸른 잔디 위에 바비큐세트가 세팅된 집의 이웃이 되길 원한다.

로드뷰의 범위를 조금 넓히니 주변의 주택들이 보인다. 바로 앞에 있는 벽돌집을 포함해서 주변 집들이 꽤 이쁘다. 마당에 자전거도 보이고, 입구에 깔린 돌바닥도 아름답다. 이웃까지 맘에 든다.

토지의 가치 판단하기

이 땅, 어느 정도의 가치가 있을까? 집을 지을 수 있는 땅인 것은 확인했으니 얼마에 입찰하면 좋을지 가늠해 보자.

① 토지의 입지

땅은 쓰임새에 따라 가치가 달라진다. 전원주택 부지는 깊은 산속보다는 도심 가까이의 땅이 인기 있다. 사람들은 전원생활을 즐기고 싶어하지만 문화나 교육환경까지 전원적이기는 원하지 않는다. 노인이라면 병원이 가까워야 할 것이고, 젊은 엄마라면 아이들이 통학할 학교가 가까워야 할 것이다.

이 토지는 파주의 문산역에서 1.5킬로미터 거리에 있다. 문산역은 경의선 끝자락에 있는 역이다. 북쪽으로 조금만 더 가면 임진각이 있고, 북한이다. 통일이 되면 참 좋은 위치지만, 서울에서는 거리가 좀 있다. 그럼에도 경의선 덕분에 서울역까지 1시간 10분, 강남역까지는 1시간 40분이 걸린다. 차량으로 5분 이내 거리에 초등학교와 중고등학교가 있고, 대형 마트와 병원도 있다. 전원주택 부지치고는 서울 접근성도 좋은 편이고, 생활환경도 편리하다.

② **토지의 모양**

이쁜 사람은 화장을 안 해도 예쁘다. 하지만 못생긴 사람도 얼마든지 이뻐질 수 있다. 약간의 돈을 쓰면 된다. 좋은 화장품을 사고, 꾸준히 피부샵에 다니고, 운동으로 체형을 다듬고, 그래도 모자라면 성형하면 된다.

땅에도 이쁜 땅과 못생긴 땅이 있다. 반듯한 네모 모양에 도로보다 살짝 높으면서 울퉁거리지 않고 평평한 땅이 이쁜 땅이다.

관심 있는 이 토지는 길쭉한 삼각형 모양이다. 집을 앉히기에는 네모반듯한 땅보다 활용도가 떨어진다. 그렇지만 100~120평 정도로 사등분을 하면 한 면을 제외하고 직사각형 모양이 되어 괜찮겠다.

지대가 높은 땅은 내려다보는 구조가 되어 전망도 좋다. 그렇더라도 지나치게 높으면 집을 오르내리기 불편하다. 반대로 땅이 도로보다 낮으면 물이 집 방향으로 흐를 수 있어서 좋지 않다. 이 토지는 지대가 살짝 높아 적당해 보인다.

땅이 울퉁불퉁하거나 일부가 푹 꺼져 있다면 흙으로 메워 평평하게 만들어 줘야 한다. 로드뷰로 봤을 때 이 토지에는 식물이 심어져 있다. 농사를 짓는 땅

이니, 땅을 고르고 나서 씨앗을 심었을 것이다. (토지의 농작물은 낙찰자가 마음대로 처분할 수 없다. 때문에 이 땅은 명도가 필요한 토지다. 토지의 명도는 09장 참조.)

③ 토지의 용도

관심 있는 이 토지의 용도는 계획관리지역이기에 건폐율 40%에 용적률 100%다. 지목은 대지다. 대지는 토목허가 없이 당장 집을 지을 수 있어 농지나 산지보다 가치가 높다(토지의 용도 설명은 10장 참조).

④ 토지의 가격

토지 경매에서 가장 어려운 부분이 가격 책정이다. 토지는 아파트와 다르다. 아파트는 같은 단지 내 아파트들의 실거래가를 비교하여 적당한 가격을 예측한다. 토지도 실거래가가 있긴 하지만, 아파트보다 신뢰도가 낮다. 전체적으로 오름세인지 내림세인지 정도만 가늠할 수 있을 뿐이다. 어떤 토지는 싸게 팔리고, 어떤 토지는 비싸게 팔린다.

공매 사이트 온비드에 오른 이 토지 물건은 6회차까지 유찰된 상태였다. (공매는 20%씩이 아니라 5~10%씩 유찰되는데, 유찰 간격은 물건마다 다르다.)

땅의 입지나 외형으로 보아 이 정도면 최고라고는 못해도, 나쁘지 않다.

나는 파주의 이 토지를 좋은 가격에 낙찰받아 개발해서 일부 분양을 마쳤다. 화장한 토지는 생각보다 예뻤고, 나에게 토지 낙찰의 첫 기쁨을 주었다.

09 대지 369평을 낙찰받다

토지 현장답사 & 입찰가 정하기

물건지로 향했다. 강변북로를 지나 통일로까지 두 시간 가까이 그냥 직진이다. 이대로 북한까지 가면 좋겠다.

함경북도 청진이 고향인 할머니는 늘 북한을 그리워하셨다. 할머니를 따라 '이산가족찾기'를 하는 KBS에 가서 이모할머니를 찾던 기억이 난다. 할아버지는 어린 큰아버지를 차에 태우고 청진 들판을 가로질러 달리며 "이게 다 네 땅이다!!" 하셨다던데…. 할아버지 피를 받아 내가 부동산을 좋아하나 보다.

물건지는 문산 시내에서 멀지 않으면서 잘 정돈된 전원마을이다. 우리는 이 물건에 대해 사전조사를 했고, 현재 가격이 시세보다 저렴하다는 것을 알고 있었다. 이 토지는 집을 지을 수 있는 대지이고, 집을 지을 수 있는 조건인 도로와 배수로 문제가 없었다. 서류상 내용이 사실인지 해당 관청에 이미 확인도 했다. 이제 입찰가만 정하면 된다. 이 토지, 과연 얼마에 입찰하면 좋을까? 또다시 물건지를 찾았다. 인근에 전원주택을 짓고 있는 공사현장이 몇 군데 있었다. 이 현장들의 분양가격과 분양현황이 궁금했다.

산으로 향하는 도로를 낀 곳으로, 조금 더 깊이 들어간 1차 부지는 분양을 마무리했단다. 1차로 분양완료된 언덕 너머로 2차 부지를 분양하고 있었다. 임야 140평에 건평 24평의 주택을 3억 5000만원에 분양 중이었다. 건축비를 평당 450만원 치면 건물가격이 총 1억 800만원이다(450만원×24평 = 1억 800만원). 총 분양가 3억 5000만원에서 건물가격 1억 800만원을 빼면 토지가격은 2억 4200만원이고, 2억 4200만원을 140평으로 나누면 평당 토지가격은 약 172만원이다.

반대쪽으로 나가는 도로가에도 20여 세대의 전원주택단지가 분양 중이다. 대지 100평에 건물 28평이 3억이다. 동일하게 계산하면, 건물가는 약 1억 2600만원이고, 토지가격은 1억 7400만원, 평당 174만원이다.

산 쪽의 전원주택은 조금 가격이 높고, 도로가의 전원주택은 상대적으로 분양가가 저렴한 편이다. 내가 관심 있는 물건은 위의 두 부지보다 입지가 더 좋다. 그렇다면 170만원이 호가일 수도 있으니, 150만원대면 충분히 매도가 가능하지 않을까. 인근 공인중개사무소에도 들러 주변의 다른 전원주택 부지도 몇 군데 더 둘러보았다.

입찰

입찰 전 대출가능금액을 확인해야 한다. 감정가의 80%, 낙찰가의 90% 중 적은 금액으로 대출이 가능하다는 은행의 확인을 받고 입찰을 하였다. 다른 두 명의 경쟁자를 제치고 낙찰 성공이다(공매 입찰방법은 54장 참조).

토지의 농작물 명도

로드뷰로도 보고, 전에 임장할 때도 확인해서 토지에 농작물이 가득 심어져 있다는 것을 알고 있었다. 직접 가서 보니, 여전히 이름 모를 농작물들이 가지런하고 빼곡하게 자라고 있었다. (나중에 알고 보니 완두콩, 서리태콩, 쥐눈이콩 등 다양한 콩과 깨였다. 서리태는 가격이 꽤 나가는 콩이라고 한다.) 누군가 지극정성으로 키우고 있는 듯했다.

'이 아이들은 다 어쩌지?'

토지를 낙찰받았더라도 농작물까지 낙찰받은 것은 아니기에 농작물은 낙찰자가 맘대로 처분할 수 없다. 농작물을 처리해도 좋을지 농작물 주인에게 허락을 받아야 한다. 일단 이 농작물의 주인이 누구인지 알아야 한다.

물건지를 기웃거리고 있는데, 앞집 대문 앞에 승용차가 멈추더니 세련된 여사님이 운전석에서 내린다.

"안녕하세요, 말씀 좀 여쭤봐도 될까요? 요 앞 토지에 대한 건데요."

"앞 토지요? 들어오세요."

서글서글한 어머니를 꼭 닮은 따님이 우리를 맞는다.

"앞 땅에 심은 농작물은 누가 관리하고 계세요?"

"저 집 할아버지가 하시는데, 엄청 관리를 잘하세요. 저렇게 잘 키우기 힘든데…. 저기 세 번째 집 까만 지붕 집이에요."

소유주의 아버지라면, 농작물을 일부러 키우고 있는 것은 아닐까? 낙찰자에게 명도비를 요구하려고 농작물을 키우고 있을 수도 있다. 다행히 농작물들은 일년생식물들이다. 다년생식물이라면 수확할 때까지 건축을 못할 수도 있다.

"할아버지, 계세요~~?"

할아버지 집을 찾아 문을 두드렸지만, 아무도 없다.

며칠 후 다시 물건지를 찾았다.

역시 아무도 없어, 메모를 현관에 붙여두었다.

"안녕하세요, 토지 낙찰자입니다. 연락 부탁드려요. 010~~"

할아버지는 며칠이 지나도 연락이 없다. 왜일까? 우리끼리 갖가지 시나리오를 짜본다.

1. 농작물을 수확할 때까지 기다린다면, 콩은 가을에 수확을 하니 최대 11월까지 기다린다. (낙찰은 6월이었다. 4~5개월을 기다리면 이자가 얼마냐….)
2. 농작물이 명도비를 받기 위한 것이라면, 명도비는 얼마여야 할까?
3. 지금이라도 김장배추를 심거나 다른 겨울작물을 심어서 겨울까지 넘긴다면? 우앗, 곤란해.

어떻게든 할아버지를 만나야 했다.

잔금을 납부하기 전에 세 번째로 물건지를 찾았다. 이제 더 이상 기다릴 시간이 없다. 잔금을 납부하고 나면 매달 이자를 내야 한다.

오늘도 집에는 아무도 없다. 그동안 물건지의 농작물은 키가 한뼘이나 더 자랐다. 비도 안 오고 더운 날의 연속이었는데도 농장물은 시들거리는 녀석 하나 없다. 할아버지가 얼마나 지극정성으로 농사를 짓고 계신지 안 봐도 눈에 선하다. 명도비를 위해서라면 이렇게 정성스레 농사를 지을 필요는 없지 않나. 그냥 농사하는 시늉만 해도 될 텐데…. 369평에 빼곡이 짓는 것도 그렇고, 삼복더위에도 싱싱한 콩들을 보니 보통 사랑을 받는 것이 아니다.

물건지를 돌아보고 있는데, 휴대폰이 울렸다.

"아… 안녕하세요. 오늘도 다녀가셨네요, 전 ○○씨 딸이에요. 먼저 죄송하다는 말씀 먼저 드릴게요. 제가 일이 바빠서 전화가 늦었어요."

"아네요, 전화 주서서 감사해요. 저희가 ○○토지를 낙찰받았는데요, 집을 지으려고 하거든요, 그런데 농작물이 있어서요."

"그렇군요. 그런데, 저희 아버지가 정말 열심히 키운 것들이거든요. 곧 수확할 텐데, 조금 기다려주시면 안 될까요?"

"당장은 아니구요, 추석 때까지만 거둬주시면 되는데요. 저희가 추석 지나면 바로 건축 들어갈 계획이에요. 그때까지 가능할까요?"

"글쎄요… 아버지랑 의논해 볼게요."

"그리고 혹 농작물을 저희가 사드리는 건 어떨까요? 이렇게 더운데, 어르신 혼자 농사짓기도 힘드실 텐데 말이죠."

"돈 때문에 농사짓는 게 아니라 그건 어려울 것 같아요."

"한번 의논해 보시고 연락 부탁드려요. 전화 주서서 감사합니다."

며칠이 흘렀다. 그동안 잔금을 납부했고, 건축 준비가 착착 진행되고 있었다. 띠링~~ 밝고 경쾌한 따님으로부터 문자가 도착했다.

'저번에 말씀하신 것 아버지께 말씀드렸어요. 그렇게 하시겠다고 하시네요.'

콩값을 넉넉하게 쳐드리기로 하고, 합의서를 작성하러 할아버지 집을 다시 찾았다.

할아버지는 몸이 불편해 보였다. 그 몸으로 농사를 어떻게 지으셨을까? 딸이 할아버지 집 위층에 살면서 시중을 드는 모양이었다. 따님은 방금 갈은 과일주스를 내놓으며 말했다.

"그 땅 한켠에 상가주택을 올리려고 했어요. 일층은 커피숍을 하고, 위층에서 형제들과 함께 살려고 했지요. 귀한 땅인데…."

아쉬워하는 따님과 명도합의서를 작성하고, 할아버지의 도장을 찍었다. 감사의 인사를 전하고 명도비용을 바로 입금해 드렸다. 할아버지 집에서 나오자마자 바로 물건지로 가 미리 준비해 간 '경작금지' 팻말을 박았다. 5m마다 고춧대를 심고, 노끈으로 토지의 가장자리를 둘렀다.

무사히 농작물 명도를 마무리했다.

명도 합의서

성명 :
주소 : 경기도 파주읍

점유인 ○○○는 경기도 파주읍 토지가 부동산 공매(물건번호20××-1)로 낙찰되었고 소유주가 ○○○로 바뀌게 되었음을 인지하였습니다. 이에 본 각서인은 토지 위 농작물을 낙찰인에게 인도하고 아래의 사항을 지키겠기에 본 합의서를 작성합니다.

-합 의 내 용-

1. 점유인은 20××년 ×월 ××일 낙찰인에게 농작물 전체를 인도합니다.

2. 낙찰자는 농작물 명도 비용으로 ○○만원을 지급하겠습니다.

위 합의서의 내용에 대해 성실히 지킬 것을 다짐하고 작성하여 자필로 서명날인합니다.

20××년 ×월 ××일

점유자 성 명 :   (인)
낙찰자 성 명 :   (인)

이 땅을 어떻게 쓸까? 용도지역과 지목

"이상하다, 정원이 왜 이렇게 크지?"

사람은 땅에서 나서 땅으로 돌아가기 때문인가. 토지 임장(현장답사)을 가면 마음이 산들하니 기분이 좋다. 공매로 나온 파주 땅에 뒤이어 전원주택을 짓기에 딱 좋아 보이는 땅을 보러 갔다. 양평 강하면 언덕 위에 떡하니 자리잡은 이 땅, 전망이 끝내준다. 유치권자가 유치권을 신고하였지만, 유치권을 인정할 만한 점유 상태로는 보이지 않는다. 녹슨 컨테이너가 해당 토지 가장자리에 덩그러니 놓여 있을 뿐이다.

"이쁘다. 주변 이웃들도 이쁘네. 멋지게들 지어놨어. 정원이 끝내주네."

근데… 정원….

옆집 정원이 무지하게 넓다. 이상하다. 왜 이렇게 넓을까?

이 땅은 계획관리지역의 대지다. 대지는 지목변경할 필요 없이 바로 집을 지을 수 있는 땅이고, 계획관리지역이기에 건폐율이 40%다. 면적이 960평이기에 낙찰 후 분할하여 매도하면 시세차익이 나올 것으로 예상하여 보러 온 것이었다. 그런데 주변 집들의 정원이 너무 넓다. 이 정도 정원 넓이라면 건폐율이 20%다. 뭔가 이상하다.

물건지를 나와 곧바로 관할시청의 담당자를 찾았다. 양평은 전원주택을 짓는 사람들이 많아서 다른 시청들보다 건축과가 넓고 크다. 각 리별로 담당자가 여러 명 있는데, 번지마다 담당자가 정해져 있다. 항상 그렇듯이 바빠 보이는 담당자를 기다렸다가 상담테이블에 앉았다.

"저희가 이 땅을 살까 하는데요, 계획관리지역인데 건폐율이 낮은 것 같아서요. 확인 좀 부탁드릴게요."

"그래요? (컴퓨터를 뒤져보더니) 이 땅이 개발허가를 받은 지 오래돼서 당시 건폐율을 확인할 수가 없네요."

"그럼, 어떻게 알 수 있을까요? 건폐율을 알아야 땅을 살지 말지 결정할 수 있거든요. 어떻게 하죠. 조금 더 기다릴까요?"

"아… 지금 당장은 어려워요. 저희가 따로 서류를 열람해야 할 것 같아요. 오래된 허가내용은 전산화가 안 되어 있어서요. 일일이 서류를 뒤져 찾아야 하거든요. 저녁에 확인해 보고 내일 전화드릴게요."

다음날, 담당자는 옛날 서류를 열람해서 이 땅의 건폐율이 20%라는 것을 전화로 알려주었다. 오래전 개발행위허가를 받을 당시에 건폐율 20%로 허가가 나왔던 땅이다. 건축허가권은 낙찰자에게 승계가 되지 않는다. 건축허가를 받은 날부터 2년 내 착공을 하지 않으면 종전 건축허가는 취소가 되지만, 그 과정이 녹록지 않다. 초보자는 피하는 것이 좋다. 휴, 큰일날 뻔했다.

토지의 용도지역

토지에는 각각 용도가 정해져 있다. 그리고 그 용도는 웬만해서는 바뀌지 않는다.

용도지역은 크게 4가지로 구분한다. 도시지역, 관리지역, 농림지역, 자연환경보전지역의 4가지다.

이중 농림지역과 자연환경보전지역은 토지 초보자에게 너무 어려운 지역이다. '농사'를 짓고 '보전'한다지 않는가. 국토의 70%가 산림인 우리나라는 함부로 산림을 훼손하지 못하게 법으로 지정해 자연환경보전지역으로 보전하고, 농사를 중요하게 여기기에 농림지역의 개발도 제한한다.

때문에 토지 초보자라면 개발이 가능한 도시지역과 관리지역 토지를 추천한다.

도시지역은 다시 주거지역, 상업지역, 공업지역, 녹지지역으로 나뉜다. 또, 주거지역은 5가지, 상업지역은 4가지, 공업지역은 3가지, 녹지지역은 3가지로 세분화된다. 각 용도지역마다 건폐율과 용적률이 다르다.

도시지역 중 주거지역, 상업지역, 공업지역은 개발하기 좋은 지역이지만, 가격이 비싸다. 도시지역의 녹지지역은 도시 내 녹색환경을 위해 지정한 지역으로 다른 도시지역보다 개발이 쉽지 않다. 영영 개발이 안 되는 것은 아니지만, 소유주 맘대로 개발할 수 없다.

관리지역은 차후 도시지역이 될 수 있는 지역으로 나라에서 관리하는 지역을 말한다. 관리지역은 계획관리지역, 생산관리지역, 보전관리지역으로 나뉘는데, 이중 계획관리지역이 건폐율과 용적률이 높아 집을 짓기 적합하다.

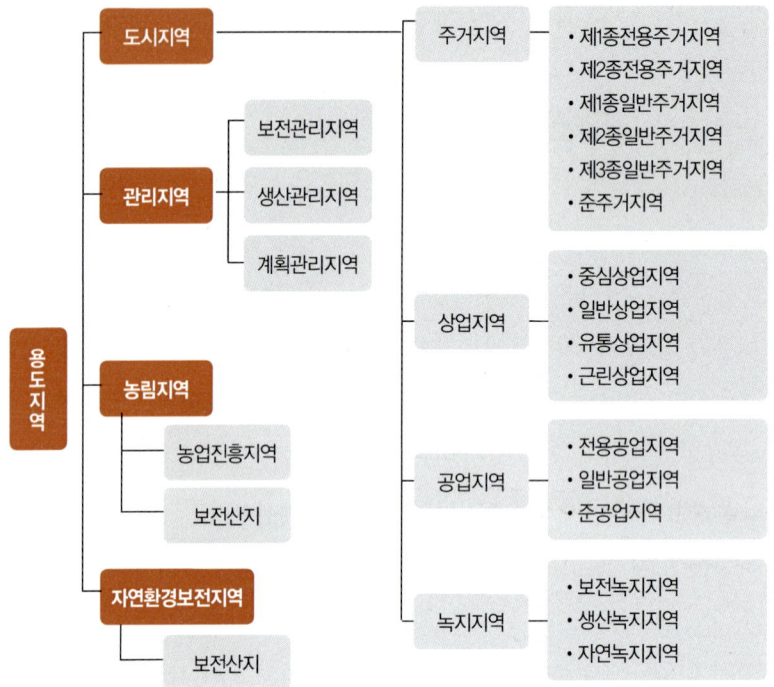

토지는 얼마만한 건물을 올릴 수 있느냐에 따라 그 가치가 달라진다.

건폐율은 대지면적에 대한 바닥면적의 비율이고, 용적률은 대지면적에 대한 연면적, 즉 건물 전체 면적의 비율이다.

> 용도지역별 건폐율과 용적률은 66쪽에서 자세히 살펴보세요.

예를 들어, 계획관리지역은 건폐율 40% 이하, 용적률 100% 이하다. 전체 땅이 100평이라면 건물의 바닥면적은 최대 40평까지 지을 수 있고(건폐율), 2층에 40평, 3층에 20평을 더 올려 최대 100평(용적률)까지 지을 수 있다. 대통령령이 정하는 추가 내용이 있으면 40%, 100%보다 더 작아질 수도 있다

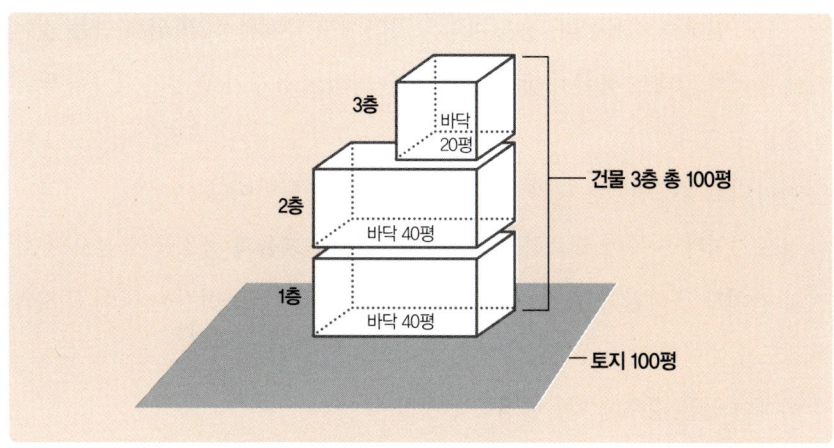

건폐율과 용적률이 클수록 집을 넓고 높게 지을 수 있어, 건폐율과 용적률이 큰 토지가 가치가 더 높다.

토지의 지목

용도지역이 토지이용의 합리화를 위한 것이라면, 지목은 토지의 사용목적에 관한 것이다. 지목은 필지마다 하나씩 설정되어 있는데, 각각 토지의 특성을 나타낸다.

우리나라 모든 토지는 21개의 용도지역과 28개의 지목 중 하나로 정해진다.

> **예** : 계획관리지역의 전, 준공업지역의 대지, 자연환경보전지역의 임야

계획관리지역, 준공업지역, 자연환경보전지역 등은 토지의 용도지역이고,

전, 대지, 임야는 지목이다. 용도지역은 나라에서 규제를 하기 위해 만든 것이기에 우리가 맘대로 바꿀 수 없지만, 지목은 땅의 소유주가 관청의 허가를 받아 변경할 수 있다.

한마디로 용도변경은 나라 맘, 지목변경은 소유주 맘이다.

용도지역과 지목이 건축하기에 적합하면서, 건폐율과 용적률이 높으면 토지의 가치가 올라간다. 전을 대지로, 임야를 대지로 지목변경을 하여 토지의 활용도를 높이면 토지의 가치도 따라 올라가는 것이다.

아래와 같은 경우에 지목변경을 신청할 수 있다.

1. '국토의 계획 및 이용에 관한 법률' 등 관계법령에 의한 토지의 형질변경 등의 공사가 준공된 경우
2. 토지 또는 건축물의 용도가 변경된 경우
3. 도시개발사업 등의 원활한 추진을 위하여 사업시행자가 공사 준공 전에 토지의 합병을 신청하는 경우

그러나 지목변경이 가능한지에 대한 세세한 내용은 일일이 확인하고, 지자체에 문의해야 한다.

토지의 지목 & 용도지역별 건폐율과 용적률

■ 지목 종류

전, 답, 과수원, 목장용지, 임야, 광천지, 염전, 대, 공장용지, 학교용지, 주차장, 주유소용지, 창고용지, 도로, 철도용지, 제방, 하천, 구거, 유지, 양어장, 수도용지, 공원, 체육용지, 유원지, 종교용지, 사적지, 묘지, 잡종지

■ 지목의 구분 기준

1. **전** : 물을 상시적으로 이용하지 아니하고 곡물, 원예작물(과수류를 제외한다), 약초, 뽕나무, 닥나무, 묘목, 관상수 등의 식물을 주로 재배하는 토지와 식용을 위하여 죽순을 재배하는 토지 → 밭
2. **답** : 물을 상시적으로 직접 이용하여 벼, 연, 미나리, 왕골 등의 식물을 주로 재배하는 토지 → 논
3. **과수원** : 사과, 배, 밤, 호도, 귤나무 등 과수류를 집단적으로 재배하는 토지와 이에 접속된 저장고 등 부속시설물의 부지(다만, 주거용 건축물의 부지는 '대'로 한다)
4. **목장용지** : 다음 각 목의 토지는 '목장용지'로 한다(단, 주거용 건축물의 부지는 '대'로 함)
   (가) 축산업 및 낙농업을 하기 위하여 초지를 조성한 토지
   (나) 축산법 제2조 제1호의 규정에 의한 가축을 사육하는 축사 등의 부지
   (다) 가목 및 나목의 토지와 접속된 부속시설물의 부지
5. **임야** : 산림 및 원야(原野)를 이루고 있는 수림지, 죽림지, 암석지, 자갈땅, 모래땅, 습지, 황무지 등의 토지
6. **광천지** : 지하에서 온수, 약수, 석유류 등이 용출되는 용출구와 그 유지(維持)에 사용되는 부지(다만 온수, 약수, 석유류 등을 일정한 장소로 운송하는 송수관, 송유관 및 저장시설의 부지 제외)
7. **염전**) : 바닷물을 끌어들여 소금을 채취하기 위하여 조성된 토지와 이에 접속된 제염장 등 부속시설물의 부지(다만, 천일제염 방식에 의하지 아니하고 동력에 의하여 바닷물을 끌어들여 소금을 제조하는 공장시설물의 부지 제외)
8. **대** : 건축물이 있거나 지을 수 있는 땅

(가) 영구적 건축물 중 주거, 사무실, 점포와 박물관, 극장, 미술관 등 문화시설과 이에 접속된 정원 및 부속시설물의 부지

(나) '국토의 계획 및 이용에 관한 법률' 등 관계, 법령에 의한 택지조성공사가 준공된 토지

9. **공장용지**

    (가) 제조업을 하고 있는 공장시설물의 부지

    (나) '산업집적활성화 및 공장설립에 관한 법률' 등 관계법령에 의한 공장부지 조성공사가 준공된 토지

    (다) 위의 토지와 같은 구역 안에 있는 의료시설 등 부속시설물의 부지

10. **학교용지** : 학교의 교사와 이에 접속된 체육장 등 부속시설물의 부지

11. **주차장** : 자동차 등의 주차에 필요한 독립적인 시설을 갖춘 부지와 주차전용 건축물 및 이에 접속된 부속시설물의 부지. 다만, 다음에 해당하는 시설의 부지를 제외

    (가) '주차장법' 제2조 제1호 가목 및 다목의 규정에 의한 노상주차장 및 부설주차장(시설물의 부지 인근에 설치된 부설주차장 제외)

    (나) 자동차 등의 판매목적으로 설치된 물류장 및 야외전시장

12. **주유소용지** : 석유, 석유제품 또는 액화석유가스 등의 판매를 위하여 일정한 설비를 갖춘 시설물의 부지, 저유소 및 원유저장소의 부지와 이에 접속된 부속시설물의 부지(다만, 자동차, 선박, 기차 등의 제작 또는 정비공장 안에 설치된 급유·송유시설 등의 부지를 제외)

13. **창고용지** : 물건 등을 보관 또는 저장하기 위하여 독립적으로 설치된 보관시설물의 부지와 이에 접속된 부속시설물의 부지

14. **도로** : 다음에 해당하는 토지를 '도로'로 분류한다(다만, 아파트, 공장 등 단일 용도의 일정한 단지 안에 설치된 통로 등을 제외)

    (가) 일반공중의 교통운수를 위하여 보행 또는 차량운행에 필요한 일정한 설비 또는 형태를 갖추어 이용되는 토지

    (나) '도로법' 등 관계법령에 의하여 도로로 개설된 토지

    (다) 고속도로 안의 휴게소 부지, 2필지 이상에 진입하는 통로로 이용되는 토지

15. **철도용지** : 교통운수를 위하여 일정한 궤도 등의 설비와 형태를 갖추어 이용되는 토지와 이에 접속된 역사, 차고, 발전시설 및 공작창 등 부속시설물의 부지

16. **제방** : 조수, 자연유수, 모래바람 등을 막기 위하여 설치된 방조제, 방수제, 방사제, 방파제 등의 부지

17. **하천** : 자연의 유수(流水)가 있거나 있을 것으로 예상되는 토지

18. **구거** : 용수 또는 배수를 위하여 일정한 형태를 갖춘 인공적인 수로, 둑 및 그 부속시설물의 부지와 자연의 유수(流水)가 있거나 있을 것으로 예상되는 소규모 수로 부지
19. **유지** : 물이 고이거나 상시적으로 물을 저장하고 있는 댐, 저수지, 소류지, 호수, 연못 등의 토지와 연, 왕골 등이 자생하는 배수가 잘 되지 아니하는 토지
20. **양어장** : 육상에 인공으로 조성된 수산생물의 번식 또는 양식을 위한 시설을 갖춘 부지와 이에 접속된 부속시설물의 부지
21. **수도용지** : 물을 정수하여 공급하기 위한 취수, 저수, 도수(導水), 정수, 송수 및 배수시설의 부지 및 이에 접속된 부속시설물의 부지
22. **공원** : 일반공중의 보건휴양 및 정서생활에 이용하기 위한 시설을 갖춘 토지로서 '국토의 계획 및 이용에 관한 법률'에 의하여 공원 또는 녹지로 결정고시된 토지
23. **체육용지** : 국민의 건강증진 등을 위한 체육활동에 적합한 시설과 형태를 갖춘 종합운동장, 실내체육관, 야구장, 골프장, 스키장, 승마장, 경륜장 등 체육시설의 토지와 이에 접속된 부속시설물의 부지(다만, 체육시설로서의 영속성과 독립성이 미흡한 정구장, 골프연습장, 실내수영장 및 체육도장, 유수(流水)를 이용한 요트장 및 카누, 산림 안의 야영장 등의 토지를 제외)
24. **유원지** : 일반공중의 위락, 휴양 등에 적합한 시설물을 종합적으로 갖춘 수영장, 유선장, 낚시터, 어린이놀이터, 동물원, 식물원, 민속촌, 경마장 등의 토지와 이에 접속된 부속시설물의 부지(다만, 이들 시설과의 거리 등으로 보아 독립적인 것으로 인정되는 숙식시설 및 유기장(遊技場)의 부지와 하천, 구거 또는 유지(遺地)[공유(公有)의 것에 한한다]로 분류되는 것을 제외)
25. **종교용지** : 일반공중의 종교의식을 위하여 예배, 법요, 설교, 제사 등을 하기 위한 교회, 사찰, 향교 등 건축물의 부지와 이에 접속된 부속시설물의 부지
26. **사적지** : 문화재로 지정된 역사적인 유적, 고적, 기념물 등을 보존하기 위하여 구획된 토지(다만, 학교용지, 공원, 종교용지 등 다른 지목으로 된 토지 안에 있는 유적, 고적, 기념물 등을 보호하기 위하여 구획된 토지를 제외)
27. **묘지** : 사람의 시체나 유골이 매장된 토지, '도시공원 및 녹지 등에 관한 법률'에 의한 묘지공원으로 결정고시된 토지 및 '장사 등에 관한 법률'에 의한 봉안시설과 이에 접속된 부속시설물의 부지 (다만, 묘지의 관리를 위한 건축물의 부지는 '대'로 함)
28. **잡종지** : 다음에 해당하는 토지를 '잡종지'로 분류한다(다만, 원상회복을 조건으로 돌을 캐내는 곳 또는 흙을 파내는 곳으로 허가된 토지를 제외)
    (가) 갈대밭, 실외에 물건을 쌓아두는 곳, 돌을 캐내는 곳, 흙을 파내는 곳, 야외시장, 비행장, 공동우물

(나) 영구적 건축물 중 변전소, 송신소, 수신소, 송유시설, 도축장, 자동차운전학원, 쓰레기 및 오물처리장 등의 부지

(다) 다른 지목에 속하지 아니하는 토지

■ **용도지역별 건폐율과 용적률**

	용도지역	건폐율	용적률		용도지역	건폐율	용적률
1	제1종 전용주거지역	50%	60~100%	12	일반공업지역	70%	200~350%
2	제2종 전용주거지역	50%	100~150%	13	준공업지역	70%	200~400%
3	제1종 일반주거지역	60%	100~200%	14	보전녹지지역	20%	50~80%
4	제2종 일반주거지역	60%	150~250%	15	생산녹지지역	20%	50~100%
5	제3종 일반주거지역	50%	200~300%	16	자연녹지지역	20%	50~100%
6	준주거지역	70%	200~500%	17	보전관리지역	20%	50~80%
7	중심상업지역	90%	400~1,500%	18	생산관리지역	20%	50~80%
8	일반상업지역	80%	300~1,300%	19	계획관리지역	40%	50~100%
9	근린상업지역	70%	200~900%	20	농림지역	20%	50~80%
10	유통상업지역	80%	200~1,100%	21	자연환경보전지역	20%	50~80%
11	전용공업지역	70%	150~300%		* 관리지역 세분 전	40%	50~80%

* 용적률은 법정 상한 범위 내에서 지자체 조례로 정한다.

지목 확인은 필수!
나가는 돈이 다르다

입찰가를 정하기 위해 확인할 것들

"안녕하세요?!"

"응? 누구한테 인사한 거야?"

"방금 그 아저씨, 연예인이잖아! 반가워서 나도 모르게 인사를 다 했네."

연예인이 많이 사는 동네라더니 카페 앞에서도 연예인을 막 만난다.

"저기 저 집이 감우성씨네 집이에요. 바로 옆집이 김수로씨 집이구요. 이영애씨도 여기 사는 거 아시죠?"

열심히 설명해 주시는 부동산 사장님. 말 그대로 연예인 마을이다.

이곳은 양평의 서종면 문호리. 다시 한번 양평의 괜찮은 땅이 나왔다. 서종IC가 있어 강남까지 40분밖에 걸리지 않고, 명문고등학교까지 있어 연예인뿐 아니라 기업체 임원들에게도 인기가 있는 지역이다.

한때 동생은 이곳으로의 이사를 진지하게 고민했었다. 전원생활을 즐기면서 명문학교에서 아이들 교육도 시키면 좋겠다는 생각이었다. 하지만, 전원으로 가기에는 꽤 큰 용기가 필요하다. 한창 일이 바쁜 도시사람에게 전원생활은 아직 꿈이다.

관심 있는 문호리의 물건으로 꿈을 이룰 수 있을까?

입지

이 물건은 지역 중심가에서 살짝 떨어진 곳에 위치한 임야다. 면사무소가 있는 시내와 전원주택단지들이 모여 있는 지역보다는 입지 면에서 열악하다. 하지만 인근 임야도 개발 중이거나 개발할 예정으로 보인다. 우리가 개발하는 동안 민원 문제는 많지 않을 것으로 보인다. (입지 다소 열악, 이웃 다소 열악, 민원 문제 양호)

수변구역

양평은 수변구역이다. 수변구역에 건축을 하려면 건축주가 1권역 내에서 6개월 이상 거주해야 한다. 외지인이 함부로 난개발을 할 수 없게 만든 조항이다. 양평, 광주, 가평 등 강에서 가까운 지역이 1권역에 속한다. (나는 이미 1권역권인 경기도 광주 거주자이기에 수변구역 내에 건축을 하는 데 문제가 없다.) 남한강이 멀지 않다. 운이 좋으면 강이 보일 수도 있겠다. 강이 보이는 땅은 가치가 높다. (나중에 확인해 보니 강이 훤히 내려다보였다.)

경사도

등고선을 보면 임야의 경사도가 완만하다. 임야는 산이기에 경사도가 있게 마련이다. 우리나라에서는 울창한 산림을 보호하기 위해 경사도에 관한 규정을 법으로 정해 두었다. 양평은 경사도가 25도 이상이면 건축허가가 나지 않는다. (이 기준은 지자체마다 다르므로 관할관청에 문의해야 한다.) 산꼭대기에서 20% 안에 속해도 건축이 불가하다. 그러니 등고선을 기준으로 가장 윗부분의 20%에 해당하는 위치가 아닌지 확인해야 한다. (산꼭대기에 있는 아름드리 전원주택은 불법건축물인 경우가 많다.) 역시 건축허가에 문제는 없어 보인다.

소나무

나라에서는 푸른 숲을 중요하게 여긴다. 늘 푸르른 소나무는 토지 소유주도 함부로 벨 수 없다. 산에 소나무가 가득하다면 개발행위가 제한된다. 로드뷰로 돌러보니 나무는 잡목이다.

개발행위 허가와 부지 조성 비용

아파트도 평소 관심 있는 동네는 시세를 꿰고 있듯, 토지도 관심 있는 지역의 시세는 어느 정도 알고 있기 마련이다. 이 물건은 문호리의 임야로 입지도 무난하고 가격도 이만하면 괜찮다. 인기 지역은 공매에서도 낙찰가가 저렴하지 않다는 것을 감안하면 지금 입찰해야 한다. 하지만, 개발비용을 생각하면 한번 더 유찰을 시켜야 할 수도 있다. 이 물건, 지금 낙찰받아도 되는 물건일까?

부지 조성 비용을 알아야 입찰가격을 결정한다

입찰가를 결정하려면 개발비용이 얼마나 드는지 알아야 한다.

개발행위는 산이나 논밭을 건물을 지을 수 있는 토지로 만들어달라고 시군구에 허가를 받는 것을 말한다. 허가 담당자는 그 토지에 건축법상의 도로가 있는지, 배수로가 제대로 갖춰져 있는지, 특별한 제한사항이 있는지 여부를 확인한 후 허가를 내준다.

이 물건은 일단 개발행위를 하는 데에는 문제가 없다는 것까지 확인했다. 그렇다면, 이 땅을 개발하는 데 돈은 얼마나 들까? 정확하진 않더라도 어느 정도 비용이 계산되어야 한다. 그래야 토지가격을 정한다.

부지 조성 비용
개발 허가를 받기 위해서는 이런 저런 비용을 내야 하는데, 이를 통틀어 부지 조성 비용이라고 해요.

부지 조성 비용 항목

① 인허가비용

농지는 농지법에 따라 농지보전부담금을 낸다. (2006년 1월 22일부터 기존 대체농지조성비가 '농지보전부담금'으로 명칭이 변경되었다.) 소중한 농지를 개발하는 대가로 지불하는 비용으로, 그냥 세금이라고 생각하면 편하다.

농지보전부담금은 단위면적(m^2)당 공시지가의 30%다. m^2당 공시지가의 30%가 5만원을 초과하는 경우에는 5만원이 최고금액이 된다.

> **농지보전부담금 계산방법 : 전용면적(m^2) × (m^2당 개별공시지가 × 30%)**

200평의 농지를 개발할 때

1) m^2당 개별공시지가가 30,000원이라면? → 660m^2 × (30,000원 × 30%) = 5,940,000원
2) m^2당 개별공시지가가 170,000원이라면? → 660m^2 × 50,000원* = 33,000,000원
   * 170,000원 × 30%의 결과가 5만원을 초과하므로 5만원으로 계산함.

즉, 농지의 공시지가가 아무리 비싸더라도 농지보전부담금은 m^2당 5만원, 평당(3.3m^2당) 최대 165,000원이다.

임야는 산지법에 따라 대체산림자원조성비를 낸다(나라에서는 이 돈으로 대체할 푸른 산림을 만든다고 한다). 대체산림자원조성비는 평당 약 1만원 정도다. 임야가 농지보다 인허가비용이 저렴하다.

② 이행보증금

개발 중에 옆 토지에 피해가 가면 보상해 주기 위해 드는 보증보험이다.

③ 토목설계비

평당 1~2만원이면 적정하다(설계비용은 토목사무소에 따라 차이가 있다).

④ 토목공사비

논이나 밭은 평평하기에 흙을 돋우거나 깎아내는 일이 많지 않다. 반면에 임야는 산이기에 기본적으로 경사가 있다. 경사진 땅을 깎거나, 꺼진 땅을 돋워 평평하게 하는 작업이 필요하다. 이 작업이 바로 토목공사다. 토목공사비는 땅의 모양에 따라 천차만별이다.

토목공사비는 구조물쌓기와 흙메우기로 나눌 수 있다. 구조물쌓기는 경사도 때문에 하는 일이다.

경사가 있는 상태로 흙을 그냥 두면 흘러내려 집을 덮칠 수 있기에 안전을 위해 반드시 구조물을 쌓아야 한다. 주로 돌로 된 석축이나 옹벽을 쌓아 구조물을 쌓는다. 즉, 경사지의 흙이 흘러내리지 못하도록 벽을 둘러치는 것을

> **헤베당 옹벽 시공비용 계산**
>
> 1m×1m를 1헤베라고 합니다. 저렴하게 시공할 경우 석축은 1헤베당 5만원, 옹벽은 1헤베당 12만원 정도예요. 옹벽을 둘러야 할 거리가 300m, 높이가 2m라면 총 600헤베로, 600헤베×옹벽 12만원 = 7200만원의 공사비가 듭니다.

말하는데, 비용은 면적으로 따진다.

흙메우기는 땅을 평평하게 고르기 위해 한다.

꺼진 땅은 평평하게 메워줄 흙이 필요하고, 높은 땅은 깎아낸 흙을 버릴 곳이 필요하다. 주로 흙을 버리는 사람이 흙을 필요로 하는 곳에 공짜로 주는데, 간혹 흙을 구하지 못하면 돈을 주고 사기도 한다.

> **흙은 여름에 구하세요!**
> 여름에는 흙을 버리는 사람이 많아요. 그래서 흙을 받을 때는 여름이 유리하고, 흙을 버리기엔 겨울이 유리합니다.

흙메우기 작업은 흙가격이 문제가 아니라 운반 차량 비용과 민원이 문제다. 가로 100m에 세로 50m, 높이 1m의 흙이 필요하다면 $100 \times 50 \times 1 = 5000m^3$의 흙이 필요하다. 즉, 5000루베의 흙이 필요하다(루베는 부피를 뜻하는 세제곱미터의 일본식 용어). 25톤 트럭 한 차당 약 15~17루베의 흙을 나를 수 있으니 16루베로 잡고 약 312번 차량이 들어와야 한다. 한 차당 5만원이라고 치면, 흙을 제외한 차량 비용만 약 1560만원이 든다.

비용 외에도 고려할 부분이 있다

단순한 공사비용만이 문제는 아니다. 조용한 시골마을에 흙을 가득 실은 공사차량이 300번이나 들락날락거리면 동네에서 난리가 난다. 시골길이 다 깨지고, 주민들 민원으로 공사는 중단될 것이다. 공사 중단은 곧 비용이 추가로 들어간다는 것을 뜻한다.

때문에 공사의 규모로 보아 민원이 발생할 것으로 예상이 되면 미리 주민들에게 양해를 구해야 한다. 마을 어르신들께 술 한잔 돌리는 것은 기본이고, 비용을 들여서라도 미리미리 인사를 드리고 양해를 구해야 뒤탈이 없다.

문호리의 임야 물건은 경사도가 높지 않아 부지 조성 비용이 크게 들지 않겠다.

인허가비용과 토목설계비로 평당 2만원과 약간의 이행보증금이면 되겠다.

몇 헤베인지 정확하게 알 수는 없으나 구조물쌓기에 약 1억원가량 들 것 같고, 흙메우는 작업은 딱히 필요 없을 것 같고, 포크레인을 불러 땅을 다지는 작업 정도면 충분해 보인다. (며칠 후 이 물건을 낙찰받았고, 현재 개발 중이다.)

감정가가 저렴한 물건으로 감정가 대비 79%로 단독낙찰 받았다. 낙찰가는 평당 37만원으로 시세 대비 50% 이하였다. 건축이 가능하게 개발이 되면 가치가 더 상승할 것으로 기대한다.

농지취득증명서, 의외로 쉽다!

농지는 직접 보아야 민낯을 볼 수 있다

즐거운경매(즐경) 카페 워크샵이 있는 날이다. 양평으로 가게 되었는데 평소 양평에 관심이 있다 보니 돌아오는 길에 관심 있던 땅에 들르기로 했다. 본의 아니게 열몇 명이 함께 현장답사를 가게 되었다.

우리가 갔던 토지는 양평 강상면에 있다. 이 토지는 계획관리지역으로 지목은 전이다. 전체 면적 155평인 이 토지는 강에서 매우 가깝다. 주도로에서 강가로 내려가는 길은 경사도가 심해 눈이 오면 차량이 다니기에 불편해 보인다. 지대가 약간 높은 편이라 집에서 강이 내려다보이는 것은 장점이다. 토지 모양은 사다리꼴이고 북쪽에 언덕이 있다. 토지 한가운데 서니 아늑한 느낌이다. 바닥은 그리 평평한 편이

> **토지 임장은 겨울이 제격!**
> 겨울에는 토지의 민낯을 자세히 볼 수 있어요. 땅에 나무나 풀이 무성하면 땅의 형태가 가려지는데, 겨울에는 나무도 앙상하고, 풀도 말라 토지 그대로의 모습을 보기에 좋습니다.

아니어서 군데군데 움푹 패인 곳이 있다. 흙을 메워주어야 할 것 같다.

"이 동네 오시려구요? 들어오셔서 커피 한잔 하세요."

아름다운 별장의 더 아름다운 마음의 주인장이다. 인근 대여섯 채의 집을 직접 건축하셨다는 (모 건축회사 회장님인) 주인장은 집 안을 구경시켜 주며, 한참 동안 건축 이야기와 인생 이야기를 들려주셨다. 주변에 고급 전원주택들이 들어서 있는데, 일부는 거주를 하는 집이고, 일부는 별장으로 쓰는 집이란다. (우리 땅 바로 옆의 집도 법인의 별장으로 장기대여 중이었다. 3년 후 그 집은 고가에 매도되었다.) 고급 전원주택지로 이만한 곳이 없다는 말씀도 해주셨다. 회장님을 만나 얘기를 들으니 이 물건이 더 맘에 든다.

도시에서 아파트와 빌라를 임장할 때와 전원주택지에서 토지를 임장할 때는 느낌이 참 다르다. 도시를 벗어나 흙냄새를 맡는 것만으로도 기분 좋은 일인데, 그보다 더한 특별한 즐거움이 사람에게 있다. 도시사람들과 다르게 전원주택에 사는 사람들은 여유가 넘친다. 스스럼없이 차를 내주고, 과일을 갈아준다. 나는 매일 바쁜데, 그들은 한가해 보인다.

안 바빠서 이곳에 자리할 수 있는 건지, 이곳에 살아서 안 바쁠 수 있는 건지…. 그들의 여유, 아름답다.

농지취득자격증명원

두어 번 현장답사를 더 하고, 입찰하기로 결정했다.

"처형, 낙찰됐어!!"

입찰 당일 동생도 나도 일정이 있어서 대신 입찰을 간 제부가 기쁜 소식을 전해 왔다. 경쟁자를 제친 기분이 짜릿했는지 제부의 목소리에 흥분이 느껴진다.

"근데, 농지취득증명원이 뭐야? 안 내면 보증금 몰수한다는데…."

이 땅은 농지이기에 농지취득자격증명원을 발급받아야 한다. 낙찰 후 일주일 이내에 농지취득자격증명원을 법원에 제출하지 못하면 보증금을 몰수당한다. 농지취득자격증명원은 관할 면사무소에서 발급하는데, 서류처리기간이 있어 미리미리 신청을 해야 한다. '담당자가 이유 없이 농취증 발급을 거부해서 보증금을 몰수당했다'는 무서운 이야기를 들은 적이 있어 잔뜩 긴장하고 면사무소를 찾았다. (농지 소재지를 관할하는 시구읍면장에게 발급을 신청해야 한다.)

"안녕하세요. 이번에 땅을 낙찰받았는데요, 농취증 발급 좀 받으려고요."

"네, 잠깐 기다리세요."

싱글싱글 웃으며 담당자가 말한다.

> 농지취득자격증명원은 387쪽에 있어요.

"어디시라구요?"

"○○리예요."

"와, 좋은 데 사셨네. 거기가 양평의 청담동이잖아요."

"어머, 진짜요?" (입이 귀에 걸린다.)

"이 서류 작성하시면 돼요."

위성지도로 토지를 확인한 담당자가 농취증신청서를 내밀었다. 나는 미리 준비한 대로 신청서를 작성했다.

도시에 살고 있는 사람은 실제 농사를 지을 수 없으니 농취증 발급이 안 되지만, 주말농장을 경영하면 농취증 발급이 가능하다. 면적이 $1000m^2$가 넘으면 농지취득자격증명신청서와 농업경영계획서를 함께 작성해 발급 신청해야 한다. 요즘은 도시사람도 농취증 발급이 그리 까다롭지 않아졌지만, 토지 위에 시멘트가 덮여 있거나 건축물이 있으면 농취증 발급이 되지 않는다. 시멘트 위에서 농사를 지을 수는 없을 테니 말이다.

경자유전(耕者有田)
경작할 사람이 농지를 가질 수 있다는 뜻이에요. 우리나라는 전통적으로 농사를 중요하게 여겨 농민에게만 농지의 매입을 허용하고 있습니다. 농지취득자격증명은 투기를 규제하고 농사를 지을 사람만이 농지를 가질 수 있게 하기 위해 만든 제도입니다.

농취증만 발급받으면 이틀이 걸리고, 농업경영계획서까지 발급받으려면 총 나흘이 걸린다.

"바쁘시죠? 여기까지 또 오시려면 힘드실 테니… 조금만 기다리세요."

'무슨 말이지? 왜 기다리라는 거야?' 속으로 불안해하고 있는데, "양평 청담동 이장님이 오시네. 이장님, 여기 이분이 ○○리 낙찰받으셨대요."

뜬금없이 이장님을 소개해 준다.

얼결에 이장님과 악수도 하고, 와자지껄 인사도 나누었다. 유쾌하고 친절한 담당자는 그동안에도 바쁘게 손을 움직이더니 서류를 내어준다.

"다 됐어요. 마침 지금 바쁘지 않아서 다행이에요. 조심해서 돌아가세요."

우왓!! 담당자는 농취증을 가지러 다시 와야 하는 나를 위해 그 자리에서 농취증을 발급해 준 것이다. "감사합니다, 감사합니다!!"

진심 어린 감사의 인사가 절로 나온다. 면사무소에서 나와 바로 농취증을 경매계에 제출했다.

농지취득자격증명원 신청서 작성하기

- 개인은 주민등록번호, 법인은 법인등록번호를 쓴다. (영농법인이 아닌 일반법인이면 농취증 발급이 어렵다.)
- 지목은 전, 답, 과수원 등으로 구분하여 쓴다.
- 농지 취득 후 농지 이용 목적대로 이용하지 않을 경우 처분명령/이행강제금 부과/징역/벌금 등의 대상이 될 수 있으므로 정확하게 기록해야 한다.
- $1000m^2$ 이상의 농지를 취득하는 경우 농업경영계획서를 함께 제출해야 한다.

토지 체크 포인트 1
지상권과 법정지상권

경매물건을 살펴보다 보면 '법정지상권 성립 여지 있음'이라는 문구를 종종 보게 된다. 이런 물건은 주로 건물만, 혹은 토지만 경매에 나오는데 일반적인 물건은 아니기에 낙찰 후 처리해야 할 일이 많다. 법정지상권은 처음부터 협상자가 정해져 있기 때문에 토지 소유주 혹은 건물 소유주가 어떤 사람인지를 판단하고 입찰에 들어가야 한다. 협상에 능한 사람에게 추천한다.

법정지상권이란

법정지상권을 말하기 전에, 지상권이 무엇인지부터 살펴보자.

지상권은 타인의 토지를 사용할 수 있는 권리를 말한다. 지상권은 지상권설정자(토지 소유주)와 지상권자(은행 등)의 협의를 바탕으로 설정한다. 예를 들어, 토지를 담보로 대출을 하게 되면 은행이 지상권자가 되어 토지 위에 지상권을

구분지상권
지상권의 한 종류로, 땅의 상하 범위를 정해서 빌리는 것이에요.

등기한다. 땅 밑으로 지하철이 지나가는 토지도 구분지상권이 설정되어 있다. 후순위 지상권은 소멸하며, 근저당으로 인한 지상권은 선순위일 때도 배당으로 소멸한다. 지상권은 경매투자 대상이 아니다.

우리가 관심 있는 물건은 법정지상권이다. 법정지상권이란 토지와 건물의 소유주가 각기 달라서 분쟁이 발생하였을 때 건물주가 건물을 철거당하지 않을 권리를 말한다.

법정지상권은 지상권에 속하지만, 다른 성격이 있다.

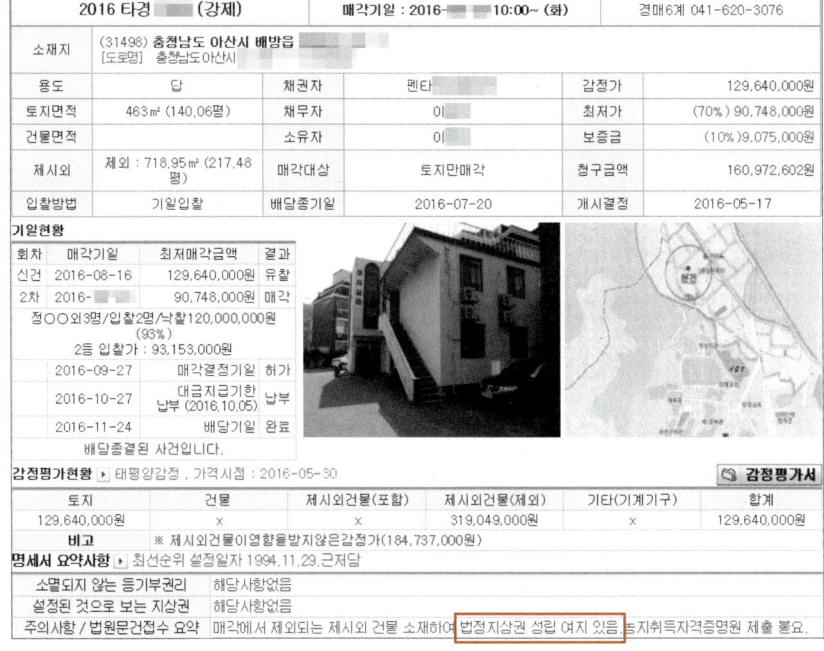

법정지상권이 있을 만한 물건은 '법정지상권 성립 여지 있음'으로 표시된다. 성립 여지가 있다는 것이지 성립한다는 뜻이 아니다. 법정지상권 성립 여부는 입찰자가 판단해야 한다.

법정지상권으로 수익을 내는 방법

법정지상권으로 수익을 내려면 건물이 아닌 토지 낙찰이 유리하다. 토지 중에서도 좋은 물건은 법정지상권이 실제로는 성립하지 않으면서 멀쩡한 건물이 있는 토지다. 상태가 좋은 건물의 주인은 땅을 도로 사려고 노력할 것이다. 건물은 신축일수록 좋고, 건물주의 자식이 돈이 많으면 좋다. (시골집에 아들이 셋 있으면 큰아들은 나 몰라라 하고, 셋째아들은 아버지 집을 경매로 날려먹고, 둘째아들이 아버지 집을 되찾아주더라. 현장답사를 가면 어느 아들이 아버지 집을 되찾아줄까를 미리 알아보기도 한다. 시골은 이장님이나 동네 아주머니들이 동네사람들의 사생활까지 잘 알고 있으니 슬쩍 물어보기도 한다.)

협상 중에 토지 낙찰자가 건물철거소송을 하겠다고 말하는 것은 진짜 건물을 부수고자 하는 것이 아니다. (간혹 화가 나서 진짜 철거를 원하는 사람도 있을 수 있지만) 오히려 토지를 건물주에게 되팔아 수익을 내는 것이 목적이다. 협상을 통해 낙찰받은 땅을 건물주에게 되파는 것이 가장 손쉬운 법정지상권 처리방법이다. (이 분야 전문가라면 법정지상권이 성립하는 건물을 저렴하게 낙찰받기도 한다. 건물만 낙찰받으므로 땅값이 제외되어 아주 저렴하게 좋은 집에서 살 수 있다. 살면서 얼마 안 되는 지료를 내기만 하면 된다.)

법정지상권이 생기는 과정

집은 토지와 건물 모두 한 사람이 소유주인 것이 일반적이다.
그런데, 집과 땅이 원래 한 사람 소유였다가 토지만, 혹은 건물만 다른 사람 명의로 바뀌는 경우가 있다. 땅과 땅 위의 건물의 주인이 달라지면서 법정지상권이 성립하느냐의 문제가 생긴다. '법정지상권이 성립하느냐 하지 않느냐' 여부에 따라 토지주가 요구할 수 있는 범위가 달라진다. 법정지상권이 성립하지 않으면 땅주인이 "왜 내 땅에서 불법점유를 하느냐. 나가라. 건물을 철거해라" 하고 건물철거를 요구할 수도 있다.

미서씨가 땅을 가지고 있었다. 자기 땅에다 자기 돈으로 건물을 지어올렸다. 건물이 지어진 후 미서씨는 땅만을 담보로 대출을 받았다. 근저당권자인 은행은 땅에 근저당설정을 했고, 미서씨가 이자를 갚지 않자 은행에서 땅을 경매에 넣었다. 이 땅을 대휘씨가 낙찰을 받았다. 이제 땅주인은 대휘씨로 바뀌었고, 건물주는 여전히 미서씨다.

이 물건은 법정지상권이 성립된다. 땅주인 대휘씨는 이 땅에 다른 건물을 짓고 싶어도 땅에 대한 권리를 다 행사할 수 없다. 건물주는 법정지상권을 가지고 있기에 계속 땅을 이용할 수 있다. 대신 땅주인은 토지사용료를 내라고 지료 청구를 할 수 있다.

"뭔 소리? 내 땅 경매당한 것도 속상한데, 지료까지 내? 너무 억울하잖아."

미서씨가 지료를 내지 않아 연체기간이 2년이 넘으면 법정지상권을 잃는다. 그럼 대휘씨는 법정지상권을 잃은 미서씨에게 건물철거를 해달라고 소송을 할 수 있다.

땅주인이 건물철거를 하라고 하면 건물주는 애가 탄다. 멀쩡한 건물을 철거하게 생겼으니 말이다. 어쩔 수 없이 토지를 비싸게 사거나 건물을 판다. 법정지상권이 성립하는 물건은 이런 식으로 해결한다.

> **지료 연체**
> 지료 연체는 가격이 쌍방 합의로 정해진 다음부터입니다. 지료를 내라고 말도 안 하고 맘속으로 2년을 기다렸다면 소용이 없어요. 땅주인은 지료가 정해지고 나서 일부러 독촉을 안 하고 연체를 시키기도 합니다.

법정지상권이 성립하는 요건

1. 처음에 같은 사람이 토지 소유주와 건물 소유주였어야 한다. 처음이란 저당권설정 시점을 말한다. (저당권설정으로 경매에 넘어갔다면 저당권설정 시점이고, 전세권 때문에 경매에 넘어갔다면 전세권설정 시점이다.)
2. 토지와 건물 중 어느 하나에 저당권, 전세권이 설정되어 있어야 한다.
3. 경매 혹은 공매로 토지와 건물의 소유주가 달라졌어야 한다.
4. 토지에 저당권설정을 할 당시에 건물이 존재해야 한다. (일반적으로는 건물이 있는 땅에 저당권을 설정할 때 건물과 토지를 함께 설정한다.)

법정지상권, 성립하지 않을 때가 많다

땅주인이 건물을 지으려고 땅을 담보로 대출을 받아, 대출받은 돈으로 건물을 지었다. (대출받을 당시에는 건물이 없었다는 얘기다.) 그후 땅주인이 이자를 못 내서 근저당권자가 땅을 경매로 넣었다. 이 경우 근저당은 땅에만 설정되어 있으므로 건물까지 경매에 넣을 수 없다. 토지와 건물의 등기부등본을 보면 저당권설정 당시에 건물이 있었는지 여부를 알 수 있다.

이 땅을 제3자가 낙찰받았다면, 이 물건은 법정지상권이 성립할까? 결론부터 말해, 성립하지 않는다. 토지에 저당권설정을 할 당시에 건물이 없었기 때문이다. 이제 과거 땅주인이었던 건물주는 더 이상 땅을 이용할 권리가 없다. 건물주는 땅을 다시 사들이거나 건물을 팔아야 한다. 건물주와 새로운 땅주인이 협의가 안 된다면 건물을 철거할 수밖에 없다.

법정지상권이 있는 건물주와의 협상 시나리오

법정지상권이 성립하는 토지라도 수익을 낼 방법이 있다.

> **1단계.** 건물주에게 토지를 판다. 혹은 건물을 저렴하게 산다.
>
> **2단계.** 안 사겠다면 지료를 청구한다.
>
> **3단계.** 지료도 안 내면 2년을 기다려서 건물철거소송이나 공유물 분할신청을 한 뒤, 건물 미철거로 인한 손해배상을 이유로 건물 압류 후 강제경매에 부쳐 배당을 받거나 직접 낙찰을 받는다.

짧으면 낙찰 하루 만에 협상이 끝날 수도 있고, 길면 몇 년이 걸릴 수도 있다. 협상이 맘대로 풀리지 않아 투자기간이 생각보다 길어지거나 보증금을 포기해야 할 수도 있다. 법정지상권 전문가들은 10개 중 3개는 보증금을 떼일 각오로 물건투자를 한다. 나머지 7개에서 큰 수익을 얻을 수 있다는 기대가 크기 때문이다.

법정지상권이 성립하는 물건을 낙찰받게 된다면 지료를 받으며 길게 가지고 가는 것도 투자방법이다. 유찰이 되면 땅을 싸게 살 수 있다. 토지가격은 꾸준히 오르니 지료를 받으며 장기투자를 하는 것도 괜찮다.

현실에서 법정지상권은?

법정지상권 성립 여부는 입찰자가 스스로 판단해야 합니다. 법원은 법정지상권 성립 여지가 있는 경우 매각물건명세서에 기재하는데, 실제로는 법정지상권이 성립하지 않는 경우가 많아요.

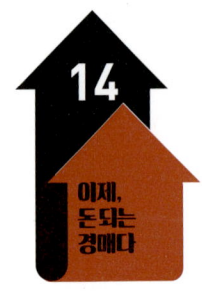

토지 체크 포인트 2
분묘기지권과 지분권

도심을 벗어나 달리다 보면 해가 잘 드는 언덕에 반듯한 비석과 석축으로 둘러싸인 봉분을 볼 수 있다. 럭셔리하다. 그런데, 묘지의 주인이 땅주인과 아무 상관 없는 사람이라면? 신기하게도 그런 땅이 있다. 어떤 뻔뻔한 사람이 남의 땅에 버젓이 자기 조상의 묘를 둘 수 있을까. 남의 토지 위에 묘를 둘 권리인 분묘기지권에 대해 알아보자.

분묘기지권 : 이장하지 않을 권리

분묘기지권은 남의 땅에 자기 조상의 묘를 둘 수 있는 권리를 말한다.

이미 권리가 있는 분묘기지권은 소멸시키기 어렵기에, 일단 땅에 묘가 있으면 곤란하다고 보고 시작하자. '묘를 어찌지 못한다'고 보고 낙찰 후 어떻게 해결할 건지 미리 고민해야 한다. 어떤 이는 묘를 없애려고 남의 못자리에 염소

똥을 넣기도 했다고 한다(염소똥은 어디서 구할까. 개똥은 안 되나). 남의 묘를 망가뜨리거나 맘대로 없애면 법적 분쟁에 휘말릴 수도 있다.

> **분묘기지권 성립 조건**
>
> 1. 토지 소유주에게 허락받은 묘 : 토지 전 주인이 허락했다면, 분묘기지권이 성립한다.
> 2. 소유주 승낙이 없어도 20년간 특별한 문제 없이(평온 공연하게) 있어온 묘
> 3. 토지 소유주 본인이 쓴 묘 : 경매에서는 대부분 소유주 본인이 설치한 묘이다. 낙찰자가 "제가 낙찰받았으니 당신 아버지 묘를 이장해 주셔야겠습니다" 한다고 전 소유주가 순순히 이장을 할 리 없다. 이러한 이유로, 경매물건의 매각물건명세서에 '분묘기지권 성립 여지 있음'이라고 적혀 있는 것은 거의 실제 분묘기지권이 존재한다고 보아도 무방하다.

가장 좋은 해결책은 묘지 주인과 협상을 해서 이장을 시키는 것이다. 주인 없는 묘라면 신문에 공고를 내고 절차를 밟아서 처리해야 한다. 아주 넓은 땅, 한 1만 평 되는 땅의 끄트머리에 살짝 걸친 묘라면 그리 나쁘지 않다. 한쪽 끝에 있는 묘만 살짝 가려두어도 되니까.

묘가 있으면 농취증 발급 불가!

다음 물건은 분묘로 인해 농지취득자격증명원 발급이 안 되는 땅이다. (묘가 있는 곳에 주말농장을 할 수는 없지 않은가.) 낙찰 후 일주일 이내에 농지취득자격증명원을 법원에 제출하지 않으면 매각허가가 나지 않고 보증금을 몰수당한다. 매

우 곤란하다. 이런 토지는 농지취득자격증명원 발급 여부에 대해 담당 공무원과 미리 협의한 후 입찰을 해야 한다.

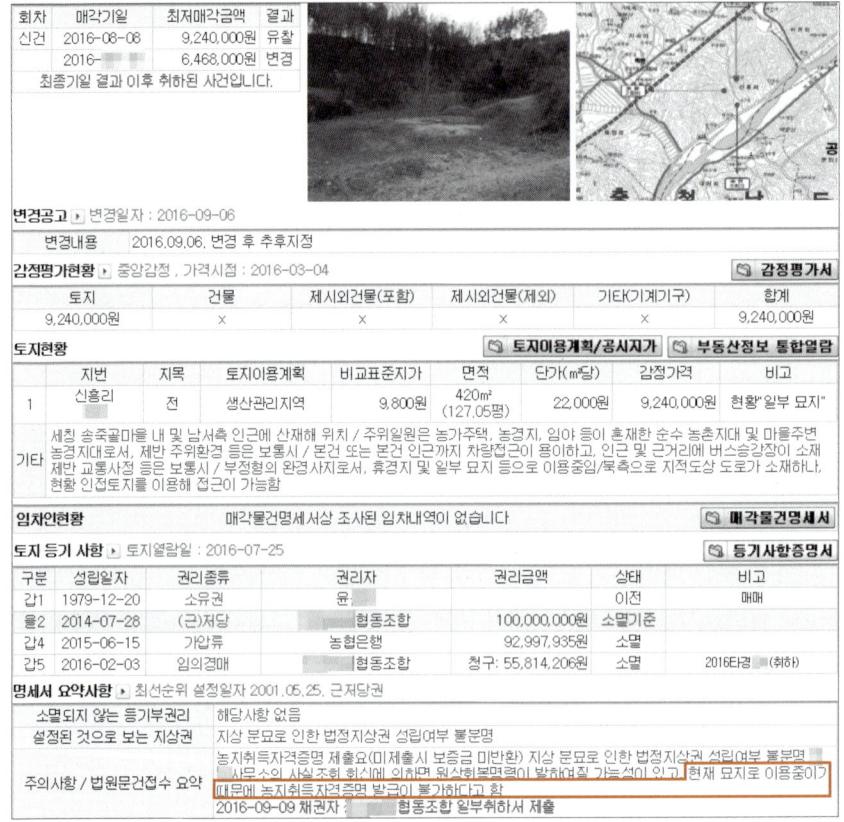

Interview ❶

10년치 월급보다
경매가 더 효도하네요.

ID : 파토파토
키워드 : 직장인, 경매강사, 타로상담가

Q 자기소개 좀 해주세요.

A 안녕하세요 파토파토입니다. 시골에서 상경해 벌써 11년차 직장인인 싱글남입니다. 대기업에서 회계시스템 컨설팅 업무를 하고 있습니다. 토요일엔 경매강의를 하고, 주중 저녁과 일요일엔 타로상담가로 변신해 마음의 위로가 필요한 분들을 상담하고 있습니다.

Q 어떻게 경매를 시작하게 되었나요?

A 쳇바퀴 돌듯 회사생활을 했습니다.
일은 점점 많아지고, 내 시간은 더욱더 없어졌지만, 이상하게 돈이 모이진 않더군요. 전셋값 상승분을 급여로는 절대 쫓아갈 수가 없었어요.
'아…, 나 너무 착실하게 가난해지고 있는 거 아니야??' 하는 생각이 들었어요. 돈도 없고, 시간도 없고, 놀 줄도 모르고…. 할 수 있는 건 오직 회사 일뿐이었습니다. 그러다 책 한권을 읽고 재미난 세상을 만나게 되었습니다.
'경매!'
회사일은 밤새 일해도 대가가 없지만, 경매는 내가 열심히 하면 보상이 돌아올 것 같았어요.
그런데 걱정이 먼저 들었습니다. 경매를 시작하기 전에는 어떤 대출도 받아본 적이 없고, 대출은 나쁜 것으로만 생각했었지요. 더구나 명도라니…. 불쌍한 사람을 내쫓는다는, 그런 좋지 않은 시선을 제가 가지고 있었어요. 이런 것들이 경매를 시작하려 할 때 저를 갈등하게 만들었죠.
하지만, 공부를 해보고 생각이 바뀌었습니다. 대출도 용도에 따라 좋은 대출과 나쁜 대출이 있다는 것을 알게 되었습니다. 투자를 위한 대출은 좋은 대출이지요. 명도는 사람을 내쫓는 것이 아니라 빚으로 엉켜버린 일들을 풀어내는 작업이란 걸 알게 되었습니다.

Q 처음 낙찰받은 물건은 어떤 것이었나요?

A 제가 선택한 물건은 서울 시내 더블역세권에 위치한 소형 아파트였습니다. 경매를 공부하고 두 달이 채 안 되었을 때였어요. 차츰 시세를 보는 눈이 생기더라구요. '아, 이거닷!!' 하는 생각이 들었어요.
가치에 비해 저평가되어 있다는 판단이 들어 한 번

도 유찰되지 않은 100% 신건에 입찰을 들어갔고, 2등과 근소한 차이로 낙찰을 받았습니다. 이 집에 살고 있는 세입자는 보증금을 다 배당받는 분이기에 명도도 문제없어 보였습니다
하지만… 하지만….
점유자인 할머니가 말씀하시더군요.
"난 내년 봄까진 이사 갈 생각 없으니까 내년에 오시게."
헉… 지금이 가을인데 ㅠㅠ 최소 6개월은 더 사시겠다는 거죠. 저의 첫 낙찰은 제게 정말 많은 공부를 시켜주었습니다. 세상이 경매 초보를 그냥 안 두더라구요.
할머니는 버티기에 돌입하셨습니다. 점유자가 매각허가결정에 대해 즉시항고를 하니 경매 진행이 늦어졌습니다. 어이없는 일까지 겹쳐, 법원의 실수로 두 달 가까이 기다린 인도명령이 제 허락도 없이 취하되는 일까지 있었습니다. 그 와중에 잔금을 치르고, 배당일이 지났는데도 꿈쩍 않는 할머니와 명도 협의를 하게 됩니다. 늦여름에 낙찰받은 물건을 겨울이 되어서야 겨우 명도를 마무리할 수 있었고, 그해 가장 추운 날 집수리를 하게 되었습니다.
이상하게도 이론은 현실과 맞지 않더라구요.
채무자, 세입자, 심지어 법원마저도 저를 힘들게 했고, 포기하고 싶다는 생각이 수십 번은 들었던 거 같습니다.
경매를 계속 하다 보니 알겠더라구요. 경매도 사람과 사람의 일이라는 것을요. 단 하나도 같은 케이스가 없습니다. 법 규정을 사람이 잘 풀어내는 것이 경매가 아닌가 생각합니다.

Q 재건축도 하신다고요~

A 재건축투자도 경매 덕분에 하게 되었습니다. 더 싼 물건을 찾다가 서울 시내의 저렴한 다가구주택을 발견했어요. 직접 가보고 너무 허름해서 마음에 두지 않았는데, 집에 돌아와서 확인해 보니 그 물건이 재건축지역 물건이더군요.
'재건축? 오, 이건 뭐지? 어떻게 투자하는 거야?'
재건축 물건에 관심이 생겨서 계속 입찰을 시도했다가 번번이 낙찰에 실패했어요. 그래서 경매는 포기하고 더 좋은 위치에 급매로 나온 물건을 잡아서 매수를 했어요.
그때 투자한 물건이 지금은 서울 시내 역세권의 로얄동, 로얄층에 뽑혀서 단지 내 인기 매물이 되었습니다.
재건축/재개발 투자에 대한 팁을 드리자면, 현재 어느 단계까지 진척되었는지가 가장 중요합니다. 단지 연식이 오래된 아파트라는 이유로 재건축을 바라보고 투자를 하신다면, 생각보다 아주 긴 시간을 기다려야 할 수도 있지요. 또한 조합원분양과 일반분양 비율에 따라 달라지는 추가분담금에 대해서도 미리 고민을 해보셔야 합니다. 서울시에서 진행하는 재건축/재개발은 클린업시스템(cleanup.seoul.go.kr)에서 상세 내용을 확인할 수 있습니다.
경매를 알게 되면 급매, 매매, 심지어 재건축/재개발에 대해서도 알게 됩니다. 부동산을 배울 수 있는 가장 좋은 방법이 경매입니다.

Q 경매를 먼저 시작한 선배로서 조언을 한다면

A 첫째, 조급하지 않으셨으면 합니다.
한번 두번 패찰이 계속되면 짜증도 나고 마음도 급해집니다. 저는 이렇게 생각했어요.
'어차피 난 학교 다닐 때 1등도 한 번 못 해봤는데 패찰이 당연한 거야. 열심히 하다 보면 한 번은 얻어걸리겠지. 하하.' 경매법원에선 1등만 인정해주니까요.
마음이 급하면 수익을 위한 입찰이 아니라, 낙찰을 위한 입찰이 되어버리기 쉽습니다. 그럼 상처뿐인 영광만 남지요.
둘째, 친구를 많이 만들라고 이야기해 주고 싶습니다. 경매라는 길을 함께 걸어갈 친구가 필요합니다. 길이 참 멀거든요. 1등을 못해도 같이 으쌰으쌰할 친구가 있으면 위로도 되고 용기도 생깁니다.
'꾸준히 포기하지 않고 좋은 친구들과 함께하는 것.' 이게 제가 아직까지 경매를 할 수 있는 힘인 것 같습니다.

Q 경매를 시작하고 뭐가 바뀌었나요?

A 월급 받아 10년 모은 돈보다 더 모았어요. 꿈에 그리던 스포츠카도 경매로 싸게 낙찰받았답니다. 앞으로도 경매투자랑 경매강의를 꾸준히 즐겁게 할 겁니다.
회사일도 계속할 생각이에요. 나가라고 밀어낼 때까지요. 투자자에게 월급은 소중합니다. ^^
그리고 정말 제가 하고 싶은 건 즐거운 나눔입니다. 회사일, 경매, 타로상담, 이것 모두 제가 가진 조그마한 재능을 나누는 거라고 생각해요. 제가 할 수 있는 일이 있고, 그걸 필요로 하는 사람이 있는 한 나눔은 계속 이어갈 겁니다.
경매는 저에게 지금까지의 삶과 생각을 많이 바꾸게 해준 계기가 되었습니다.
회사-집-술, 항상 이런 패턴의 반복이었는데 갑자기 재미난 취미가 생긴 거죠. 일만 하고 술만 마시지 말고, 여러분도 경매를 취미로 해보세요. 취미도 즐기고, 수익도 생기고, 좋습니다.

이제,
돈 되는 경매다

셋째
마당

15 | 좋은 상가 알아보는 8가지 방법

16 | 상가 입찰하기

17 | 좋은 상가와 나쁜 상가, 공실률이 말해 준다

18 | 공실률 낮추는 상가 관리법

19 | 상가 강제집행과 동산경매

20 | 도전! 공장 입찰

Interview ❷
스몰비어 점주입니다. 저도 건물주가 되고 싶더라고요

월세 2배, 상가 입찰 도전하기

좋은 상가 알아보는 8가지 방법

경매로 상가 낙찰받기, 뭐가 다를까?

상가를 모르면서 상가에 입찰할 수는 없다.

나는 직접 상가 임차인이 되어보기로 했다. 월세로 사무실을 임차했다. 임차인이 되어보니 상가 소유주와 임차인의 속내가 보인다.

상권과 입지가 좋은 대박 상가는 경매에서 보기 힘들다. 임차인에게 꼬박꼬박 고액의 월세를 받는 상가 소유주가 아닌가. (간혹 개인적인 이유로 이런 물건이 나오면 경쟁이 치열하다.) 경매에 나오는 대부분의 상가는 일반, 혹은 그 이하다. 신중에 신중을 더해야 한다.

월세 수익에 현혹되어 잘못된 낙찰을 받는 이들을 종종 보았다. 이번 장에서는 좋은 상가를 알아보는 법은 물론이고, 잘못된 상가 낙찰을 피하는 방법에 대해 이야기한다.

파리바게트가 잘될 수밖에 없는 이유

대기업 프랜차이즈 중에서 빵집 파리바게트는 여간해서는 망하지 않는 곳으로 유명하다. 파리바게트가 입점하면 일단 그 상가는 장사 좀 되는 상가라고 쳐준다.

상권 좋은 곳에 위치하기로는 스타벅스가 단연 일등이다. 인기 연예인 박명수는 성신여대 앞의 낡은 상가건물을 29억원에 사서 스타벅스를 입점시켰는데, 박명수의 스타벅스 덕분에 비교적 한적했던 상가 뒷골목까지 상권이 확 살아났다. 3년 뒤 이 건물은 46억원에 팔렸다. (3년 만에 시세차익 17억. 세금도 많이 내고, 이런저런 비용도 꽤 들었겠지만, 이만하면 유재석도 부러워할 듯.)

인기 있는 프랜차이즈가 입점을 하면 주변 상권까지 살아난다. 이유는 무엇일까? 애초에 잘될 만한 장소에 점포를 내기 때문이다. (유명 입시학원에서 공부 잘하는 아이들만 가르치고 서울대 잘 보내는 학원으로 이름을 날리는 것과 비슷한 이치다. 될 놈만 가르치는 거지.)

그렇다면 어디가 장사가 잘될 만한 장소일까? 기본적으로 유동인구가 많고, 교통이 편리한 곳이다. 더 세부적인 조건은 3호점 4호점 5호점이 생기면서 정확히 파악해간다. 데이터가 쌓여 장사가 잘되는 입지를 알게 되는 것이다.

그들의 데이터를 훔쳐서 우리도 한번 따라해 보자.

로드뷰로 힐끔 물건 엿보기

관심이 가는 상가를 발견했다. 8호선 성남 지하철역에서 나오자마자 보이는 전용 30평 상가 2층이다. 나름 역세권 물건이다. 그런데, 왜 이렇게 싸지?

	2015 타경 ▓▓ (임의)		매각기일 : 2015-▓▓ 10:00~ (월)		경매6계 031-737-1326	
소재지	(13357) 경기도 성남시 중원구 성남동 ▓▓ 제207호 [도로명] 경기도 성남시 중원구 산성대로 ▓▓					
용도	상가(점포)	채권자	▓▓씨		감정가	340,000,000원
대지권	16㎡ (4.84평)	채무자	O▓▓		최저가	(49%) 166,600,000원
전용면적	100.39㎡ (30.37평)	소유자	이▓▓ 外		보증금	(10%) 16,660,000원
사건접수	2015-01-08	매각대상	토지/건물일괄매각		청구금액	61,440,185원
입찰방법	기일입찰	배당종기일	2015-03-19		개시결정	2015-01-09

기일현황			
회차	매각기일	최저매각금액	결과
신건	2015-08-17	340,000,000원	유찰
	2015-09-21	238,000,000원	변경
2차	2015-▓▓	238,000,000원	유찰

　로드뷰로 살펴보니 건물 전면 상가에 생활용품 전문점이 들어와 있다. 앞에는 8차선 대로가 있고, 건물 바로 앞에 공용주차장이 있다. 인근에는 4개 학교가 있다. 학교가 많으니 학원을 하면 좋을 위치다. 그런데, 이 물건 맞은편 점포가 당구장이고, 위층은 PC방이 영업 중이다. 청소년 유해환경이 있어, 이 건물에는 학원이 들어올 수 없다.

그럼에도 불구하고 이 물건, 싸다. 3억 4000만원에서 유찰되어 최저가 1억 6700만원이다. 가격은 참 마음에 든다.

이 물건의 개별 분석을 하나하나 해보자.

상가 개별 분석하기

상가는 상권과 개별 특성을 함께 봐야 한다. 상권분석이 여러 상가들을 하나로 묶어 평균적인 활성화 수준을 확인하는 것이라면, 개별 상가의 특성은 개별적으로 분석해야 한다. 이것을 개별 분석이라고 한다.

1 | 접근성 : 접근하기 좋은가

지하철 역세권이나 대중교통이 편리한 곳은 접근성이 좋다. 이 물건은 지하철역에서 계단을 올라오자마자 만나는 첫 건물이다. 공영주차장이 바로 앞에 있고, 상가 안에도 기계식 주차장이 있다. 차를 가져가기도 좋고, 대중교통을 이용하기도 편리하다. → 접근성 ★★★★★

2 | 가시성 : 밖에서 (도로 위나 도로 건너편에서도) 잘 보이는가

잘 보이는 상가는 사람들이 지나가다가 들어가기 좋아 영업하기 유리하다. 이 물건이 있는 건물은 8차선 대로변에 있지만, 도로에서 전면으로 보이는 매장은 생활용품 전문점이다. 이 물건의 창은 건물 뒤편으로 나 있어 대로변에서 보이지 않는다. → 가시성 ★★☆☆☆

3 | 동선 : 상가까지 가는 동선이 편리한가

도로에서 곧장 들어갈 수 있는 1층은 동선이 유리하다. 1층 상가가 임대료가 높은 이유다.

2층도 동선을 짧게 할 수 있는 방법이 있다. 강남역 9번출구 GT타워 옆 건물은 2층이 레스토랑으로 이용되는데, 도로변 주차장에서 2층으로 바로 올라가는 외부 계단이 있다. 내부 계단도 있지만, 도로에서 바로 올라가도 레스토랑까지 곧장 갈 수 있어서 동선이 짧아진다. 밖에서 바로 올라갈 수 있는 계단 하나를 내느냐, 안 내느냐에 따라 매출 차이가 엄청나게 난다. 매출이 높은 상가의 건물주는 더 높은 임대료를 받을 수 있다.

2층으로 올라가는 외부 계단이 있으면 유리하다.

또 다른 예로, 1층 현관에 예쁜 차양이 씌워진 카페도 있다. 언뜻 보면 1층인 것 같아서 들어서면 2층 매장으로 올라가는 계단이 나온다. 동선이 불리하더라도 이렇듯 들어가는 입구를 잘 만들면 단점을 커버할 수 있다.

우리가 관심 있는 이 물건은 동선이 그리 좋은 편이 못 된다. 2층으로 올라

가는 계단이 상가 안쪽에 있고, 2층에 올라가서도 반대로 돌아가야 해당 점포가 나온다. → 동선 ★★☆☆☆

4 | 형태 : 모양이 어떠한가

네모반듯한 모양이 공간을 활용하기 좋다. 우리가 사용하는 모든 가구와 집기들이 네모난 모양이기에 네모반듯하지 못한 상가는 활용도가 떨어진다. 해당 물건은 기다란 직사각형 모양이다. 이 정도면 형태는 양호하다.

→ 형태 ★★★★☆

5 | 기둥 : 상가 내부에 기둥이 있는가, 있다면 중심에 있는가

내부에 기둥이 적게 있거나 없으면 상가의 활용도가 높다.

상가 중앙에 커다란 기둥이 있으면 어떤 업종이든 활용도가 떨어진다. 공간 활용을 자유롭게 할 수 없고, 기둥에 맞추어서 공간을 나누어 써야 하니 불리하다. 같은 조건이라면 임차인은 기둥이 없는 상가를 택할 것이다. (공인중개사가 광고를 올릴 때에도 '여기는 기둥이 하나도 없어 광장히 활용도가 높습니다'라고 올린다.) 점포 한가운데 기둥이 있는 상가는 임대료를 제대로 받지 못하기도 하고, 공실이 날 가능성도 높다.

해당 물건은 기둥이 2개 있는데, 구석 쪽에 있어 활용도에 크게 무리는 없어 보인다. → 기둥 ★★★☆☆

6 | 간판 : 건물 사방에서 간판이 잘 보이는가

간판의 위치는 크고 잘 보이는 곳일수록 좋다. 손님들이 간판을 보고 찾아오기 때문이다.

때문에 종종 간판 자리를 두고 다툼이 생긴다. 전 임차인이 이사를 나간 틈에 옆 상가 임차인이 부리나케 간판 자리를 차지해 버리기도 하고, 관리인이나 상가협회에서 간판 자리를 팔아 물의를 일으킨 사례도 있다. 만약 내 점포의 간판을 세울 자리가 없다면 손님이 찾아올 수 없다.

이 물건은 바로 앞 창문 옆에 위층 PC방 간판이 떡하니 붙어 있다. 이미 붙어 있는 간판을 떼어달라고 하기는 곤란할 것이다. (PC방에서 양보해 줄 리 없다.) 이 점포 바로 앞이 아닌 다른 간판 자리를 찾아봐야 할 것 같다. → **간판** ★★☆☆☆

7 | 주차장 : 주차할 공간이 있는가

사람 심리가 그렇다. 만원짜리 커피는 별생각 없이 마셔도 주차비 1000원은 아깝다. 가격이 싸고 비싸고의 문제가 아니다. 내지 않아도 될 돈을 낸다는 것 자체가 불편하다. 어딘가 낯선 곳에 약속을 잡게 되면 가장 먼저 확인하는 것이 "주차 가능한가요?"이다.

공영주차장은 비용을 내더라도 저렴하기에 좋다. 하지만 주차가 무료이면 더욱 좋을 것이다. 이 물건은 기계식주차장과 공용주차장이 있지만, 무료주차는 불가하다. → **주차장** ★★★☆☆

8 | 이웃 : 이웃한 상가의 업종은 무엇인가

옆 상가의 업종도 매우 중요하다. 옆 상가에 학원들이 있었으면 이 점포는 학원이 들어올 수도 있었다. 하지만 당구장과 PC방이 있어 이 건물은 유흥적인 상가가 되었다. 유흥업종도 나쁘지 않지만, 유흥업종으로 하기에는 상권이 그리 좋아 보이지 않는다. 인근의 1층 상가들도 그리 장사가 잘되는 편은 아니다. 상권 자체가 살아 있지 않은데, 이 점포 혼자 잘될 수 있을까? → **이웃** ★★☆☆☆

9 | 수익성 : 낙찰 후에도 돈이 될까?

앞에서 사례로 든 상가를 세놓는다면 임차인에게 최대 얼마를 받을 수 있을까? 바로 위층인 3층의 1/2사이즈 상가가 보증금 500만원, 월세 50만원에 나갔다. 이 물건은 두 칸이니 보증금 1000만원에 월세 100만원이다. 여기는 2층이니까 3층보다 조금 더 받는다손 쳐도 최대 110만원 정도로 예상된다.

이 물건은 관리비 미납이 2100만원 있다. 총 4년간의 미납분이다. 미납 관리비는 공용관리비 중 3년치만 내면 된다. 월 공용관리비를 물었더니 27만원이란다. 27만원 × 36개월 = 약 970만원이 낙찰 후 인수해야 할 공용관리비 미납금이다. 관리비가 좀 센 것 같다.

이 물건은 분양면적이 넓어 평소 영업 중에는 기본관리비가 약 60만원이 나온단다. 임차인이 들어와서 월세 100만원을 임대인에게 내고, 기본관리비 60만원에 전기요금과 수도요금까지 합하면 월 200만원 이상의 기본유지비가 드는 셈이다. 이런 상가에 임대료와 관리비가 200만원? 나라도 여기 못 있겠다.

"미용실? 거기 잘 알지요. 유명한 헤어디자이너가 들어왔었어요. 헌데 이쪽으로 온 후에 손님이 뚝 끊겼어요." 인근 부동산 사장님의 귀띔이다.

이 상가···. 시세차익은 고사하고 임대도, 매매도 어려워 보인다. 그저 싸기만 한 상가는 쓸모없다. 아무리 노력해도 이미 죽은 상가는 살리기 어렵다.

9가지 항목의 개별 분석을 한 결과 점수가 별로 좋지 않다.

해당 상가를 직접 보러 현장에 가보았다. 역시나 입찰할 만한 물건은 아니어서 입찰을 포기했다. 후에 이 물건은 2억 1300만원에 낙찰되었다. 현재 일반 사무실(사무실은 임대료가 저렴하다)로 이용 중이다.

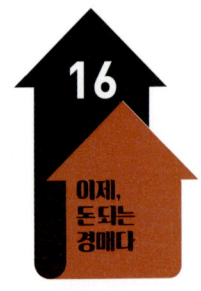

상가 입찰하기

상가경매 6단계

'조물주 위에 건물주!!?'

임대인에게 월세를 내느라 지친 임차인들이 하는 이야기다. 건물주, 그깟거 한번 되어보자.

건물주가 되기 위한 첫 걸음은 상가주가 되는 것이다. 제대로 된 상가 낙찰, 어떻게 받을까?

1단계 | 목표설정 : 어떤 상가를 원하는가?

① **근린상가** : 대로변에서 흔히 보는 상가가 근린상가다. 대개 1~2층에 일반 음식점, 소매점 등 먹고 마시는 업종이 위치하고, 고층은 사무실 등으로 이용한다. 1층은 다소 고가에 낙찰되는 편이다.

② **단지내 상가** : 아파트, 오피스텔, 주상복합단지 안에 있는 단지내 상가도 있다. 단지내 상가엔 세탁소, 편의점 등 생활밀접형 업종이 주로 입점한다.

③ **테마상가** : 커다란 건물 안에 특정한 업종이 모여 있는 테마상가도 있다. 강변역 테마상가인 테크노마트는 경매에 자주 등장하는 테마상가다. 테마상가는 우리가 선호하는 상가가 아니다. 상가 전체의 상권이 죽어 있다면 3평짜리 내 상가만 임대가 잘 나갈 리 없기 때문이다.

그런데 이런 물건을 아주 저렴하게 낙찰받아 제대로 사용하는 사람도 있다.

"회사 주소가 필요했어요. 굳이 번듯한 영업장은 필요 없거든요."

남들에게 쓸모없는 테마상가도 누군가에게는 효자가 된다.

2단계 | 권리분석 : 물건을 고르고 권리분석하기

일반적으로 월세 수익을 원하는 우리는 주로 근린상가나 단지내 상가에서 낙찰받을 물건을 고른다. 원하는 것이 임대수익이기에 월세가 잘 나오는 상가를 고르는 것이 포인트다. 상권도 좋아야 하고(상권분석), 상가의 활용도가 높으면(개별분석) 더 좋다.

상가의 권리분석은 '① 말소기준권리를 찾고, ② 임차인의 권리를 확인하고, ③ 배당순위를 확인하다'는 전체적 내용은 주거용과 같다. 어려울 것 같지만 주거용에 비해 상가 임차인의 권리분석은 오히려 간단한 편이다.

첫째, 상가는 후순위 임차인이 많다. 임대인은 대출을 받아 상가를 구입하고, 상가 임차인은 근저당 이후 월세로 들어온다. 때문에 상가 임차인은 후순위로 대항력이 없는 경우가 대부분이다.

둘째, 선순위 임차인이라도 환산보증금이 넘으면 배당받지 못한다. 상가임대차보호법에서는 환산보증금이 넘

> **환산보증금**
> 환산보증금은 보증금만이 아닌 월세를 환산한 금액을 말해요.

으면 우선변제, 최우선변제권으로 배당받을 수 없다.

> 환산보증금 = 보증금 + (월세×100)

예를 들어보자. 2019년 4월 2일 이후 서울에서 보증금 1억에 월세 350만원에 상가를 임대하고 있다면 환산보증금은 총 4억 5000만원(1억+(350만원×100)=4억 5,000만원)으로 우선변제권을 가질 수 있다. (상가 임차인은 임대건물가액(임대인 소유의 대지가액 포함)의 1/2에 해당하는 금액까지 보장받는다.)

2018년 개정안과 비교했을 때 2019년 개정안의 환산보증금 기준이 높아졌다. 서울의 경우 6억 1천만원에서 9억원으로 올라 95%의 상인이 보호법에 적용될 것으로 보인다.

■ **상가임대차보호법 적용받는 환산보증금** (2019. 4. 2.~ 현재)

지역	보호법 적용대상 [보증금+(월세×100)]	보증금의 범위(이하) (환산보증금)	최우선변제액
서울특별시	9억원 이하	6,500만원 이하	2,200만원까지
수도권 중 과밀억제권역 및 부산광역시	6억 9천만원 이하	5,500만원 이하	1,900만원까지
광역시, 세종시, 파주, 화성, 안산, 용인, 김포, 광주 (과밀억제권역, 군, 부산 제외)	5억 4천만원 이하	3,800만원 이하	1,300만원까지
기타 지역	3억 7천만원 이하	3,000만원 이하	1,000만원까지

상가임대차보호법 개정안(2019. 4. 2)에 따르면, 최장 임대기간 10년을 보장받을 수 있고(계약갱신요구권), 연 5% 인상이라는 임대료 상한제의 보장을 받을 수 있고, 건물주가 바뀌더라도 남은 계약기간을 보장받을 수 있고(대항력), 경매 등으로 건물이 넘어가게 되었을 때 우선변제를 받을 수 있다. 환산보증금이 넘는 임차인도 최장 10년까지 갱신이 가능하며 임대료도 협의 하에 인상할 수 있다.

3단계 | 현장답사 : 어떤 임차인이 입점을 할 것인가

사무실 근처에 오랫동안 닫혀 있던 지하 주점이 낙찰이 되었다. 평수도 애매하고, 지하인 탓에 낙찰가는 저렴했다. 몇 개월 후 이곳은 스크린 야구장으로 변신에 성공한다. 맥주와 간단한 안주도 파는 도심 한복판의 실내 야구장, 야구 마니아들에게 인기다.

상가 현장답사는 철저하게 임차인의 입장에서 봐야 한다.

이 물건에 임대 들어올 임차인은 어떤 업종을 하면 좋을까? 그는 왜 다른 곳이 아닌 이곳에 임대를 들어올까? 그는 얼마나 매출을 올릴 수 있을까? 그는 얼마나 월세를 낼까? 임차인의 매출이 많아야 월세도 밀리지 않고 꼬박꼬박 들어올 수 있다.

인근 공인중개사무소는 최소 3군데 이상 방문하자. 시세조사는 하고 또 해도 모자라지 않다.

4단계 | 입찰 : 법원에서 입찰한다

5단계 | 잔금납부 : 상가는 세금이 다르다

상가는 (주택임대사업자가 아닌) 일반임대사업자가 된다. 일반임대사업자는 부가세 납부를 해야 하기에 세무적으로 번거로운 편이다(간이과세는 연매출 2400만원 미만시 부가세 납부의무 면제). 임차인이 원하면 세금계산서 발행도 해야 한다. 임대인이 회사를 다니는 근로자라면 임대사업소득과 근로소득을 합산한다. 따라서 고소득 근로자라면 수익과 세금을 잘 따져보아야 한다.

취득세도 상가는 세율이 높아 4.6%다(주택은 1.1~3.5%).

6단계 | 명도 : 상가 임차인은 우선변제가 안 되는 경우가 많다

장사는 아무나 하는 게 아니라고 한다. 하물며 그 일을 생업으로 하던 이들의 명도. 상가 명도는 주거용보다 훨씬 어렵다.

환산보증금 이상의 보증금을 가진 임차인은 법원에서 보증금을 배당받지 못한다. 때문에 보증금을 잃는 임차인의 명도 저항이 있을 수 있다. 하지만, 상가 임차인은 몇 개월에 걸친 경매절차 도중 월세 납부를 하지 않았을 터, 실제 손해는 얼마 안 됨을 강조하여 명도한다.

만약 허가업종(주점, 학교 앞 PC방 등)이 들어와 있다면, 영업허가증을 새로 발급받는 것보다 기존 임차인에게 양도받는 편이 유리하다. 임차인에게 최대한 친절하게 명도를 해야 할 것이다.

현재 영업 중인 임차인과 재계약을 할 수 있다면, 최상의 명도다.

좋은 상가와 나쁜 상가, 공실률이 말해 준다

상가는 아파트와 다르다

"사무실 이사 가? 인테리어 이쁜데 아깝다."

"그게, 임대료를 버틸 재간이 없어. 여기 임대료가 300만원이거든. 직원들 월급 줘야지, 관리비도 내야지, 세금도 나가지. 숨만 쉬어도 한 달에 천만원은 기본으로 나가는 것 같아. 계약기간 끝났으니 좀 더 저렴한 데로 가려구."

사업하는 친구의 볼멘소리가 이해가 간다.

불황이 오면 더욱 민감한 것이 상가 임대다. 주거용 물건은 임대가 안 나가면 월세를 낮추어 시장에 내놓으면 임차인을 구할 수 있다. 하지만, 상가는 임차인이 돈을 벌 수 있는 상황이어야 한다. 입지가 아무리 좋고, 가격이 저렴해도 소비가 꽁꽁 얼어붙은 때라면 창업을 자제하게 된다.

이 시기가 길어지면 상가는 공실로 남게 된다. 임차인이 없는 빈 상가를 가지고 있다는 것은 임대수입은커녕, 관리비를 소유주가 내야 한다는 뜻이다. 담보대출이 있다면 대출이자까지 고스란히 소유주 호주머니에서 나와야 하고, 계약기간이 끝나서 나가는 임차인이 있으면 보증금까지 내주어야 한다. 팔고 싶어도 아무도 사려 하지 않는다.

때문에 상가투자는 어렵고, 수익을 더 꼼꼼하게 계산해야 한다.

남양주의 병원 상가

오, 병원. 전체 병원 건물의 2층이라 맘에 든다.

2015 타경 (임의)		매각기일 : 2016- 10:30~ (월)		경매11계 031-828-0331
소재지	(12011) 경기도 남양주시 진접읍 2필지 프라자 제2층 제201호 외1건 [도로명] 경기도 남양주시 진접읍			
용도	상가(점포)	채권자	우리은행	감정가 1,531,000,000원
대지권	87.31㎡ (26.41평)	채무자	씨	최저가 (49%) 750,190,000원
전용면적	450.82㎡ (136.37평)	소유자	임	보증금 (10%) 75,019,000원
사건접수	2015-11-30	매각대상	토지/건물일괄매각	청구금액 294,307,684원
입찰방법	기일입찰	배당종기일	2016-02-12	개시결정 2015-12-02

회차	매각기일	최저매각금액	결과
신건	2016-04-04	1,531,000,000원	유찰
2차	2016-05-09	1,071,700,000원	유찰
3차	2016-	750,190,000원	매각
	/입찰8명/낙찰1,080,000,000원(71%)		
	2016-06-20	매각결정기일	허가
	2016-07-19	대금지급기한 납부 (2016.07.18)	납부
	2016-08-26	배당기일	완료
	배당종결된 사건입니다.		

인터넷 조사와 현장조사를 시작했다.

긍정적인 면부터 보자. 다른 층에 있는 치과, 소아과 등 다른 병원들은 성업 중이다. 특히 1층 약국은 독점으로 영업이 매우 잘된다. 이 물건은 운영이 어려워서가 아니라 다른 이유로 경매를 당한 것이기에 새로운 내과가 오픈하면 영업이 잘될 것으로 예상된다. 부정적인 면도 있는데, 인근에 새로운 상권이 들어서면서 이곳 상권이 축소되고 있었다. 환자와 병원이 새로운 상권으로 이전할 가능성이 있다.

분양대행사에서 보는 상가의 수익률은 보통 6%다. 10억의 6%는 6000만원이고, 이것을 12개월로 나누면 월 임대료가 500만원이라는 계산이 나온다. 10억을 투자해서 월 500만원이면 만족한다는 뜻이다. (투자금에 세금 및 부대비용이 전혀 들어가지 않는다. 사실 보유비용까지는 아니더라도 취득비용은 함께 계산하는 것이 합리적이다.)

이 물건의 수익률을 계산해 보자.

> 네이버 즐거운경매 카페(cafe.naver.com/playauction)에서는 누구나 쉽게 즐경수익률 계산기를 다운받을 수 있어요.

투자금액		초기비용			수익(예상)	
대출 (85%)	₩ 910,945,000	취득세ⓐ	4.60%	₩ 49,298,200	매도가	₩ 1,500,000,000
투자금액(낙찰가-대출)①	₩ 160,755,000	등기 및 수수료ⓑ		₩ 10,000,000	대출금(-)	₩ 910,945,000
		기타 필요경비ⓒ		₩ 80,000,000	실투자금(-)	₩ 300,053,200
		수리비		₩ -	부동산수수료(최대)ⓓ	₩ 13,500,000
		명도비용		₩ -	양도세	₩ 84,340,684
합계(낙찰가)	₩ 1,071,700,000	합계(②)		₩ 139,298,200		
실투자금(①+②)				₩ 300,053,200	차익	₩ 191,161,116
월 수익(월세-대출이자)	₩ 3,963,517	대출이자(월)		₩ 3,036,483	대출이자(1년) 4%	₩ 36,437,800
임대비용(실투자금-보증금)	₩ 200,053,200	수익률		23.77%	연 수익	₩ 47,562,200
양도차익	₩ 275,501,800	* 매도가 - 낙찰가 - 필요경비(ⓐ+ⓑ+ⓒ+ⓓ)				
장기보유특별공제	0%					
양도소득세율	38%	* 양도소득-기본공제 (기본공제-250만원은 1년에 1회만 적용)				
과세표준	₩ 273,001,800					
누진공제액	₩ 19,400,000	* '참조' Sheet '양도소득세율' 누진공제 (* 양도세 = 과세표준 X 양도소득세율 - 누진공제액)				
부동산 상한요율	0.009	* 매도가 ₩1500000000원 기준				

(2016년 4월 작성 기준)

위 표는 즐거운경매 회원이 만들어준 수익률 계산기이다. 취득가액과 대출이자 등을 넣고 임대료를 넣으면 임대수익률이 계산된다. 양도세 조건과 예상 매도가액을 넣으면 매도차익도 계산할 수 있다. 보유세는 포함하지 않았다.

간단한 수식을 넣어 만든 엑셀 파일이지만, 나같이 숫자만 봐도 머리가 아픈 사람에게는 아주 유용하다.

당시 최저가는 10억 7170만원이었다. 최저가로 입찰하고, 4% 이율로 낙찰가의 85%까지 대출을 받는 것으로 설정한다. 세금 포함 기타비용은 약 1억 4000만원으로 예상하였다. 임대보증금 1억에 월 700만원을 받는다면? (임대료는 다른 층의 병원 임대료를 참고하였다.) 임대수익률은 연 23.77%이다. 매달 이자가 300만원 나가는데, 월세 받아 이자 내고도 남는 월수익이 약 400만원쯤 된다. 이 정도면 임대수익으로 꽤나 괜찮은 투자 아닌가.

하지만, 나는 입찰을 포기했다.

이 괜찮은 물건, 나는 왜 입찰하지 않았을까?

첫 번째 이유는 공실의 위험이다

이 물건의 첫 임차인은 기업은행이었다. 입지가 기본은 된다는 뜻이다. 은행이 이전하고, 다음 소유주는 의사였다. 병원도 영업은 잘되었다. 소유주가 다른 사업을 하다가 병원이 넘어갔다고 하는데, 각종 세금과 가압류에 시달리다 병원으로 빚잔치를 할 수밖에 없었을 것이다.

입지 좋은 2층 상가, 다 좋은데 뭐가 문제일까?

같은 상가건물의 1층 일부, 그리고 인근의 입지가 더 좋은 상가가 공실로 있었다. 공실이 된 지 오래인 듯 유리창 너머의 상가 내부가 먼지로 가득했다.

"거기요, 전에 빵집이 있었는데, 이전했어요. 임대료가 비싸니까. 주인한테 임대료를 내려야 한다고 얘기했는데, 주인이 가격을 고집한 거지. 1년 가까이 공실이다가 얼마 전에 임대료를 내렸는데, 지금은 그래도 안 나가요." 인근 공인중개사의 설명이다.

큰길 건너 롯데시네마가 생기고 인근에 새로운 상권이 형성되면서 이 상가

건물의 임대료는 계속 하락하고 있었다. 이 건물에서 이사를 나간 은행도 롯데시네마 옆 상권으로 이전을 했다.

그렇다면, 이 물건에 과연 임대료 700만원에 들어와줄 의사선생님이 계실까? 임대료를 대폭 낮추어 500만원이라면 어떨까. 그래도 이자를 제하고 월 200만원의 수익이 나지 않는가.

그러나 나는 계속 고민된다.

두 번째 이유도 공실의 위험이다

"우리 층이 내과 할 거요. 원래 우리가 먼저 하려고 했었는데, 이러저러해서 2층이 한 거거든. 하여간 거기는 내과 못하니까 그런 줄 아쇼!!"

현장조사를 갔을 때 만난, 다른 층 소유주의 주장이다.

경매로 나온 2층 물건이 내과였는데, 요런 정신없는 틈에 자기 층에 내과를 입점시키겠다는 것이다. 말도 안 되는 주장을 하는 그의 말이 사실이냐 아니냐도 중요하지만, 그보다 중요한 것이 있다. 그의 주장 때문에 나의 임대가 영향을 받을 것인지 여부다. 그의 터무니없는 주장은 대화와 소송으로 해결한다손 치더라도 그동안 임대를 하지 못한다면 그 비용은 복구할 방법이 없다.

지역 터줏대감인 그가 우리 층의 임대를 방해하겠다고 경고했으니 일정 기간의 공실은 각오해야 한다는 판단이다. 사이즈가 큰 만큼 대출금액도 커서 매달 300만원의 이자를 지급해야 하는데, 석 달만 지나도 900만원이고, 1년이면 3600만원…. 공실을 버틸 자신이 없다.

이 물건은 1회 더 유찰되었다가 이전 회차보다 830만원 높은 가격에 낙찰되었다. 내과를 개업하겠다던 다른

> **동종 업종 제한**
> 상가건물은 동종 업종 간 과도한 경쟁을 막기 위해 동종 업종 제한을 두는 경우가 많아요. 처음 내과 자리라면 다음 임차인이 내과를 하는 것이 일반적이에요(집합건물 소유 및 관리에 관한 법률 제42조).

층 소유주의 말이 엄포가 아니었다. 확인해 보니 그의 상가에 정말 내과가 개업을 했다. 내가 관심 있던 2층 물건은 1년이 넘게 공실 상태다.

18 공실률 낮추는 상가 관리법

가장 기본적인 두 가지 원칙

어찌하면 상가의 공실을 막을 수 있을까? 원론적인 이야기부터 해보자.

첫째, 주변 시세보다 저렴하게 낙찰받는다

취득가가 낮아지면, 임대수익이 높아진다. 투자의 기본이자 공실을 없애는 첫 번째 비법이다. 말이 쉽지, 상권이나 입지가 좋으면서 저렴한 물건은 찾기 어렵다.

상권과 입지가 좋으면 비싸고, 가격이 저렴하면 상권과 입지가 좋지 않다. 싸고 입지 좋은 물건은 경매시장에서도 인기가 있다. 인기 있는 물건을 차지하는 데 부지런함 외에 어떤 비법이 있을까.

둘째, 임차인의 매출을 제대로 파악한다

현재 입점한 임차인이 있다면 그들의 매출을 파악하자. (상가경매를 할 때 매각물건명세서상의 임대가를 전적으로 신뢰해서는 안 된다. 기재된 월세가 사실과 다를 수 있다.) 상가는 임차인이 영업을 해서 돈을 벌고, 그 돈으로 월세를 내는 사업장이다.

사업이 잘되면 임대료를 더 낼 수 있지만, 사업이 안 되면 임대료를 연체하게 될 것이다.

먹고 마시는 업종인 경우 3일치 매출이 임대료이면 적정 수준이라고 본다. 하루 매출이 50만원인 치킨집은 월 150만원으로 월세를 올려도 영업을 계속할 것이다. 현재 상가가 공실이라면 어떤 임차인을 들일 것인지 미리 생각해 보고 적정 임대료를 예상할 수 있다.

임대인 시뮬레이션

이론은 알겠는데, 현실에서는 이런 원론적인 이야기가 잘 통하지 않는다는 게 문제다. 나름 저렴하고, 입지도 그만하면 나쁘지 않은데, 별 이유 없이 임차인을 구하지 못한다. 그렇다면 물건의 문제가 아니라 임대인의 문제다.

낙찰자가 할 수 있는 일들을 하나하나 살펴보자.

1 | 임대할 상가에 현수막은 기본이다

'50평, 보1000 월120, 권리금 무, 010-1234-5678'

현수막은 노란색 바탕에 빨간글씨가 최고!! 이쁜 거 소용없다. 유치한 색상이 제일 잘 보인다.

2 | 공인중개사무소에 매물로 내놓는 것은 기본 중 기본!

상가 중개는 주거용과 달라서 범위가 넓다. 같은 건물 내 중개사가 아니라 옆동네 중개사가 거래를 성사시키기도 한다. 중개수수료는 아까워하지 말자. 중개수수료 낸 만큼 월세를 잘 받으면 된다.

3 | 인근에서 영업 중인 임차인을 공략한다

임대가 안 나간다는 것은 그 지역 임대료가 상승세는 아니라는 뜻이다. 상가의 위층, 혹은 옆 상가의 임대료도 하락했을 가능성이 높다.

위층에서 영업 중인 임차인에게 혹하는 조건을 제시해 본다.

"여기 월세 어떻게 되세요? 저희는 평수도 넓고 위치도 더 좋은데 월세가 더 싸요."

위층 임차인은 예전의 비싼 임대료를 내고 있을 터, 마음이 동한다. 좀 치사한 방법이지만, 이 방법 제법 먹힌다. 전문용어로 '밑장빼기'라고 한다.

임대료 잘 받고 있던 위층 임대인은 졸지에 임차인을 뺏겼으니 억울하겠지만 어쩌랴. 우량임차인을 두고 뺏고 뺏기는 전쟁이다.

4 | 인테리어 지원으로 메리트를 높인다

"저희도 옮기고 싶은데요, 여기 시설을 해둔 게 많아서 망설여지네요."

"걱정하지 말아요. 여기 시설 다 낡았네요. 기본 인테리어 다 해드릴게."

급하면 임차인에게 인테리어 지원, 즉 업종에 필요한 시설을 해주거나, 임대료를 일정 기간 안 받기도 한다. 임대인으로서는 피와 살을 깎는 아픔이지만, 장기 공실보다는 낫다.

5 | 직접 운영한다

이 방법 저 방법을 써도 안 되면 최후의 방법이다. 직접 운영한다. 카페든 술집이든 상관없다. 임대를 놓으려던 업종을 오픈한 다음 장사가 잘되게 해놓고 팔아버린다. 경매로 상가를 낙찰받았는데, 낙찰자가 직접 운영을 한다? 안타까운 일이다. 위로의 말을 해야 한다(직접 운영하기 위해 낙찰받은 경우는 예외다).

6 | 낙찰받은 상가를 경매로 날린다

이제 최악이다. 은근 이런 물건이 많다. 폭탄이다.

양주 대규모 아파트 단지 앞 갈빗집을 보러 갔다. 이곳, 매가에 비해 임대료가 꽤 괜찮다. 일부러 점심시간에 맞춰 식당을 찾았다. 간판도 깨끗하고, 인테리어도 깔끔하고, 음식맛도 괜찮았다. 그런데 이상하다. 손님이 한 테이블도 없다.

"점심이라 그런가? 고깃집은 저녁장사가 메인이잖아"

"그래도 이상하지. 물어보자."

'우리는 경매물건을 보러 온 예비 입찰자이며, 이 가게 상태가 어떤지 보러 왔다. 계속 영업을 하실 건지, 장사는 어떤지 궁금하다'고 주인아주머니에게 솔직히 물었다.

"처음 가게에 들어올 때부터 경매 때문에 오신 줄 알았어요. 두리번거리는 게 딱 경매하는 분들 같더라구. 여기 사실 우리 거라우. 소유주는 형님네로 되어 있지만 우리 것 맞구요. 정리하려고 경매 내놓은 거에요. 장사가 너무 안 돼요. 이자도 못 내고, 처분도 안 되고, 별수 없지, 뭐. 거기같이 경매하는 분들 엄청 다녀갔어요. 근데, 이렇게 물어본 분은 첨이네. 솔직하게 물어보니까 나도 솔직하게 얘기해 드려야지. 우린 배당이 되면 바로 나갈 거에요. 한푼이라도 건져야 하니까. 인테리어요? 우리가 한 거 아니에요. 원래 잘되어 있었죠. 그것 때문에 우리도 장사가 잘될 줄 알았다니까. 여기 장사 되는 자리가 아니에요. 여하튼 잘 물어보셨어."

주인아주머니 말대로 이 물건엔 많은 입찰자가 붙었고, 높은 가격에 낙찰되었다. 낙찰자는 어쩔 수 없이 직접 고깃집을 열었을까? 다음 희생자를 찾아야 했을까?

공실을 줄이는 상가 관리법

장사가 무지하게 안 되거나, 임대인에게 특별한 불만이 있지 않은 이상 상가 임차인은 웬만하면 이동하고 싶어하지 않는다. 특히나 시설이 많이 들어간 업종은 잘 이동하지 않는다.

상가의 공실을 줄이려면 처음부터 (병원, 고급학원, 유아체육장 등 시설자금이 많이 드는) 우량임차인을 들이고, 그들이 사업을 잘할 수 있도록 지원해 주고(제때 세금계산서 발행해 주고, 간판자리 등 옆 상가와 분쟁 발생시 도와주는 정도면 충분하다), 때가 되면 적당한 선에서 임대료 인상을 해주면 된다. 적당한 때 적당한 선의 임대료 인상은 임대인과 임차인 모두에게 득이다. 너무 갑자기 한번에 임대료를 올리면 임차인이 버티지 못하고 나가게 되고 결국 공실이 된다. 젠트리피케이션이 임대인에게 반드시 유리한 것만은 아니다.

임대인과 임차인은 서로에게 필요한 존재다. 임차인이 잘되면 임대인도 좋은 법. 모든 상가의 임차인이 사업 번성하길 기원한다.

젠트리피케이션
낙후됐던 구도심이 번성해 중산층 이상의 사람들이 몰리면서 임대료가 오르고 원주민이 내몰리는 현상을 이르는 용어

상가 강제집행과 동산경매

상가 강제집행하는 날

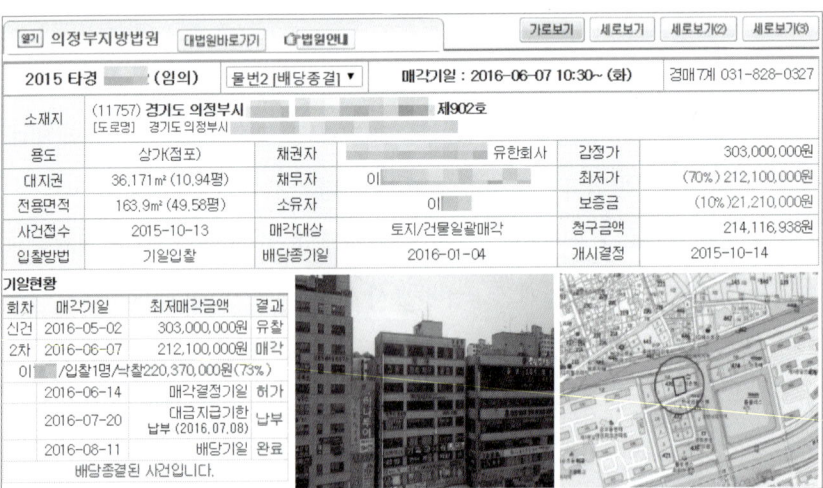

이 상가의 점유자이자 소유자는 원단수출회사였다. 연간매출이 70억에 달하던 잘나가는 회사로 수출상도 여러 개 받았단다. 쉽게 명도가 이루어질 줄 알았는데, 이사비로 500만원을 요구하는 것이다. 게다가 얼마 안되지만 동산 압류까지 있어서 강제집행을 할 수밖에 없었다.

강제집행은 경매를 계속하는 한 피할 수 없는 일이다.

"집행 신청자 누구세요?"

"저예요."

집행관이 낙찰자와 증인의 신분증 확인을 한다.

"여기 사인하시고…. 증인 오셨죠?"

집행할 때 증인이 두 명 있어야 한다. 대리인으로 집행을 신청했던 동생은 증인이 안 된단다. 급하게 청소아주머니를 섭외해서 증인으로 세웠다.

"자, 집행 시작합시다."

집행관의 말이 떨어지자 인부들이 일사분란하게 짐을 싸기 시작했다.

15명의 인부들이 순식간에 흩어져서 일부는 짐을 종이박스에 담고, 일부는 짐을 밖으로 실어나른다. (법원의 인부 일당이 10만원, 15명이니 인부비만 150만원이다.)

나는 집행관과 나란히 서서 그 모습을 지켜보았다. 집행관이 내게 묻는다.

"경매 많이 해보셨나 봐요?"

"조금요, 매번 어렵네요. 이렇게 집행까지 하니 참 큰일이에요. (낙찰자는 늘 죽는소리다. 잘되었어도 잘됐다고 말하는 거 아니다.) 근데, 일정이 많으신가 봐요. 집행까지 한참 걸렸어요."

"경매 말고도 일반 명도소송들이 좀 있어요. 오후에도 주거용 물건의 임차인 집행이 잡혀 있어요. 하여간 앞으로도 임차인 잘 들이셔야 할 거예요. 임대료 못 내는 임차인이 많아서(명도소송이 많아서) 요즘 바쁘네요. 그런데 점유자랑 연락이 안 되셨나요? 강제집행 힘들잖아요."

"실은 점유자가 이사비 500만원을 주면 짐을 빼겠다고 했어요. 500만원이 적은 돈도 아니고, 게다가 얼마 안 되지만 동산 압류도 있어서요. 압류물건은 그냥 못 드리잖아요. 달리 방법이 없어서요."

"그렇지만, 강제집행은 돈이 많이 들잖아요. 제일 좋은 방법은 압류물건을 제외하고 점유자에게 직접 치워가게 하는 거예요. 압류된 물건만 압류물건 이전신고를 하고 압류물건에 대한 매각허가신청을 하면 비용이 덜 들잖아요."

친절한 집행관님! 진작 알았으면 좋았을걸. 나는 결국 또 비싼 수업료를 치른다.

> **동산 압류**
> 동산 압류란 컴퓨터 등 움직일 수 있는 물건에 대한 압류를 말해요. 이 상가 물건에는 낡은 컴퓨터와 더 낡은 책상에 빨간 압류딱지가 붙어 있었어요.

전 주인에게 비용 청구하는 집행비용확정

강제집행 후 가장 이상적인 상황은 전 주인이 짐을 찾아가는 것이다. 그렇지만 이 물건은 강제집행한 동산들이 아직도 양주의 컨테이너에 보관 중이다. 전 주인이 짐을 찾아가지 않으면 매달 낙찰자에게 보관비가 청구된다. 끝을 보겠다고 강제집행까지 했는데도 끝이 아니다. 어쩔 수 없다. 동산 처리를 해야겠다.

먼저 집행비용확정 신청을 해야 한다. 집행비용확정은 낙찰자가 채무자를 내보내는 데 쓴 비용을 채권으로 만드는 것이다. 집행비용확정 결정문으로 채무자의 다른 재산에 압류를 할 수도 있다. (일반적으로 그렇게까지 하지는 않는다.)

결국 집행비용확정은 동산 집행을 하기 위해서다. 집행비용확정을 해야 그동안 쓴 강제집행 비용을 잘 정리해서 동산 낙찰비와 상계 처리할 수 있다. 그

> 대법원전자소송〉민사집행서류〉집행비용액확정결정신청에서 신청서류를 발급받을 수 있어요.

렇지 않으면 동산 낙찰비를 또 내야 한다.

아래는 집행비용확정으로 받을 수 있는 비용이다.

> **1. 집행관 비용과 노무비** : 집행예납금, 집행수수료, 송달료 등이다. 집행관사무실에 요청하면 집행비용내역서를 발급받을 수 있다.
>
> **2. 열쇠비용** : 강제집행 예고와 본집행 시 사용한 열쇠비용이다. 영수증은 챙겨야 한다.
>
> **3. 이사차량 비용 및 보관비** : 집행 때 지불한 이사차량비와 동산 보관비용도 포함된다.
>
> 그외 집행에 들어간 비용은 포함된다.

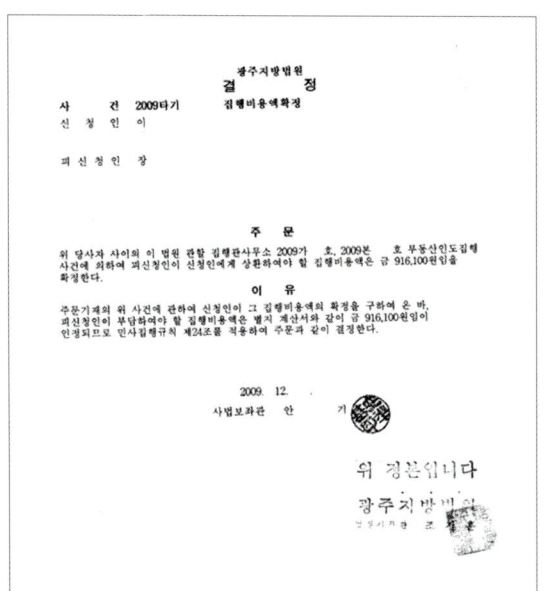

집행비용액 확정 결정문

동산경매 현장

"안녕하세요, 여기 ○○보관인데요, 내일 동산 집행인 거 아시죠?"
"네? 정말요?"

채권자에게 통보도 없이 동산 집행기일이 잡히고 전날 저녁에 느닷없이 통보를 하다니 너무한다. 법원 일정이 너무 바빠 그렇다니 할 말 없다. 갑자기 바빠졌다. 다음날 스케줄을 급하게 연기하고 아침 일찍 컨테이너 보관장소로 향했다.

컨테이너 보관장소는 외곽에 위치해 있다. 봄인데도 찬바람이 휭 부는 입구에 개들이 여러 마리 묶여 있고, 넓은 마당 가득 컨테이너가 가득하다.

어디서 많이 본 듯한 느낌이다.

"왠지 영화의 한 장면 같은걸."

소용돌이 바람 부는 컨테이너 사이로 잘생긴 건달들이 뛰어나올 것 같다.

왠지 무서운 느낌이 들어 주변을 두리번거리고 있는데, 낯선 사람들이 차에서 내리며 우리를 힐끔거린다.

"집행관님이세요?"

"아뇨, 저희는 폐기물업체예요. 물건 좀 보러 왔어요."

쓸 만한 물건이 있으면 입찰할까 해서 방문한 것이란다. 반갑기도 해라.

이분들 어떻게 알고 왔을까?

대법원 경매사이트에서 동산으로 검색하면 보관장소별로 물건 리스트가 나온다. 기재된 품목을 보고 동산 입찰에 참여할 수 있다.

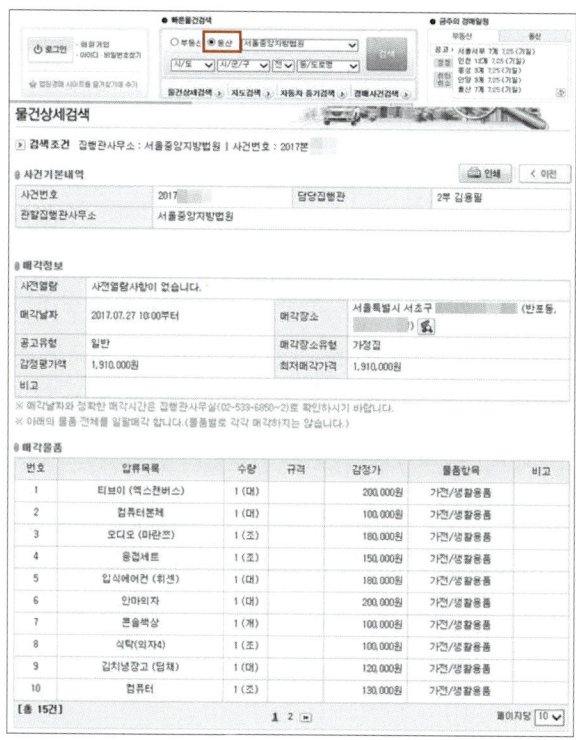

서울의 반포아파트 고급 살림살이가 총 191만원에 경매로 나왔다.

　　강제집행을 할 때 품목을 모두 기재하는데, 책상 몇개, TV 몇개 자세하게 적혀 있다. 동산경매 물건들 진짜 저렴하다. 맘에 들면 경매에 참여하면 된다. 시간은 변경될 수 있으니 집행관사무실에 확인하는 것이 좋다. 입찰에 참여하려면 입찰금을 전액 현금으로 준비해야 한다.

　　동산경매만 전문으로 하는 사람들도 있다. 이들은 쓸 만한 기계를 헐값에 낙찰받기도 하고, 고가의 가전제품을 저렴하게 낙찰받기도 한다. 남편 때문에 동산경매에 부쳐진 물건을 낙찰받아 부인에게 되팔아 이익을 내기도 한다.

동산경매로 전 주인 물건을 낙찰받다!

우리 물건이 들어 있는 컨테이너는 3층 높이에 올려져 있다.

'저 컨테이너 안에 있는 물건을 보려면 기어올라가야 하겠는데….'

그 순간, 보관업체의 직원이 지게차를 타고 온다. 지게차의 지게 부분에 발을 디디고 올라설 수 있는 받침대가 달려 있다. 받침대 위에 사람이 올라서니 사람을 짐처럼 올린다. 폐기물업체 사람들이 3층 높이의 컨테이너 속으로 쏙 들어간다. 신기하다.

"원단이 면이 아니네요. 면이면 좋았을 텐데. 저건 쓸모없어요."

한참 후에 나온 그들이 짧게 말한다. (보통 동산집행 물건은 다 쓸모없다. 설사 쓸모 있는 물건이어도 그들은 쓸모 있다고 이야기하지 않을 것이다. 내게 폐기물 비용을 받아야 할 테니.) 어쩔 수 없다. 아무도 안 사준다면 채권자인 내가 낙찰받아 처리해야 한다.

"이현정씨, 동산 입찰금액은 ○○예요. 집행비용 5만 5천원 주시구요, 여기 사인하시고, 끝났어요."

이제 이 물건은 폐기물업체에 넘기면 된다. 폐기물업체는 컨테이너에서 물건을 하나하나 들어내어 폐기할 것은 폐기하고, 팔 만한 것은 팔아 이익을 챙길 것이다.

황량한 컨테이너 보관장소를 나오면서 잠시 뒤를 돌아보았다.

보관업체의 저 많은 컨테이너 안에 집행당한 물건이 가득할 터. 한때는 누군가의 소중한 재산이었고, 누군가의 꿈이자 미래였을 그것들이 폐기물이 될 준비를 하며 쌓여 있다. 각자의 사연을 품고 있는 컨테이너들이 을씨년스럽다.

도전! 공장 입찰

공장 경매 전 따져볼 것들

"현정아, 공장도 경매로 살 수 있니? 좋은 공장 나오면, 나 낙찰 좀 받아줘."
근데, 좋은 공장은 어떤 곳이지? 관심도 없던 공장에 대한 조사를 시작했다.

1 | 공장의 입지조건 중 가장 중요한 것은 진입도로다

우리나라 공장들은 수출을 하는 곳이 많다. 수출을 하려면 컨테이너에 실어 내보내야 하는데, 컨테이너를 싣는 차가 추레라(대형 트레일러의 현장용어)다. 덩치 큰 추레라가 공장에 들어오려면 진입도로의 폭이 최소 6m는 되어야 하고, 진입구간에 코너가 있다면 추레라가 커브를 돌 수 있도록 코너의 폭은 최소 8m 이상 되어야 한다. 추레라가 들어올 수 없다면 수출을 주로 하는 공장은 입주할 수가 없으니 임대료가 떨어진다.

2 | 우리가 쓰는 모든 물건에는 물류비용이 포함된다

공장은 물류비용을 절약하기 위해서 고속도로 진입이 쉬운 곳을 선호한다. 톨게이트가 가까우면 가까울수록 물류비가 낮아진다. 임차인은 임대료와 물류비용을 비교해서 합리적인 선택을 할 것이다.

3 | 공장은 민원이 많다

층간소음 문제로 이웃간에 칼부림이 나는 요즘 세상에 소음은 민감한 문제다. 무언가를 만들기 위해 커다란 차량이 들락거리고, 하루 종일 쉴 새 없이 쿵쾅대는 곳이 공장이다.

내 집에서 매일 이런 소리를 듣는다면? 생각만 해도 끔찍한 일이다. 공장은 민원거리가 많다. 물건을 만들면서 나오는 먼지, 쓰레기, 폐기물, 하수처리 문제도 민원의 여지가 있다. 때문에 공장은 옆집이 공장인 것이 가장 편하다. 주위에 주택이 많다면 공장 입지로 좋지 않다.

4 | 공장 임차인이 원하는 것은 이렇다

공구상가나 자재상가 등이 가까우면 좋다. 공장의 전기는 기본 5kw는 들어와 있어야 하고 그 이상이면 더 좋다. 주차하기 좋은 넓은 마당이 있으면 더 좋다. 공장건물의 층고가 높으면 활용도가 많다. 사무실이나 기숙사가 잘 지어져 있으면 임대가 잘 나간다. 호이스트(물건을 옮기는 기계)가 있으면 호이스트 사용료까지

호이스트

받을 수 있다. (호이스트는 임차인이 직접 대여해서 쓰기도 한다.)

몇날 며칠 물건을 뒤졌는데, 친구에게 딱 맞는 물건을 찾지 못했다.

"네 맘에 드는 공장은 지금 없는 것 같아."

내집마련을 하려는 실수요자의 입맛에 딱 맞는 물건을 고르는 것보다 더 어려운 것이 업체 상황에 딱 맞는 공장을 낙찰받는 것이더라. 경매물건은 친구에게 너무 크거나, 너무 작거나, 너무 멀거나, 너무 비쌌다.

"현정아, 나 공장 월세로 구했어. 담번에 내 공장 마련할 때 도와주기다. 근데, 우리 공장… 주인이 경매로 낙찰받은 거더라."

친구가 들어간 공장의 낙찰가는 3억 2560만원, 임대가는 보증금 2000만원에 월 180만원이다. 임대수익률 약 19%다. 낙찰자는 공장을 보수하고, 사무실을 만드는 데 약간의 비용이 들었을 터, 최상은 아니지만 그래도 괜찮은 투자다.

임대수익률 = 총 수익 ÷ 총 투자금 x 100
(편의상 부가비용은 제외했으며 대출은 낙찰가의 80%, 이율은 5%로 가정한다.)

▸ **총 수익**　　연임대료　　2160만원 (월임대료 180만원×12개월)
　　　　　－　연이자　　　1300만원 (대출 2억 6000만원×5%)
　　　　　　　──────────────────
　　　　　　　　　　　　　860만원

▸ **총 투자금**　낙찰가　　　3억 2560만원
　　　　　－　대출　　　　2억 6000만원 (낙찰가×80%)
　　　　　－　보증금　　　2000만원
　　　　　　　──────────────────
　　　　　　　　　　　　　4560만원

▸ **임대수익률** = 총 수익 860만원 ÷ 총 투자금 4560만원 × 100
　　　　　　　= 18.86%

Interview❷
스몰비어 점주입니다.
저도 건물주가 되고 싶더라고요.

ID : 황봉구
키워드 : 스몰비어 사장님, 보조 공인중개사

Q 자기소개 해주세요.

A 스몰비어를 운영하고 있는 황봉구입니다. 저는 고향이 경상도입니다. 순전히 스몰비어를 운영하기 위해 경기도로 상경했지요. 스몰비어 원조 *구비어 본사는 부산에 있답니다. *구비어를 보는 순간 '아, 이거야라는 생각이 들었지요. 나만의 아지트 같은 아기자기한 인테리어와, 다른 외식업에 비해 간단한 조리법까지 제 마음에 쏙 드는 아이템이었죠. 제가 평소 하고 싶은 가게 스타일이었어요. 스몰비어를 하기로 마음먹은 후 가장 큰 고민은 가게 위치였습니다. 익숙한 경상도에서 하고 싶었지만, 그땐 이미 경상도 쪽의 스몰비어 시장은 포화상태였답니다.

어느 날 친언니를 만나러 경기도에 올라왔는데, 여긴 청정지역인 거예요. 지역별로 하나둘 생기는 가게들이 이제 인기를 얻기 시작하고 있었지요.
'좋아, 경기도에서 해보자!!'
낯선 경기도에서 스몰비어 상권을 찾아 4개월가량을 헤맸습니다. 결국 과천의 지금 자리에 가게를 오픈하게 되었지요.

Q 장사하는 건 어땠나요?

A 쉬운 일이 아니더군요.
가게를 오픈하고 1년간 정신없이 바빴어요. 힘든 일도 많았답니다.
특히 주변 상인들의 텃세로 마음고생이 심했습니다. 위층에선 가게 음악소리가 시끄럽다고 경찰에 신고하기도 했지요. 바로 옆가게 음악소리는 아랑곳하지 않으면서 말이죠. 지하 가게에서는 저희 가게 배관공사가 잘못되어 천장에 물이 샌다고 올라왔어요. 배관을 뜯고 보니 물이 새는 것은 우리 가게 때문이 아니었어요. 옆가게에서는 도시가스 배관이 자기 가게 창문으로 보여서 감옥 같다고 시비를 걸었지요. 말도 안 되는 억지였지만 군말없이 다시 공사를 하기도 했습니다. 불법간판이라고 민원이 들어와 간판을 떼기도 했네요. 우리 가게 간판이 불법이면 이 동네 간판의 90%는 다 떼내야 할 거예요.

사실 매일 이러면 장사 못하겠지요. 지금은 주변 사장님들과 잘 지내고 있어요. 그때는 왜들 그랬을까요? 차마 직접 여쭤보지는 못했는데요, 아마도 처음에는 사투리 억양의 제가 좀 낯설었나 봅니다. 오픈 초기에는 몸도 마음도 많이 힘들었지만 그래도 줄서서 기다리는 손님들을 보며 힘을 냈습니다. 시간이 지나니 매출도 안정권에 접어들고 일도 익숙해졌습니다. 가게 운영도 쉬워지고. 그러고 나니 뭔가 다른 것을 더 하고 싶어졌어요. 이 가게 하나만으로는 부족하다고나 할까요? 뭔지 모를 갈증을 느꼈습니다.

Q 가게가 잘 됐는데, 왜 경매를 하게 됐나요?

A 사실 우리 가게 주인이 부러웠어요. 다른 아이템을 찾기 위해 시간날 때마다 줄서는 집을 대상으로 맛집 탐방을 다녔습니다. 맛집 탐방이 제게는 상권조사인 셈이지요.
'다른 괜찮은 아이템이 없나?' 하는 생각이 늘 머릿속에 있었습니다. 한번 외식업에 발을 들이니 계속 외식업 쪽에만 관심이 가더라구요. 하지만 쏟아져 나오는 많은 브랜드 중에서 스몰비어만큼 훅 땡기는 아이템이 없더군요.
그러던 차에 임대수익에 대해 생각하게 되었어요. 우리 가게는 메인상권도 아닌데 월세가 꽤 비쌉니다. '우리 가게 주인처럼 나도 꼬박꼬박 월세나 받았으면…' 하는 생각이 늘상 머릿속에 있었죠.
그러던 중 《나는 돈이 없어도 경매를 한다》를 읽게 되었어요. 평소 부동산에 관심은 있었으나, 삶이 바빠 외면하던 저였습니다. 이 핑계 저 핑계로 외면해 온 제게 용기와 희망을 불어넣어주는 책이었어요. 진솔하게 와닿는 실제 사례들과 어렵게만 느껴졌던 경매를 이해하기 쉽게 잘 정리해 놓았더라구요.

'그래, 아줌마도 하는데 나라고 못할 게 어딨어?'
저는 가게 문 열기 전 낮시간을 이용해서 기초반 정규수업을 수강했어요.
강의내용도 알차고 이해하기 쉽게 너무 잘 가르쳐주셨습니다.
저는 즐경의 '좋은 성공 착한 나눔'이라는 말이 참 좋습니다.

Q 요즘엔 어떤 것에 집중하시나요?

A 두 번째 직업은 공인중개사 보조원입니다. 경매를 배우면서 다양한 특강을 들었습니다. 토지, 상가, 임대사업, 분양 등등…. 부동산의 모든 분야에 관심이 생겼습니다. 그래서 공인중개사 보조원 업무도 하게 되었습니다. 임대 위주의 작은 물건들(다세대, 다가구)을 중개하는데요. 서초구라 양쪽에서 중개수수료를 받으면 꽤 쏠쏠하답니다.
운이 좋게도 첫 계약을 아주 수월하게 했어요.
'이 일 만만한데' 하고 굉장히 쉽게 생각했는데, 몇 건 더 하다 보니 마냥 쉽지만은 않더라구요. 임대인과 임차인이 원하는 조건을 중간에서 잘 조율해야 계약이 원만하게 성사되는데, 서로 맘에 안 들면 이유 없이 중개사에게 화풀이하는 경우도 있구요. 아무렇지 않게 미팅 약속을 어기는 분들도 많아요. 중개사가 확인설명을 잘못하면 금전적으로도 막중한 책임을 져야 하니 더욱 조심스럽지요.
간혹 임차인 입장은 전혀 고려하지 않는 갑질 임대인이 있어요. 그분들은 막무가내로 자기주장만 하지요. 그런 것을 보면, '아! 난 건물주가 되어도 저러지는 말아야지' 하는 맘이 들어요. 임차인의 딱한 사정을 듣다가 저도 모르게 눈물이 그렁그렁한 적도 있었지요. 그러나 중개인은 너무 감정에 휩쓸려선 안 된답니다. 고객에게 끌려다니면 안 되니까요. 마음에 드는 집을 찾아주어 감사하다는 인사를 들으면 뿌듯하기도 합니다.

저는 아직 공인중개사는 아니지만, 경매를 배운 덕에 일반인보다는 업무가 수월한 편입니다. 부동산 용어들을 빨리 이해할 수 있으니까요. 중개사를 하면서 좋은 점요? 개인적으로는 여러 집을 많이 볼 수 있어서 좋아요, 시세 파악도 되고요.

Q 앞으로 어떤 계획을 갖고 계세요?

A 행복한 자산가를 꿈꿉니다.

부동산은 살아가면서 우리와 떼려야 뗄 수 없는 관계에 있습니다. 조물주 위에 건물주라지요. 저는 꾸준하게 부동산 투자를 해서 꼬마빌딩 건물주가 되고 싶어요. 고정적인 임대수익도 얻고, 건물 1층 상가에서 가게 운영을 해도 좋겠지요.

공인중개사 자격증도 도전해 볼까 고민 중입니다. (머리가 녹이 슬어 될지 모르겠지만요.) 노동자가 아닌 행복한 자본가가 되고 싶습니다. 여러분도 부디 부동산을 통해서 경제적 자유를 얻으시길 바랍니다.

PART

2

**이제,
돈 되는 경매다**

아는게
힘이다!
돈을 버는
권리분석

넷째 마당

말소기준권리, 내 돈을 지키는 안전장치

이제, 돈 되는 경매다

21 | 많이 알수록 기회도 많아진다

22 | 돈 되는 경매를 위한 등기부등본 파헤치기

23 | 경매 난이도, 말소기준권리가 말해 준다!

24 | 말소하다, 오직 돈에 얽힌 것만

25 | 말소기준권리 ① 은행 근저당권, 말소기준권리의 시작

26 | 말소기준권리 ① 은행은 손해 보지 않는다

27 | 말소기준권리 ② 가압류 있는 집, 입찰해도 되나요?

28 | 말소기준권리 ③
깨끗한 등기부등본, 경매개시결정만 보면 된다!

29 | 말소기준권리 ④ 이 집은 주인이 있소, 담보가등기

30 | 말소기준권리 ⑤
선순위 전세권·임차권, 다 무서운 거 아닌가요?

31 | 가처분, 너 살아 있니?

Interview ❸
부부가 함께하니 수익도 즐거움도 두 배예요!

많이 알수록
기회도 많아진다

경매에서 권리분석이 돈이 되는 이유

부동산 시장의 활황으로 아파트를 비롯한 주거용 물건이 매매로 처리되는 물건이 많아지자 경매물건은 줄었고, 경매의 대중화로 경쟁자는 늘었다. 더 이상 아파트를 쉽게 낙찰받을 수 없는 환경이 된 것이다.

경쟁이 덜한 물건에 도전하기로 결심하면서 제일 먼저 공부했던 것이 토지다. 토지는 다양한 이유로 경매에 나왔고, 낯선 법률용어들이 자주 등장했다. 위험을 피하기 위해 권리분석을 심도 있게 공부해야 할 필요가 있었다.

권리분석을 공부하다 보니 주거용 물건을 보는 시선도 달라졌다. 서류만으로 점유자의 상황이 눈으로 본 듯 그려졌고, 위험한 물건의 범위가 점점 좁혀졌다. (그럼에도 불구하고, 분쟁이 없는 물건이 여전히 더욱 매력적이긴 하다.)

그러자, 버려지는 과일을 맛있는 잼으로 만들듯이 쓸모없이 보이는 물건도 돈이 될 수 있다는 걸 알았다.

그래서 나는 권리분석의 원리를 이해하고, 법률용어를 하나하나 뜯어가며 공부했다. 다른 투자자들의 경험을 묻고, 배우며, 그동안 한 번도 시도하지 않았던 물건들에 입찰하고 또다시 좌충우돌을 겪었다.

여러분도 나와 함께 낯선 여행을 떠나보자. 더 많은 기회와 더 좋은 수익률을 위한 도전이다. 처음부터 잘되지는 않겠지만, 조금씩 성장할 것이다.

주거용 물건은 권리분석이 정말 중요하다

경쟁도 많고 낙찰가도 높은 경매물건을 보면, 권리분석이 필요하지 않을 만큼 깨끗하다. 그런 집은 늘 매력적이지만, 수익을 내기에는 역부족이다.

반대로 전세와 월세 임차인이 많은 주거용 물건은 권리관계가 복잡한 편이다. 집에 관한 권리라는 것이 사람(임차인 등)과 돈에 얽혀 있는 것이기 때문이다.

사람과 돈에 얽힌 복잡한 사연을 해석하는 것이 권리분석이다. 권리관계가 복잡한 물건은 유찰되기 일쑤고, 아무 문제 없는 집은 일반 매매가보다도 높은 가격에 낙찰된다.

권리분석을 까딱 잘못하면 경매 보증금을 날릴 수도 있지만, 권리분석을 제대로만 하면 흙 속의 진주처럼 좋은 집을 저렴하게 가져올 수 있다.

그래서 나는 돈이 되는 물건을 알아보는 눈을 키웠다. 가압류와 압류의 차이는 무엇인지, 가등기 중 어떤 것이 담보가등기가 되는지, 가처분은 어떻게 해결해야 하는지 등등.

그 덕에 더 많은 물건에 입찰할 수 있었고, 어떤 문제들을 어떻게 해결해야 하는지 노하우도 생겼다.

이 책의 권리분석 부분에서는 실생활에서 자주 접하는 법률용어의 뜻과 원리를 알아보고, 현실에서 어떻게 쓰이는지에 대해 이야기할 것이다.

여러분이 일반인이라면, 다른 사람들과 불편한 상황이 되었을 때(경매를 넣거나, 경매를 당하게 되었을 때) 이 지식을 이용할 수 있을 것이다.

여러분이 임차인이라면, 임차인의 권리를 억울하게 잃지 않을 수 있을 것이다. 여러분이 투자자라면, 경매물건을 선택할 때 도움이 될 것이다. 위험을 판단할 수 있고, 낙찰 후 처리방법을 미리 준비할 수 있을 것이다.

돈 되는 경매를 위한 등기부등본 파헤치기

권리분석의 첫 번째는 등기부등본을 이해하는 것

등기부등본은 집의 이력서다. 등기부등본에는 부동산에 관한 권리관계가 표시되어 있고, 누구든지 수수료를 내면 열람 및 발급할 수 있다. 매매는 공인중개사가 등기부등본을 확인해 주는데, 경매에서는 입찰자 스스로 등기부등본을 보고 권리분석을 해야 한다.

등기부등본은 표제부, 갑구, 을구로 이루어져 있다.

표제부

집의 주소와 면적, 등기원인 등이 기재되어 있는 곳이 표제부이다. 이력서의 인적사항 기재란과 같다. 아파트와 같은 집합건물은 표제부가 두 개 존재한다.

첫 번째는 '1동의 건물의 표시'로, 1동 전체에 대해 각 층의 면적이 다 나온다.

등기사항전부증명서(말소사항 포함) - 집합건물

[집합건물] 경기도 성남시 분당구 정자동 ○○○○ 제16층 제1601호   고유번호 1356-1996-126456

【 표　제　부 】		(1동의 건물의 표시)	
표시번호	접　수	소재지번, 건물명칭 및 번호	건 물 내 역	등기원인 및 기타사항
1 (전 1)	1994년6월15일	경기도 성남시 분당구 정자동 ○○○○	철근콘크리트 슬래브지붕 25층 아파트 1층 245.865㎡ 2층 231.0㎡ 3층 231.0㎡ 4층 231.0㎡ 5층 231.0㎡ 6층 231.0㎡	도면편철장 2책170장

두 번째는 '전유부분의 건물의 표시'다. 해당 물건의 층, 호수, 면적이 표시된다.

【 표　제　부 】		(전유부분의 건물의 표시)		
표시번호	접　수	건물번호	건 물 내 역	등기원인 및 기타사항
1 (전 1)	1994년6월15일	제16층 제1601호	철근콘크리트조 101.99㎡	도면편철장 제2책167장
				부동산등기법 제177조의 6 제1항의 규정에 의하여 2001년 01월 17일 전산이기

갑구

갑구에는 소유권과 관련된 내용이 기재된다. 즉, 소유주의 성명과 생년월일이 기재되어 있다. 주민번호 뒷자리는 별표(*)로 표시된다(과거에는 주민번호 뒷자리로 성별을 알 수 있었다. 지금은 이름으로만 유추할 수 있다). 이 집은 2001년에 매매되

【 갑　　　구 】			(소유권에 관한 사항)	
순위번호	등 기 목 적	접　수	등 기 원 인	권 리 자 및 기 타 사 항
1 (전 3)	소유권이전	1999년6월7일 제70666호	1999년5월3일 매매	소유자 김○○ 64○○○○-******* 서울 도봉구 ○○○○
				부동산등기법 제177조의 6 제1항의 규정에 의하여 2001년 01월 17일 전산이기
1-1	1번등기명의인표시변경		1999년11월1일 전거	김○○의 주소 서울 노원구 중계동 ○○○○ 2001년6월20일 부기
2	소유권이전	2001년6월20일 제43249호	2001년5월20일 매매	소유자 ○○○백(69○ 미합중국 뉴욕주 ○○○○ 5에이(10016)

어 69년생 백씨가 소유주로 되어 있다. 주민번호가 아닌 외국인등록번호가 있으며 한국이름인 것으로 보아 교포로 추정된다.

을구

을구는 소유권 이외의 권리를 기재하는 곳이다. 외환은행에서 2014년에 집을 담보로 한 근저당을 설정하였다(빨간줄이 그어진 권리는 말소된 것이다).

【 을 구 】		(소유권 이외의 권리에 관한 사항)		
순위번호	등 기 목 적	접 수	등 기 원 인	권 리 자 및 기 타 사 항

1	근저당권설정	2014년2월10일
		제8530호
			2014년2월10일
			설정계약
				채권최고액 금559,000,000원
				채무자 이███
				  서울특별시 양천구 목동서로 ███
				  303호.(신정동,███████)
				근저당권자 주식회사한국외환은행 110111-0672538
				  서울특별시 중구 을지로 66(을지로2가)
				  (창동역지점)

등기부등본 요약하기

등기부등본 내용을 정리해서 요약한 것이 경매물건 페이지의 '등기부현황'이다.

등기부현황을 요약할 때는 갑구, 을구 상관없이 접수된 날짜순으로 정리한다. 접수 날짜는 매우 중요하다. 접수 날짜가 정리되어야 말소기준권리를 찾을 수 있고, 말소기준권리를 찾는 것이 권리분석의 핵심이다.

경매 난이도, 말소기준권리가 말해 준다!

원리를 이해해야 하는 이유

조바심을 내는 엄마 맘을 아는지 모르는지, 천하태평인 아이는 제 스스로 잘 자란다. 어느 순간 글을 깨치더니 책을 읽고, 수를 읽는다. 더하기는 긴 자에 표시되어 있는 눈금을 가리키며 숫자놀이로 시작했다.

"일 더하기 일은 뭘까?" 하면서 손가락으로 2를 가리켰다.

"이!!"

"이 더하기 일은?"

"삼."

재미가 들린 아이는 그렇게 한두 번 더 연습을 하더니 순식간에 더하기의 원리를 깨우쳤다. 막무가내로 1+1=2라고 가르치려 든다면 당장 외울 수는 있을지언정 큰 수가 나오면 또 헷갈리게 될 뿐이다. 그래서 이해가 중요하다.

우리는 《나는 돈이 없어도 경매를 한다》에서 말소기준권리 5가지를 외웠다. 이번에는 이 5가지 말소기준권리를 조금 더 깊이 이해해 보려 한다. 말소기준권리를 빠삭하게 이해하면 어떤 전략을 세워야 할지, 큰 수익을 내는 방법도 덩달아 터득하게 된다.

처음엔 그리 차이가 없지만, 시간이 지나면 큰 차이가 난다. 우리는 아이가 셈을 배우듯 원리부터 제대로 깨우칠 것이다.

말소, 없어진다는 뜻인데 뭐가 없어질까?

> **말소기준권리의 탄생**
> 말소기준권리는 민사집행법의 어디쯤 나오는 용어일까요? 신기하게도 말소기준권리는 법률용어가 아닙니다. 법으로 정해진 용어는 아니지만, 경매 권리분석을 위해 만들어진 용어라고 이해하면 돼요.

경매에 나오는 집들은 돈이든 권리든 문제가 있는 집들이다. 어떤 집은 간단한 문제가 있고, 어떤 집은 복잡한 문제가 있는데, 어찌 되었든 문제가 있는 집은 팔 수가 없고, 집주인은 진 빚을 갚을 방법이 없다.

돈을 빌려주는 주체들은 예외없이 문제가 생길 것을 대비해 담보로 잡은 집에 자기들의 권리를 심어놓는다. 말소가 된다는 것은 그 권리들이 말소된다는 것이고, 말소기준권리는 '내 밑으로 전부 나 따라서 쓰그려~' 하며 제일 큰 목소리를 내는 권리이다. 즉, 그 권리를 포함해서 밑에 있는 권리들은 모조리 힘을 잃는다.

아주 복잡한 문제가 있는 집도 법원경매를 통하면 대다수 문제들이 사라진다. 회개를 하면 모든 죄를 사하여 주듯이 문제가 없는 집으로 다시 태어난다.

말소하다,
오직 돈에 얽힌 것만

말소기준권리는 다음과 같은 기본 전제를 깔고 있다.

돈으로 해결이 되는 권리인가, 아닌가.

보통 말소기준권리를 설명할 때 물권과 채권으로 나누어 이야기한다. 쉽게 말해, 돈으로 해결되는 권리(물권)인지 아닌지(채권)다. 물권은 물건에 대한 권리, 채권은 사람과의 관계에서 성립하는 권리라고 생각하면 편하다.

경매는 채권자가 집주인에게 못 받은 무언가를 받아내기 위해 시작된다. 못 받은 것이 돈이라면, 채권자가 배당으로 돈을 돌려받고 나면 문제가 해결된다. (배당할 돈이 남지 않아서 배당받지 못했어도 돈에 대한 권리는 사라진다.) 덕분에 낙찰자는 안심하고 낙찰을 받을 수 있다.

하지만, 돈이 목적이 아닌 권리는 사정이 다르다. 집의 소유권을 주장하는 사람에게는 경매로 배당받을 돈이 문제가 아니다. 그들은 돈이 아니라 소유권을 돌려받겠다는 것이기에 경매로 해결할 수 없다. 이런 권리는 사라지지 않고 계속 자기 목소리를 낸다. 즉, 낙찰자가 인수하게 된다. 그래서 이런 물건은 어렵다. 자칫하면 배보다 배꼽이 커지는 일이 생길 수 있으니까. 그래서 이런 물건에 입찰하려면 그 권리가 정말로 타당하고 법적으로 인정받을 수 있는 것인지를 반드시 확인해 봐야 한다.

기억해 두자. 경매에서 돈이 목적인 권리는 소멸되고, 돈 이외의 다른 목적인 권리는 소멸되지 않는다. 이것이 권리분석의 첫 번째다.

말소기준권리 5가지

돈에 대한 권리 중에서 가장 큰 소리를 내려면 가장 빨라야 한다.

가장 빠른 권리가 말소기준권리가 된다.

그렇다면 등기부등본의 모든 권리를 순서대로 정리한 후 가장 먼저 생긴 권리를 찾아내면 되지 않을까? 그러면 좋겠지만, 그렇게 단순하지 않다. 앞서 설명한 대로 돈이 아닌 사람에 대한 권리를 주장하는 것들이 있다. 이 권리들은 말소기준권리가 되지 못한다.

그럼, 매번 이 권리가 돈에 대한 권리인지 아닌지 어떻게 따지나.

복잡하게 생각할 것 없이 말소기준권리를 이해하기 위해 아래 5개의 공식을 외우기로 한다. (이 다섯 가지는 돈으로 해결되는 권리다.)

> **저 압**의 **개**님이 **담**벼락을 **전세**냈네.
> ① (근)저당권, ② (가)압류권, ③ 경매개시결정 ④ 담보가등기 ⑤ 선순위 전세권

① (근)저당권은 집을 살 때 받은 대출이거나 집을 담보로 빌린 대출이다.

② (가)압류는 빚쟁이, 즉 채권자가 돈을 받아낼 수 있도록 채무자인 집주인이 재산을 마음대로 처분하지 못하게 하는 절차다.

③ 경매개시결정은 경매 시작 사실이 등기된 것이다.

④ 담보가등기는 집주인이 빚 대신 집을 주기로 한 것이다.

⑤ 선순위 전세권은 다른 권리보다 앞선 전세권이다(단, '가장 먼저, 건물 전체, 배당요구 또는 경매신청'이라는 3가지 요건을 충족해야 한다).

위의 다섯 가지 이외의 다른 권리는 가장 먼저 설정되었다고 하더라도 말소기준권리가 될 수 없다. 경매 유료정보 사이트에서는 말소기준권리를 '소멸기준'이라고 표시한다. 유료정보 사이트에서 말소기준권리를 표시해 주기에 헷갈리는 일은 없지만, 경매를 하는 사람이라면 말소기준권리 정도는 혼자서 찾을 수 있어야 한다.

외우자. 저 압의 개님이 담벼락을 전세냈네.

말은 안 되지만, 다섯 가지 말소기준권리는 이렇게라도 외워야 한다.

모든 법칙이 그러하듯이 예외가 있다

예고등기, 가처분등기, 유치권, 지상권은 말소기준권리 아래에 있더라도 인수될 수 있다. 반드시 인수되는 것은 아니지만, 인수되는 경우도 있기에 조심해야 한다. 어떤 경우에 인수가 되고, 어떤 경우에 소멸될까. 이건 일일이 따져봐야 한다. 법원에서 진행 중인 소송 결과에 따라, 혹은 권리를 주장하는 사람의 조건에 따라 인수 여부가 달라진다. 그때그때 상황에 따라 인수 여부가 달라지는 셈이다. 인수 여부가 애매할 때는 재판을 해서 가리기도 한다. 그래서 예외권리가 있는 물건은 조금 더 어렵다.

- **예고등기** : 등기 자체에 문제가 있다는 것을 알리는 법원의 경고다. 이 집에 어떤 소송이 진행 중이라는 뜻이다.
- **가처분등기** : 집을 사는 사람의 권리를 보호하기 위해서 집주인이 부동산을 처분하지 못하도록 등기부에 금지사항을 써넣는 것을 말한다.
- **유치권** : 공사업체나 인테리어 업체가 공사대금을 받기 위해 집을 점유하는 권리를 말한다. 주거용 집에 대한 유치권은 성립되지 않는 경우가 많지만, 명도에는 어려움이 있을 수 있다.
- **(법정)지상권** : 지상권은 소멸하지만, 법정지상권은 예외다. 집 따로 땅 따로일 때 생기는 권리다. 건물과 땅의 주인이 달라서 분쟁의 소지가 있다는 뜻이다. (13장 법정지상권에서 설명)

뒤에 '등기' 자가 붙어 있는 예고등기와 가처분등기는 등기부에 기재된다. 유치권과 지상권은 등기부에는 표시되지 않지만, 법원에서 작성하는 서류인 매각물건명세서에 기재된다. 실수로 못 보고 지나칠 일은 없으니 걱정 마시라.

| 말소기준권리 ❶ 근저당권 |

은행 근저당권, 말소기준권리의 시작

말소기준권리를 배우는 이유는 경매의 위험을 피하기 위해서다. 혹은 약간의 위험을 감수하고 수익률이 높은 물건에 입찰하기 위해서이기도 하다.

그 출발선에 근저당권이 있다. 은행 대출을 알아본 적이 있는 사람이라면 적어도 한 번은 접해 보았을 근저당권! 경매를 하면서 반드시 알아야 할 필수 지식이다.

전세난에 대출받아 집을 산 명수씨

명수씨는 2011년 상계동 주공아파트에서 전세로 신혼살림을 시작했다. 당시 전세금은 1억 5000만원, 2년 후 1억 9000만원으로 전세금이 올랐다. 어렵게 모은 적금을 헐어 4000만원이나 전세금을 올려주었다. 올해도 재계약을 하려면 4000만원을 또 올려줘야 한다. 4년 새 8000만원이 오른 셈이다. 맞벌이로 어럽게 부은 적금으로도 모자라 대출을 받아야 할 형편이다.

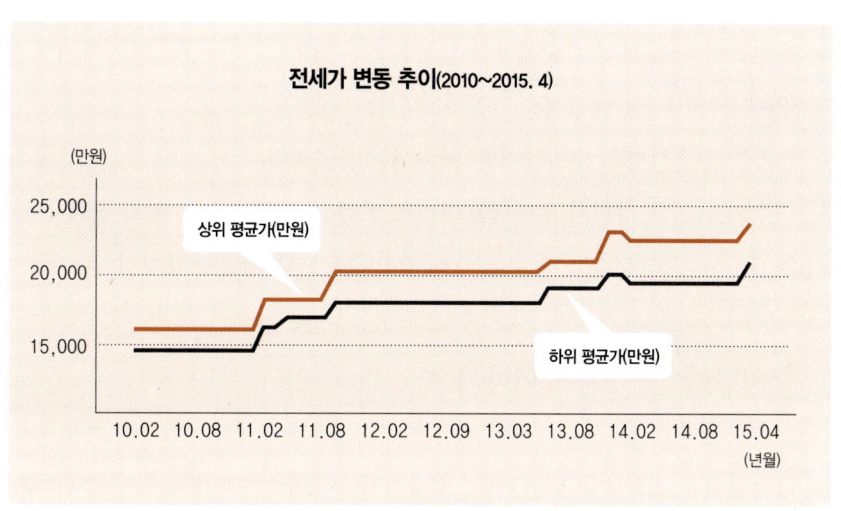

"지금 살고 있는 집 전세금이 1억 9천만원이에요. 가진 현금은 천만원뿐이고요. 나머지는 대출을 받아야겠지요? 대출은 한 번도 안 받아봤는데…."

명수씨는 부동산중개사무소에서 맘에 드는 집을 소개받았다.

가진 돈이 2억, 집값이 3억이니, 모자란 1억원을 대출을 받기로 결정했다. 부동산에서 대출조건이 좋은 은행을 소개해 주었다.

은행직원이 한 무더기의 서류를 넘겨주며 말한다.

"서류가 좀 많아요. 다 사인하셔야 합니다."

"네, 정말 많네요."

"여기 대출금액 칸에 일억이천만(1억 2000만)이라고 써주세요."

"네? 제가 대출받는 금액은 1억원인데요."

"네, 맞아요. 근저당설정 금액은 120%랍니다. 그래서 1억원의 120%인 1억 2

천만원이라고 쓰시는 거예요."

"아… 그래요?"

정신없이 수십 장의 대출서류를 작성한 명수씨.

'은행직원이니 잘 알겠지? 나, 잘하고 있는 거겠지?'

은행직원이 설명은 해주었지만, 명수씨는 불안하다.

명수씨는 집을 사면서 주택담보대출을 받았고, 은행은 명수씨의 집에 근저당을 설정한 것이다. 근저당…, 듣기는 많이 들었는데 정확히 무엇일까?

근저당에 대한 3가지 이야기

근저당권은 저당권의 일종이다. 명수씨가 (근)저당권에 대해 알아야 할 3가지 이야기가 있다.

1 | 저당권이 무엇일까?

저당권은 돈을 빌려주는 사람(채권자)이 집주인(채무자)의 집을 담보로 하는 것이다. 이 집에 빚이 있다는 것을 사람들에게 알리기 위해 집의 부동산등기부에 설정등기를 한다. '이 집에 이 정도 액수의 빚이 있다. 집주인이 내게 갚아야 할 돈이다'라고 표시하는 것이다.

(근)저당이 설정되면, 집을 담보로 추가로 빚을 내기 어렵다. (근)저당은 이렇듯 등기부등본에 돈을 빌려준 사실을 공시함으로써 집주인이 이 집을 담보로 또다시 빚을 끌어 쓰지 못하게 하기 위한 목적도 있지만, 궁극적으로

우선변제

경매가 진행되어서 낙찰이 되면 법원은 낙찰대금을 채권자들에게 나누어줍니다. 이때 돈 받을 권리가 있는 사람들이 돈을 돌려받는 것을 우선변제라고 하는데, 그 순서가 등기부상의 등기 순서로 정해집니다. 먼저 등기된 사람이 먼저 받는 것이죠.

는 돈을 쉽게 돌려받기 위해서다. 근저당권자는 돈을 돌려받을 법적 권리를 가진다. 즉, 명수씨가 이자를 연체하거나 원금상환시기가 되었는데도 돈을 갚지 않는다면, 근저당권자는 경매신청을 할 수 있고, 다른 빚으로 인해 집이 경매로 넘어간 경우 우선변제를 받을 수 있다.

2 | 저당권과 근저당권은 무엇이 다를까?

저당권은 대출금액만큼만 담보로 잡는 것을 말하는데, 채권액이 명확히 정해져 있기 때문에 중간에 일부라도 빚을 갚으면 효력을 잃는 특성이 있다. 한마디로 까칠한 일회성 권리라고 보면 된다. 예를 들어 살펴보자.

집을 산 명수씨가 대출받은 금액은 1억원이다. 명수씨가 이자뿐 아니라 원금도 갚아나간다면, 1년 뒤 원금이 8천만원으로 줄어들 수도 있다. 반대로, 이자를 제때 내지 못해 연체이자까지 밀리면, 빚이 1억 5천만원이 될 수도 있다.

빚의 크기가 달라질 때마다 저당권을 다시 설정해서 금액을 바꾸어야 한다면 돈을 빌려주는 은행 입장에서는 무척 번거롭다. 그래서 은행은 돈을 돌려받을 한도인 '채권최고액'을 정한다. 보통 1금융권 은행에서는 빌린 원금의 120%, 2금융권에서는 130%로 채권최고액을 설정한다. 채권자인 은행은 설정한 채권최고액 한도 내에서 채권을 보장받을 수 있다. 이것이 바로 근저당이다.

예를 들어 1억원을 빌렸다면, 저당권은 정확히 1억원을 설정하지만, 근저당권 설정금액은 채권최고액에 따라 1억원＋알파(α)가 된다.

> **금융권의 분류**
>
> 1금융권은 국민은행, 신한은행 등 일반 시중은행을 말하고, 2금융권은 지역농협, 축협, 수협, 새마을금고 등을 말합니다. 2금융권은 1금융권보다 1~2% 정도 높은 이율을 적용합니다. 3금융권은 저축은행과 사금융(대부업체)인데, 사금융은 금리가 비쌀 뿐 아니라 신용도에도 악영향을 미치므로 이용은 금물이에요. 경매를 하는 사람은 큰돈을 빌려야 하기에 신용도가 매우 중요합니다.

3 | 등기부등본의 근저당권 설정금액과 실제 배당금은 다를 수 있다

근저당권자의 배당금액이 실제 얼마인지는 낙찰자에게 중요하다. 설정된 금액보다 남은 빚이 적어서 배당금액이 집주인에게 남겨지거나, 세입자에게 조금이라도 더 배당이 된다면 명도가 훨씬 수월하기 때문이다.

명수씨의 집이 경매가 되었다고 가정해 보자. 명수씨가 빌린 돈은 1억원이고, 근저당권 설정금액은 1억 2천만원이다. 명수씨가 이자를 연체해 빚이 늘었다 해도 은행은 채권최고금액인 1억 2천만원까지만 배당받을 수 있다.

이런 내용은 등기부등본상에 나타나지 않기 때문에, 입찰자는 알 수 없다. 그렇지만 현실에서 근저당권 설정금액 한도를 넘을 때까지 내버려두는 은행은 없다. 벌써 경매를 진행시키고도 남았다.

반대로 채권최고액보다 배당할 금액이 적은 경우는 종종 있다. 명수씨가 그동안 원금을 상환했다면, 배당할 금액은 1억원이 안 될 수도 있다. 채권최고액이 1억 2천만원으로 설정되어 있더라도, 중간에 빚을 일부 갚았다면 실제 은행 배당금은 1억 혹은 8천만원이 될 수도 있는 것이다. 채권자인 은행이 가져갈 실제 배당금액이 근저당권 설정금액보다 적으면 후순위 우선변제권이 있는 임차인에게도 보증금 배당이 더 될 수 있다. 혹은 소유주에게 일부 배당금액이 돌아갈 수도 있다.

배당금이 남아 점유자에게도 배당이 돌아가면 명도가 순조롭다.

> **경매에서 변경이 되는 이유**
>
> 근저당권자인 은행이 경매신청을 하면 신청 시점을 기준으로 배당할 금액이 확정됩니다. 더 이상 이자가 늘지 않는 것이죠. 하지만, 다른 채권자가 경매신청을 하면 근저당권자(은행)의 배당금액은 낙찰자가 잔금을 납입할 때 확정됩니다. 낙찰잔금 납부일까지 고리의 지연이자가 더해지기 때문에 은행은 경매 변경신청을 하기도 합니다.

| 말소기준권리 ❶ 근저당권 |

은행은 손해 보지 않는다

은행 대장 나가신다, 길을 비켜라~

경매로 낙찰되면 은행의 근저당은 소멸한다. 늘 그렇다. 근저당은 돈 문제이니까. 때문에 근저당은 입찰자에게 안전한 권리다(근저당은 일반매매로는 소멸되지 않는다).

만약 근저당 앞에 다른 채권금액이 있다면 근저당 설정자는 손해를 보는 구조다. 은행은 절대 손해 볼 가능성이 있는 근저당을 하지 않는다. 덕분에 은행 대출의 정황으로 보면, 세입자가 집주인의 가족인지 아닌지 유추가 가능하다.

예를 들어보자. 아래 물건을 보면, 집에 임대차관계 미상의 선순위 임차인이 있다. 이 임차인은 배당요구를 하지 않아서 배당에서 제외된다. 말소기준권리인 근저당보다 앞선 선순위 임차인의 보증금은 낙찰자가 인수하는 것이 원칙이다.

임차인현황	건물소멸기준 : 2014-04-25	배당종기일 : 2015-11-09					매각물건명세서 / 예상배당표
순위	성립일자	권리자	권리종류(점유부분)	권리금액	신고	대항	참조용 예상배당여부 (최저가 기준)
1	전입 2003-11-28 확정 없음 배당 없음	조▇	주거임차인 211호		X	있음	현황조사 권리내역
-	조▇ : 임대차 관계 미상임						
본건 조사서의 조사내용은 현장 방문과 전입세대열람 내역 및 주민등록표 등본에 의한 조사사항임. (세대 출입문에 임차인의 권리신고 방법 등이 기재된 '안내문'을 부착해 놓았음)							

건물 등기 사항	건물열람일 : 2015-08-28					등기사항증명서
구분	성립일자	권리종류	권리자	권리금액	상태	비고
갑1	1991-12-13	소유권	문▇		이전	매매
갑2	1999-03-05	소유권	백▇		이전	매매
을9	2014-04-25	(근)저당	아주캐피탈	180,000,000원	소멸기준	(주택) 소액배당 8000 이하 2700 (상가) 소액배당 3000 이하 1000
을11	2015-01-29	(근)저당	이▇	48,000,000원	소멸	
을11-1	2015-04-01	가처분(근저당)	신용보증기금		해제	근저당권가처분 가처분등기말기 2015.06.08 해제
갑7	2015-02-24	가압류	신용보증기금	40,410,000원	소멸	
갑8	2015-04-02	가압류	현대캐피탈	4,064,109원	소멸	
갑9	2015-04-10	가압류	신한카드	10,794,250원	소멸	
갑10	2015-07-24	압류	국 - 남인천세무서		소멸	(개인납세2과▇▇)
갑11	2015-08-17	임의경매	아주캐피탈	청구: 155,753,705원	소멸	2015타경▇

그런데 이 집의 근저당권자는 아주캐피탈이고, 시세는 2억이다. 근저당은 130%(아주캐피탈은 2금융권이다)로 설정했을 터, 1억 8천만원이 설정되었으니 아마 실대출금액은 약 1억 4천만원 정도 될 것이다.

임차인이 있는 집에 대출이 1억 4천이 나갔다? 불가능하다. 실제 세입자가 아닐 가능성이 매우 높다. 2금융이라도 은행은 선순위 세입자가 있는 집에 대출을 쉽사리 해주지 않는다. 설령 해준다 하더라도 보증금만큼 제하고 빌려준다. 기존 임차인이 있으면, 모두 전출시키라고 요구한다. "야, 다 비켜" 하면서 맨 앞에 서야 직성이 풀린다. 그뿐인가. 대출 실행 당일에 전입세대열람을 해서 전입한 사람이 있는지까지 반드시 확인한다. 그러니 이상할 밖에.

하지만, 정황상 그렇더라도 선순위 임차인은 위험한 존재다. 유추만으로 성급히 투자하기에는 위험성이 있다. 현장확인은 필수다.

이 임차인은 가족일까?

2억짜리 집에 대출이 1억 4천만원인 이 집의 선순위 임차인은 가족일 가능성이 많다. 아마도 은행은 무상거주확인서를 가지고 있을 것이다. 은행이 무상거주확인서를 가지고 있다면 선순위 임차인은 더 이상 어려운 상대가 아니다.

근래에는 매각물건명세서에 기재해 주는 경우도 종종 있다. 심증은 있는데, 서류상 기재되어 있지 않다면 어찌할까? 은행에 물어보면 가르쳐줄까? 안타깝지만, "개인정보라 알려드릴 수 없습니다"라는 답변을 듣게 될 것이다.

이양이 관심 있던 물건이 딱 그런 물건이었다. 매각물건명세서에는 무상거주확인서 내용이 없지만, 정황상 가족인 듯한 선순위 임차인이 있는 집이다.

"개인정보보호법으로 뭐라 말씀드리기 힘듭니다."

은행직원의 거절 멘트.

"아~ 그렇지요. 근데요, 제가 전 재산을 걸고 한번 해보려고 하는데, 한 번만 도와주시면 안 될까요?"

애처롭고 끈질긴 설득 끝에 담당자의 애매한 대답이 돌아왔다.

"잠시만요. (서류를 살피는 듯하더니) 뭐라고 말씀드리기는 그렇지만, 하셔도 괜찮지 않을까요."

은행 담당자는 답변을 할 의무도 책임도 없다. 때로는 알려주고 싶어도 말을 할 수가 없다. 규정이 그러하니까. 스무고개하듯 재치 있게 물어라. 담당자는 알고 있다. (이양은 현장에서 이 집의 임차인이 가족임을 확인할 수 있었다.)

1번 불허가 & 2번의 미납 후 네 번째에 낙찰된 집

아래 집에는 선순위 임차인이 살고 있다. 첫 입찰기일에 낙찰자는 불허가를 받아 보증금을 돌려받았지만, 두 번째와 세 번째 낙찰자는 미납으로 보증금을 날려야 했다. 네 번째 낙찰자는 1억원가량 저렴하게 낙찰을 받았는데, 그간 매매가가 오른 것을 감안하면 2억원가량 저렴하게 낙찰받았다.

이 집이 이렇게 복잡한 사연을 갖게 된 것은 대항력 있는 임차인의 무상거주확인서 때문이다. 채권자인 은행이 임차인에 대한 무상거주확인서를 제출했고, 입찰자들은 임차인이 소유주의 가족이거나 임대차관계가 없는 무상임차인일 것으로 생각했다. 정황상 분명 그랬다.

그런데, 채권은행이 무상거주확인서를 갖고 있는 것과 별개로 임차인은 '본

> **잠시 주소를 빼줬으면…**
> 집주인이 대출을 갈아타려고 하는데, 임차인이 있는 집은 대출이 안 나옵니다. 어찌하면 좋을까요? 집주인이 요청해 임차인이 주소를 다른 곳으로 옮기는 순간 임차인의 순서는 밀리죠. 하지만, 소액임차인의 보증금은 최우선변제권으로 먼저 배당되므로 소액임차인이라면 잠시 주소를 빼달라고 해도 임차인에게 피해가 없습니다.

인이 임차인임을 주장'하고 있었고, 이를 증명할 서류도 있었다. 보증금을 입금한 이체내역서나 임대차계약서 등 증거를 가지고 있는 임차인은 자신의 보증금을 반환받을 권리가 있다. 이 때문에 두 명의 입찰자가 피 같은 보증금을 몰수당했다.

사람의 일이라는 게 정말 다양하니, 선순위 임차인은 일단 조심하고 볼 일이다.

다시 확인하자.

말소기준권리의 첫 번째 권리는 (근)저당권이다.

| 말소기준권리❷ 압류 · 가압류 |

가압류 있는 집, 입찰해도 되나요?

압류는 국가기관이 채무자의 재산을 확보하는 것을 말한다. 압류 신청을 한 채권자를 위해 채무자가 재산을 처분하지 못하게 하는 것이다. 가압류는 압류나 그 외 조치를 하기 위한 임시압류 정도 되겠다.

은주씨는 근래 어려운 일을 겪었다. 10여년 전부터 알고 지낸 친구에게 거금을 빌려주었는데, 돌려받지 못한 것이다.

"이제는 전화도 안 받더라구요."

은주씨는 분에 못 이겨 씩씩거렸다. 은주씨가 미영에게 돈을 빌려준 것은 벌써 2년 전.

빌려준 돈이 모두 1500만원이다. 처음에는 이자를 꼬박꼬박 보내오더니 6개월째 감감무소식이다.

은주씨는 돈을 돌려받기 위해 미영의 재산을 압류하기로 마음먹는다. (현실에서 개인간 거래로 떼인 돈은 압류로 경매신청을 해서 돌려받기가 쉽지 않다. 소송으로 판결을 해서 법원의 허락이 떨어져야 하기 때문이다.) 그런데 은주씨가 막상 미영의 재산에 압류를 하려 하니, 미영은 이미 가진 재산이 없었다.

"기다리다 못해 일부라도 갚아달라고 하니까, 그 친구 돈이 하나도 없더라구요. 집도 상가도 다 없어졌어요. 분명 사업이 잘되던 친구였는데, 정말 돈이 없는 걸까요?"

돈 받을 액션을 취하려고 하면 채무자는 이미 돈이 없다. 그래서, 재산을 빼돌리지 못하게 가압류 설정을 먼저 하는 것이다. 가압류는 "이 집에 내가 돈 받을 거 있거든. 아무도 건들지 마"라는 뜻이다. 가압류권자가 이 집 주인에게 못 받은 돈이 있으니 다들 아시라는 뜻. 가압류는 압류보다 빠르고 간단하다.

압류는 법원에서 허락이 떨어지면 가능하다. 그래서 대부분은 가압류를 설정해 놓은 뒤 본격적으로 압류 소송을 진행한다. 둘 다 입찰자에게는 반드시 확인하고 가야 할 권리들이다.

가압류는 양보 안 해줘요, 절대

만약 제3자가 이 집을 샀다면 이 집에 가압류가 된 것을 알고 샀으니 선의의 제3자라고 볼 수 없다(어떤 사실을 알지 못하는 것을 선의라고 한다). 제3의 누군가가 이 집을 산 후라도 가압류권자가 소송에서 이기면, 제3자도 함께 책임을 진다.

"내가 이미 가압류했잖아. 다 알고 샀으니 네가 책임져라" 할 수 있다.

때문에 가압류가 있는 집은 일반매매로 거래가 안 된다. 하지만, 경매에서는 (돈에 관한 권리이기에) 항상 소멸한다.

가압류는 그 자체로는 경매를 신청할 수 없고, 나중에 압류를 하기 위한 순위를 보전하는 정도이다. 가압류를 미리 해놓고 압류를 위한 소송을 진행해 압류가 결정되면, 그때 가압류된 부동산에 대해 경매신청을 한다.

만약 채무자가 집 명의를 바꾸고, 돈도 빼돌렸다면 사해행위취소소송으로 빼돌린 재산을 되찾아올 수 있다. 사해행위는 돌려줘야 할 돈을 주지 않으려고 돈을 빼돌리는 행위를 가리킨다. 사해행위취소소송을 통해 빼돌린 재산을 원래 주인의 명의로 다시 돌려놓고 경매로 채권을 회수할 수 있다. 하지만, 빼돌린 재산이 어디에 있는지 알아내는 일이 여간 어려운 게 아니다.

은주씨는 아직도 떼인 돈을 돌려받지 못하고 있다. 친한 사이일수록 개인간 금전거래는 하지 않는 게 여러모로 좋다.

압류의 흔한 예

경매에서 압류는 빌려준 돈이나 못 받은 돈 때문이다.

1. 가장 흔한 예가 카드대금 미납에 의한 압류다.
2. 세금 체납으로 인해 압류가 들어오기도 한다.
3. 국민건강보험 등의 압류도 가끔 있다.
4. 직원들 월급을 못 주면 임금채권의 압류도 들어온다.
5. 개인의 이름으로 된 압류는 개인적으로 빌려주고 못 받은 돈이다. 간혹 개인 사채업자도 있다.

일반 주거용 물건에서 말소기준권리는 대부분 근저당이다.

토지나 상가는 압류나 가압류가 말소기준권리가 되는 경우도 있다.

아래 예시에서 말소기준권리는 근저당이지만, 압류가 어떻게 들어온 것인지, 어떤 사연이 있었는지 추리해 보자.

구분	성립일자	권리종류	권리자	권리금액	상태	비고
갑1	1990-08-10	소유권	봉■■		이전	매매
을1	1990-08-10	(근)저당	국민은행	9,100,000원	소멸기준	(주택) 소액배당 1500 이하 500 (상가) 선순위담보물권기준 상임법 보호대상아님
갑2	1997-04-28	압류	안성군		소멸	(재무13410-732)
갑3	1999-04-22	압류	충남천안시		소멸	(세정13410-2125)
갑4	2002-03-06	가압류	■■건설산업	15,000,000원	소멸	
갑5	2014-10-01	강제경매	■■건설산업	청구: 25,000,000원	소멸	2014타경■■(배당종결)

임차인현황: 매각물건명세서상 조사된 임차내역이 없습니다
건물 등기 사항 ▶ 건물열람일: 2014-10-22

이 집은 안성군과 천안시에 세금 체납으로 인한 압류가 2건 있고, ○○건설회사에서 가압류로 채권을 보전했다가 가압류를 한 지 12년이 지난 2014년에야 강제경매를 신청해서 경매가 진행됐다.

안성군과 천안시의 오래된 압류는 배당으로 소멸될 것이므로 입찰하는 우리에게는 권리상 아무 문제 없는 깨끗한 물건이다. 괜히 '압류'라는 생소한 단어 때문에 맘 졸일 필요 없다. 적정 가격이라면 입찰하면 된다. 세금 압류 물건은 경매에도 있지만, 주로 공매 사이트인 온비드에서 만날 수 있다(공매는 여덟째 마당에서 자세히).

아래 예시의 집은 주인이 집을 살 때 은행에서 대출을 받고, 1년 뒤 집을 담보로 추가대출을 받았다. 2014년부터 7군데에서 가압류가 계속적으로 들어왔는데, 현금흐름이 아주 어려워 보인다. 자동차를 구입할 때 받은 캐피탈 대출과 카드대금까지 연체한 것을 보면 이리저리 빚을 돌려막았다는 것을 알 수 있다. 결국 경매는 은행과 유동화회사에서 신청했는데, 은행의 대출이자까지 내

지 못했기 때문이다.

구분	성립일자	권리종류	권리자	권리금액	상태	비고
갑1	2010-06-21	소유권	한국토지신탁		이전	보존
갑2	2012-04-03	소유권	위▇▇	(거래가) 311,962,727원	이전	매매
을1	2012-04-03	(근)저당	우리은행	180,000,000원	소멸기준	(주택) 소액배당 5500 이하 1900 (상가) 소액배당 3000 이하 900
을2	2013-09-16	(근)저당	우리은행	78,000,000원	소멸	
갑3	2014-03-07	가압류	도이치파이낸셜	137,128,710원	소멸	
갑4	2014-03-07	가압류	신한캐피탈	83,619,172원	소멸	
갑5	2014-04-01	가압류	신용보증기금	90,000,000원	소멸	
갑6	2014-04-10	가압류	제이비우리캐피탈	74,178,825원	소멸	
갑7	2014-05-16	가압류	우리카드	21,562,042원	소멸	
갑8	2014-08-01	가압류	농협은행	64,150,090원	소멸	
갑9	2014-10-14	가압류	우리은행	53,000,000원	소멸	
갑10	2014-10-24	임의경매	우리은행	청구: 154,083,240원	소멸	2014타경▇▇▇▇ (배당종결) 유에스더블유제이차유동화

이런 집의 집주인은 진짜 돈이 없다. 돈이 없는 집주인은 당장 이사를 나가기 힘들 것이라는 예상이 된다. 낙찰받는다면, 이삿짐센터 트럭 비용 정도는 명도비로 예상하는 것이 좋다.

저당권과 압류는 어떻게 다른가

저당권과 압류 중 저당권이 더 세다고 볼 수 있다. (물론 순서상 가장 앞서 있는 권리가 세다.)
근저당은 대출서류에 자서(자필서명)할 때 이미 동의했다. '내가 빚을 갚지 못하면 내 집을 맘대로 하세요. 경매로 넘겨도 좋습니다'라는 사인을 이미 한 것이다.
하지만, 압류는 판사 앞에서 "이러이러한 과정을 거쳐 돈을 빌려줬는데, 못 받았어요. 그 금액은 얼마고, 그 증거는 이것이고" 하면서 계속 이야기를 해야 한다. 서류상으로 보면 별 차이가 없지만, 근저당권은 절차가 간단하고, 압류는 복잡하고 귀찮고 지루하다.
(돈을 빌려주려면 근저당권으로 하세요. 안 빌려주는 게 제일 좋지만요.)

근저당은 담보로 제공한다는 약정계약서가 있기 때문에 비교적 간단한 절차로 경매진행이 가능하다. 이것을 임의경매라고 한다. 반면에 압류는 담보가 따로 없다. 그래서 법원의 판결인 집행권원이 필요하다. 압류로 진행되는 경매는 강제경매라고 한다.
경매는 절차상 임의경매와 강제경매로 나뉘지만, 입찰자에게는 별 차이가 없다.

| 말소기준권리 ❸ 경매개시결정 |

깨끗한 등기부등본, 경매개시결정만 보면 된다!

경매가 진행되는 것을 경매개시결정이라고 한다.

채권자가 경매를 신청하고, 법원이 그 신청을 받아들여 경매가 시작되면, 등기소에서는 촉탁으로 해당 물건의 등기부등본에 '경매개시결정'이라고 적는다.

앞선 권리가 하나도 없는 상태에서 경매개시결정이 되면, 경매개시결정이 말소기준권리가 된다.

아래 물건은 신한카드에서 압류 없이 바로 경매신청을 해 경매가 시작됐다. 앞선 권리가 없으므로 경매신청 그 자체, 즉 경매개시결정이 말소기준권리가 된다.

등기촉탁

신청하는 사람이 없어도 등기소에서 직접 등기를 하는 것을 말해요. 평소에는 신청자가 신청을 해야 등기를 하는데, 특별한 사항인 경우에는 등기소에서 직접 등기를 합니다. 등기부등본에 곧 경매가 개시될 집이라고 예고하는 것은, 손해 보는 사람이 없도록 하기 위함이에요.

구분	성립일자	권리종류	권리자	권리금액	상태	비고
갑1	1962-08-07	소유권	김		이전	상환완료
갑2	2008-12-01	소유권	김		이전	협의분할에 의한 상속
갑5	2015-09-25	강제경매	신한카드	청구: 105,132,141원	소멸기준	2015타경

토지 등기 사항 ▶ 토지열람일 : 2015-10-07

압류나 근저당 없이 바로 경매가 시작되는 경매개시결정

성은씨는 요식업계 사업가다. 몇년간 열심히 일한 덕에 지점도 여러 개 냈다.

"사업이 잘되니 동업자와 문제가 생겼어요. 동업자에게 지분을 양도하고 저는 그만두기로 했지요. 그런데, 벌써 1년이 되도록 약속한 돈을 주지 않아요."

보아하니 동업자는 성은씨에게 돈을 줄 생각이 없다. 뿐만 아니라 거래처에 지급해야 할 대금까지 성은씨 앞으로 미뤄서 매우 곤란한 상황이 되어버렸다. 참다못한 성은씨가 동업자의 재산을 압류하려 했지만, 동업자는 이미 재산이 하나도 없었다. 사업체와 재산을 다른 사람 명의로 벌써 돌려놓은 것이다.

"혹시 몰라서 동업자의 지인을 보증인으로 세워 공정증서를 받아두었지요. 얼마나 다행인지 몰라요."

성은은 동업자의 지인 명의로 된 집과 땅에 경매신청을 하기로 했다. 이미 받아둔 공정증서가 있었기에 다른 절차 없이 바로 경매신청이 가능했다.

근저당설정 등이 없는 강제경매 신청은 집행권원이 있어야 한다. 집행권원은 집행력이 부여된 공정증서를 말하는데, 재판에 준하는 효력을 가진 서류나 공증사무소나 법률사무소에서 작성한 공정증서여야 한다.

계약서에 '계약 불이행시 강제집행을 하여도 이의가 없다'는 조항을 넣어두면 집행권원이 된다. 근저당 없이 돈을 빌려줘야 하는 상황이라면 공정증서를 받아두자. 그럼 문제가 생겼을 때 바로 강제경매를 넣을 수 있다.

성은씨 동업자의 지인은 동업자가 '형'이라고 부르는 사람이다. 친형제 이상으로 우애가 돈독했다고 한다. 친한 동생에게 잠시 보증을 서준 대가가 어마무시하다. 보증이라는 것이 이렇게 무섭다. 이렇든 저렇든 간에 동업자의 아는 형은 꼼짝없이 친한 동생의 빚을 갚아주어야 할 것이다.

| 말소기준권리 ❹ 담보가등기 |

이 집은 주인이 있소, 담보가등기

가등기는 가짜 등기니까 괜찮을까?

집을 사면 등기부에 새 집주인 이름 석 자를 적는다. 이것을 등기라고 한다. 일반적으로 집을 사면 잔금을 치름과 동시에 소유권이전등기를 한다.

집을 사면 당연히 해야 하는 등기. 그런데, 간혹 등기가 늦어지는 경우가 있다. 집을 팔고 사는 당사자에게 피치 못할 사정이 있어서(세금, 건강 문제 등) 어쩔 수 없이 매매시기를 늦춰야 하거나, 잔금을 다 치르지 못하고 매매 예약만 하는 경우도 있다. 이때 하는 것이 가등기다. 가등기는 '내게 이 집을 등기할 권리가 있다'고 만천하에 표시하는 것으로, 소유권이전등기 대신에 하는 최소한의 안전장치다.

가등기의 종류는 2가지다. 소유권이전청구권가등기와 담보가등기. 이 둘은 경매에서 차이가 아주 크다. 결론적으로는 소유권이전청구권가등기는 위험하고, 담보가등기는 안전하다. 소유권이전청구권가등기는 집의 소유권을 목적으로, 담보가등기는 돈을 목적으로 한다는 차이가 있다.

그런데 등기부등본을 보면 둘의 구분이 모호하다. 그냥 가등기라고만 쓰여 있다. 그러니 등기부등본만 보고 판단을 할 수가 없다. 하지만 고민 마시라. 우리는 이것을 판단할 수도 없고 판단할 필요도 없다. 판단은 법원이 알아서 해준다.

경매가 진행되면 법원은 "어, 가등기가 있네. 가등기권리자야, 이 가등기가 어떤 가등기인지 말하렴. 담보가등기면 빌려준 돈 배당해 줄게. 보존을 위한 가등기면 입찰자를 위해 표시해야 하거든" 하는 내용의 서류를 보낸다.

가등기채권자는 이에 답해야 한다. 가등기채권자가 아무 신고도 하지 않는다면 법원은 이 가등기를 소유권보존을 위한 가등기로 본다. 담보가등기 권리자라면 법원에 서류와 금액을 제출할 테고, 법원은 담보가등기라고 표시한다.

법원에서 써준 것은 믿을 수 있나? 당연하다. 법원이 판단하는 대로 우리도 판단한다. 법원이 담보가등기라면 담보가등기인 것이다.

선순위라면 아주 조심해야 할 소유권이전청구권가등기

실제로 잔금을 주고 부동산 거래를 했지만, 어쩔 수 없는 사정으로 소유권이전 시기를 늦춰야 한다면 소유권이전청구권가등기를 한다. 가등기권리자는 언제라도 등기만 하면 바로 소유권을 가질 수 있다. 청구권 보전은 부동산에 권리변동이 있을 때 순위를 보전한다는 뜻이다. 다른 사람, 즉 제3자보다 우선적으로 이 집을 본등기할 권리를 미리 확보해 두는 것이다.

만약 이런 집을 산다면? 정말 위험천만하다. 만약 내가 이런 집을 사서 먼저 본등기를 했더라도 기존 가등기권리자가 본등기를 해버리면 나는 소유권을 잃게 된다. 가등기권리자가 나보다 늦게 등기를 해도 가등기를 한 시점에 등기를 한 것으로 치기 때문이다. (이것을 어려운 말로 '가등기에는 소급효과가 있다'라고 한다.)

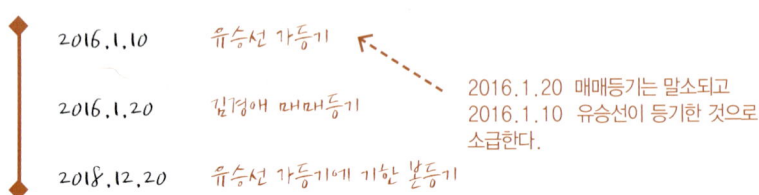

이는 경매에서도 예외없이 적용된다. 낙찰을 받았더라도 선순위 가등기가 본등기를 하면 소급효과로 인해 낙찰자는 소유권을 잃을 수 있다.

하지만, 후순위 가등기는 위험하지 않다. 말소기준권리 밑에 있다면 무조건 소멸된다. 그러므로 가등기가 선순위라면(말소기준권리보다 앞선다면), 이 가등기가 어떤 가등기인지 확인해야 한다. 특히 소유권이전청구권가등기는 무조건 낙찰자가 인수하기 때문에 조심하자. (낙찰자가 잔금을 치르고 나서도 가등기권리자가 본등기를 하면 소유권을 빼앗길 수 있다는 이야기다.)

가등기는 10년의 제척기간(권리의 존속기간)을 가지기에 10년이 지나면 효력을 상실한다. 하지만, 정상적인 매매 이후 등기만 이전되지 않은 상황이거나 가등기권리자가 점유를 하고 있다면 소멸시효가 중단되기 때문에 10년이 넘어도 효력이 있을 수 있다.

정리하자. 소유권에 관한 가등기는 후순위는 소멸, 선순위는 인수한다. 선순위 가등기는 10년의 제척기간을 가지지만, 소멸시효가 중단될 수 있으니 현장에서 상황을 체크해야 한다.

특별법으로 보호받는 담보가등기

사채업자가 영미씨에게 집을 담보로 돈을 빌려준다. 사채업자는 2억짜리 집을 담보로 1억을 빌려주면서 저당권 대신 가등기를 설정하자고 한다.

"진짜 이자 싸게 줄게요. 저당권 설정하려면 서류도 써야 하고 좀 귀찮네요. 그래서 저당권 대신 가등기 설정할 건데요, 괜찮죠?"

속뜻은 이렇다.

'돈 안 갚을 거지? 돈 안 갚으면 내가 네 집 가질 거야. 나중에 경매 넣기 귀찮으니까 그냥 가등기로 하자. 그러면 쉽게 집을 뺏어올 수 있거든.'

저당권을 설정해 두면, 원금상환시기에 돈을 갚지 않으면 경매신청을 할 수 있고, 다른 빚으로 인해 집이 경매로 넘어가면 우선변제를 받을 수 있다. 담보가등기도 그렇다. 다만 따로 경매를 신청하지 않아도 가등기를 한 시점부터 이미 효력을 발휘한다.

빌리는 사람은 이것저것 가릴 겨를이 없다. "네네" 했겠지. 하지만, 정말 못 갚으면 2억원짜리 집을 1억원에 뺏기는 것이다. 반대로 사채업자는 앉아서 1억을 번다.

실제로 한동안 이런 일들이 종종 벌어졌다. 터무니없이 적은 금액에 집을 잃는 안타까운 서민들이 생겼다. 법적으로 아무 문제가 없었기에 이 방법을 쓰는 똑똑한 사채업자들이 늘어났다.

그래서 나라에서 새로운 법을 만들었는데, 가등기권리자가 본등기를 실행하더라도 집의 차익을 내고 가져가도록 바뀌었다. 이제 1억원짜리 담보가등기를 가진 사채업자가 2억원짜리 집을 가지려면 나머지 1억원을 내주어야 한다. (이것을 청산이라고 한다. 가등기담보 등에 관한 법률에 따라 담보가등기를 본등기하려면 적법

한 청산 과정을 거쳐야 한다.)

법이 바뀌고 나니 이제 채권자들이 굳이 가등기를 할 이유가 없어졌다. 이전에는 등기부등본에서 쉽게 담보가등기를 볼 수 있었지만, 지금은 잘 보이지 않는 이유다.

경매에서 담보가등기는 저당권과 같다고 생각해도 좋다. 저당권처럼 말소기준권리가 되고, 돈에 관한 권리이기에 소멸된다. 담보가등기는 조금도 위험하지 않다.

정리하자!

소유권이전청구권가등기는 말소기준권리가 될 수 없다. 말소기준권리보다 앞에 있는 선순위 소유권이전청구권가등기는 인수한다. 조심 또 조심해야 하는 권리다. 다만 말소기준권리보다 뒤에 있는 후순위 가등기는 소멸이기에 문제없다.

담보가등기는 말소기준권리가 될 수 있다. 저당권과 같으므로 말소기준권리가 되면 언제나 소멸이다.

가등기는 주거용보다 토지 등에서 종종 볼 수 있다.

| 말소기준권리❺ 선순위 전세권 |

선순위 전세권·임차권, 다 무서운 거 아닌가요?

전세권의 강력한 힘

꼼꼼히 살펴봐야 하지만 전세권도 말소기준권리가 될 수 있다. 가장 빠르기만 하면 1등 권리가 되고, 전세권 뒤로 생긴 권리들은 경매를 통해 모두 말소된다는 의미다. 전세권은 전세 들어가는 사람을 위한 권리로, 전세보증금을 보호하기 위해 설정한다.

전세권설정을 하려면 집주인의 동의가 필요하다. 전세권을 설정하면 세입자는 집주인의 부동산을 사용할 수 있고, 보증금을 돌려받지 못하면 경매를 신청할 수 있으며, 우선변제권을 가진다. 아주 강력하다.

전세권이 말소기준권리가 되려면 아래 조건을 모두 충족해야 한다.

> **전세권 & 임차권**
> 전세권과 임차권은 달라요. 임차권은 등기가 필요 없습니다. 전입으로 대항력을 가지고, 확정으로 우선변제권을 가집니다. 헷갈리지 마세요! 48장에서 자세히 비교합니다.

- 가장 먼저 설정되어야 하고 (말소기준권리의 본질이다)
- 전세권이 해당 물건 전체에 설정되어야 하며 (건물 일부의 전세권은 해당 안 된다)
- 전세권자가 배당요구를 했거나 경매신청을 했어야 한다. (전세권자의 의사가 중요하다)

만약 이 세 가지 조건 중 하나라도 충족하지 못하면 전세권은 말소기준권리가 되지 못하고 바로 뒤에 오는 권리가 말소기준권리가 된다. 그렇게 되면 전세권은 낙찰자가 인수해야 하는 위험한 물건이 된다. 전세권을 인수한다는 것은 잔금을 내고도, 전세금을 따로 내줘야 한다는 뜻이다. 무시무시하다.

전세권의 여러 경우를 예를 들어 살펴보자.

1 | 말소기준권리가 되는 전세권(배당요구)

임차인현황	건물소멸기준 : 2014-02-27	배당종기일 : 2015-01-14					매각물건명세서
순위	성립일자	권리자	권리종류(점유부분)	보증금금액	신고	대항	참조용 예상배당여부 (최저가 기준)
1	전입 2014-02-18 확정 2014-02-18 배당 2014-12-29	김■	주거전세권자 제2동 2층 201호	[보] 100,000,000원	○	있음	배당금: 100,000,000원 전액배당으로 소멸예상
* 압류의 법정기일이 빠른경우 또는 교부청구(당해세)로 대항력있는 임차인의 경우 전액배당 안될시 인수금액 발생할수있음.

건물 등기 사항	건물열람일 : 2015-03-03					등기사항증명서
구분	성립일자	권리종류	권리자	권리금액	상태	비고
갑1	2012-09-20	소유권	선■		이전	보존
을5	2014-02-27	전세권	김■	100,000,000원	소멸기준	
추가	2014-10-22	강제경매	현■	청구: 84,500,000원	소멸	2014타경■ (병합)
갑3	2014-10-31	강제경매	김■	청구: 9,297,440원	소멸	2014타경■ (취하) (주택) 소액배당 4500 이하 1500 (상가) 소액배당 3000 이하 1000

김○○은 전세권자이다.

전세권이 말소기준권리가 될 수 있을까?

선순위 임차권

김○○은 선순위 임차권자이기도 합니다. 전입, 확정, 배당의 3가지 조건을 충족하기 때문이에요. 선순위 임차권자는 우선변제권으로도 배당이 가능하므로, 임차권자와 전세권자의 지위를 둘 다 가지면 유리합니다.

- 가장 먼저 : 별다른 권리들 없이 김○○의 전세권이 가장 먼저 등기되어 있다.
- 건물 전체 : 201호 전체에 설정되어 있다.
- 배당요구 : 전세권자 김○○은 배당요구를 했다.

세 가지 조건을 모두 충족한다. 그러므로 김○○의 전세권은 말소기준권리가 된다. 즉, 경매가 진행되면 돈으로 해결되는 권리이므로 낙찰받아도 좋은 물건이다.

2 | 말소기준권리가 되는 전세권(경매신청)

이 집에는 세 명의 임차인이 전입되어 있다. 박○○은 전세권자이며, 다른 두 명은 전세권자의 가족이다(임차인현황 참조). 박씨는 소유권이 이전되던 2012

년 11월 19일에 전세권을 설정했다. 집주인이 바뀌면서 바로 전세 들어온 것이다. 전세권 이후로 개인 근저당과 세무서의 압류가 들어왔다.

살고 있는 집에 이런저런 채권이 들어오자 박씨는 이사를 나가고 싶었을 것이다. 하지만, 이런 집에 다른 임차인이 들어올 리가 없다. 결국 전세권자인 박씨는 경매신청을 했다.

- 가장 먼저 : 전세권이 다른 권리들보다 먼저 설정되어 있고,
- 건물 전체 : 건물 전부에 설정되어 있고,
- 배당요구 : 경매신청은 배당요구와 같은 효력을 가진다. 그러므로 이 전세권은 말소기준권리가 된다.

설정된 전세금은 1억 1천만원이다. 만약 이 집이 전세금보다 적은 1억에 낙찰이 된다면 어떻게 될까. 그래도 전세권은 소멸이다.

낙찰자는 전세금을 보장할 필요가 없다. 전세권자는 전세금을 전액 돌려받지 못하고 낙찰금액에서 경매비용을 제외한 금액만큼을 배당받게 된다.

3 | 말소기준권리가 되지 못하는 전세권

순위	성립일자	권리자	권리종류(점유부분)	보증금액	신고	대항	참조용 예상배당여부 (최저가 기준)
1	전입 2013-12-10 확정 없음 배당 없음	황■	주거임차인		X	있음	전체전세권 설정 후 임대차 성립되어 우선변제 제외됨
2	전입 없음 확정 없음 배당 없음	구■	주거전세권자 건물전부	[보] 100,000,000원	X	인수	미배당 : 100,000,000원 전액매수인 인수예상 배당표참조

- 보증금합계 : 100,000,000원

건물 등기 사항 ▶ 건물열람일 : 2014-04-07

구분	성립일자	권리종류	권리자	권리금액	상태	비고
갑3	2009-11-25	소유권	신■	(거래가) 170,000,000원	이전	매매
갑4	2011-10-06	소유권	히■	(거래가) 175,000,000원	이전	매매
을3	2013-11-29	전세권	구■	100,000,000원	인수	특별매각조건에의한 인수
을6	2013-12-18	(근)저당	■식품	70,000,000원	소멸기준	(주택) 소액배당 4000 이하 1400 (상가) 소액배당 2500 이하 750
갑5	2014-03-27	임의경매	■식품	청구 : 39,600,000원	소멸	2014타경■■■(배당종결)

이 집에는 두 명의 임차인이 있다. 황○○과 구○○은 별다른 설명이 없지만, 전세권 설정일과 전입일자가 거의 비슷한 점으로 미루어 가족인 듯한다. 구씨가 전세권을 설정한 뒤에 근저당이 들어왔고, 경매가 진행되었다.

- 가장 먼저 : 가장 먼저 설정되었다.
- 건물 전체 : 건물 전체에 설정되었다.
- 배당요구 : 전세권자가 배당요구를 하지 않았고, 경매신청도 하지 않았다.

세 번째 조건이 충족되지 않기 때문에 구씨의 전세권은 말소준권리가 될 수 없다. 그래서 바로 아래에 있는 ○○식품의 근저당이 말소기준권리가 된다. 그리고 전세권은 인수해야 하는 위험한 권리가 된다. 입찰할 때 가장 유의해야 하는 부분이다. 낙찰자가 이 물건을 낙찰받으면 낙찰잔금을 납부하고도, 별개로 전세권자에게 전세금 1억원을 내주어야 한다.

그럼 이 물건은 경매에서 아무도 낙찰받을 수 없는 것일까? 물론 전략은 있다. 인수하게 될 선순위 전세금만큼 저렴하게 낙찰받으면 된다. 1억원의 전세가 있으니 1억원 이상 싸게 낙찰받아 보증금을 따로 내주면 결과는 같아진다.

다만, 대출은 낙찰가에 비례하므로 대출가능금액이 작아진다. 그리고 전세금은 현금으로 내주어야 한다. 이런 이유들 때문에 선순위 전세권이 있는 물건은 낙찰가가 낮다. 만약 현금 여력이 있다면 선순위 전세권이 있는 집을 골라 입찰을 시도해 보아도 좋다.

취득세는 전세금을 포함한다
선순위 전세금만큼 저렴하게 낙찰받았으니 취득세도 적게 내리라 기대하는 것은 금물! 인수해야 할 선순위 전세금을 포함한 금액을 취득가액으로 보아 취득세를 부과합니다(조세심판판례 조심 2014지1424, 2014. 12. 01).

가처분,
너 살아 있니?

말소기준권리가 되는 권리를 찾고, 그 권리부터 아래로는 말소, 위는 인수라고 배웠다. 그런데, 후순위지만 인수되는 예외가 있다.

가처분등기, 예고등기, 유치권, 지상권이 그것이다.

이중 가처분등기와 예고등기는 등기부등본에서 확인할 수 있는 권리이고, 유치권과 지상권은 등기부등본이 아닌 매각물건명세서에 기재된다.

가처분등기의 핵심, 진짜 살아 있는가

좀비게임이 유행이다. 달려드는 녀석들을 총으로 쏘면 쓰러진다. 좀비는 총으로 쏘면 금방 쓰러지지만, 얼마 안 가 다시 살아나서 또다시 공격을 해온다. 어떤 녀석이 다시 살아날지 몰라 일단 피해야 한다.

좀비…, 마치 가처분 같다. 가처분은 '그럴듯한' 권리다.

소유권을 이전받을 권리가 있을 만한 사람이라면 소유권이전청구권가처분을 설정하고, 건물을 철거할 권리가 있을 듯한 사람이라면 건물철거청구가처분을 설정한다. 가처분은 그럴 만한 권리가 있을 듯할 뿐, 아직 그 권리를 인정받은 것은 아니다. 때문에 가처분 그 자체로는 힘이 없다.

하지만 가처분의 권리가 법적으로 인정되면 문제는 심각해진다. 소유권이전청구권가처분을 한 권리자가 본안소송에서 승소를 하게 되면 집은 가처분권리자의 것이 된다. 낙찰을 받은 낙찰자는 소유권을 잃는다. 건물철거청구가처분이 승소를 하면 낙찰자는 건물을 철거당한다.

가처분은 설정 순서가 중요하지 않다. 인수냐 소멸이냐, 이런 문제도 아니다. 이 권리가 진짜 살아 있어서 본안소송으로 들어갈 것인가, 본안소송에서 이길 것인가의 여부가 중요하다.

> **본안소송**
> 본안소송이란 소장을 법원에 제출하는 것을 뜻합니다. 다시 말해 소송을 시작하는 것을 말하는데, 정식 재판으로 가는 첫걸음이죠. 우리 책에서는 그냥 소송으로 이해하면 됩니다.

예를 들어보자.

소유권이전청구권가처분이 있는 물건을 민수씨가 낙찰을 받았다. 민수씨는 낙찰잔금을 납부했고, 민수씨가 납부한 잔금은 근저당권자, 압류권자한테 배당이 되었다. 가처분권자에게는 배당되지 않았다.

2년 후, 가처분권자가 본안소송을 시작하고 승소판결을 받았다. 결국 민수씨는 소유권을 잃고 만다.

이제 민수씨가 할 수 있는 일은 보증금을 포함한 낙찰대금을 돌려받는 것뿐이다. 소유권을 잃는 것은 어쩔 수 없다. 배당받았던 채권자들에게 "내 돈 돌려줘~~!!"라는 뜻의 '부당이득반환소송'을 한다. 무사히 돈을 돌려받는다 하더라도 몇 년은 후딱 흘러갈 것이다. 최악의 시나리오다. 이래서 가처분이 무섭다.

가처분권자가 물건을 소유하게 되었다면

가처분이 있는 물건이 마음에 든다면, 이 가처분이 진짜 살아 있는지 죽었는지를 확인해야 한다.

가처분은 유효기간이 있다. 2005년 7월 25일 이후에 설정한 가처분은 3년 안에 본안소송을 해야 한다.

> **가처분 유효기간**
> 가처분권자가 3년간 본인소송을 하지 않으면 채무자가 취소신청을 할 수 있어요.

미자씨는 자신이 직접 소유권이전청구권가처분 설정을 했던 집의 소유권자가 되었다. 그런데 현재 등기부상에는 가처분등기가 계속 남아 있는 상태다. 소유권을 가지기 위한 가처분과 소유권, 이 두 개가 중복되는 모양이 된 것이다. 이렇게 같은 권리가 중복되면 그중 작은 권리가 사라지는데, 이것을 '혼동'이라고 한다. 가처분권자가 현재 소유주라면 가처분은 혼동으로 소멸한다.

미자씨의 물건이 경매로 나왔다. 가처분권자가 이미 소유주가 된 물건은 입찰자에게도 위협적이지 않다. 이런 가처분은 이미 죽은 거나 마찬가지다.

가처분권자가 경매신청을 할 수도 있다

경매신청으로 가처분설정한 금액만큼 돈을 배당받으면 입찰자에게 안전한 물건이다. 가처분권자가 배당을 받는지 확인하라.

임차인현황 ▶ 건물소멸기준 :	배당종기일 : 2015-04-20						매각물건명세서	예상배당표
순위	성립일자	권리자	권리종류(점유부분)	권리금액	신고	대항	참조용 예상배당여부 (최저가 기준)	
1	전입 1996-05-21 확정 없음 배당 없음	백○○	주거임차인		X	?	현황조사 권리내역	

백○○은 임대차계약서, 주민등록등본 미제출.

토지 등기 사항 ▶ 토지열람일 : 2015-02-17						등기사항증명서	
구분	성립일자	권리종류	권리자	권리금액	상태	비고	
갑1	1986-06-22	소유권	백○○		이전	매매	
갑2	2014-01-22	소유권(지분)	김○○		이전	협의분할에 의한 상속	
갑3	2014-04-07	가처분(지분)	○○생명보험		소멸	경매신청채권자 배당후 소멸 가처분등기보기 2014.04.07 인용	
갑4	2015-01-09	소유권(지분)	백○○		이전	사해행위취소	
갑5	2015-01-29	강제경매(지분) 백○○지분	○○생명보험	청구 : 13,190,647원	소멸기준	2015타경○○(배당종결)	

> **가등기랑 가처분은 달라요**
>
> 가등기는 임시등기예요. 매매 예약으로 인한 가등기 등 본등기를 할 사정이 안 되어서 임시로 등기를 한 것이 가등기입니다. 반면에 가처분은 가처분권자가 뭔가 받을 권리가 있다는 뜻이에요.

위 물건의 가처분권자인 ○○생명보험은 경매신청자이기도 하다. 이런 가처분은 안전한 물건이다. 만약 가처분권자에게 배당이 안 되거나 가처분이 살아 있는지 죽어 있는지 확인이 안 된다면, 피하는 게 상책이다.

정리해 보자.

가처분(임시처분)은 받아야 할 권리가 있다는 뜻. 금전채권이 아닌 특정 물건에 대한 청구권을 가지고 있는 경우에 하는 보전처분으로 나중에 본안소송을 하기 위한 준비 과정이다.

가처분은 인수냐 소멸이냐가 중요하지 않다. 가처분권자가 승소하면 낙찰자의 소유권이 어떻게 될 것이냐를 판단해야 한다.

지금은 사라진 예고등기

예고등기를 말하기 전에 가처분에 대해 다시 보자. 가처분은 이 집이 소송 중임을 알려서 본안소송이 진행될 때까지 시간을 버는 것이라고 했다. 가처분설정 이후에 들어오는 권리자는 선의의 제3자가 아니므로(가처분이 있음을 알고 있었으므로) 보호받지 못한다. 등기에 관련된 어떤 소송이 진행 중인 것을 나타내준다는 점에서 가처분과 예고등기는 비슷하다.

예고등기는 선의의 제3자한테서도 소유권을 뺏어올 수 있는 종류의 소송이 진행 중일 때 법원이 촉탁등기(신청자 없이 법원이 직접 하는 등기)하는 것이다. 잘 모르고 매매하는 피해자가 발생하지 않도록 법원이 직접 등기한다. 예고등기는 낙찰자에게 무조건 인수되는 것은 아니지만, 쉽지 않은 물건이다. 현재 예고등기는 사라졌다. 2012년 7월 26일 폐지되었는데, 그 이전에 이미 예고등기된 물건을 가끔 볼 수 있다.

왼쪽 물건의 등기부등본은 매우 화려하다. 2010년 나라에서 가처분을 설정하더니 곧이어 예고등기가 되어 있다. 예고등기 내용은 앞선 소유권들이 말소될 것이라는 내용이다. 곧바로 국가에서 55억의 가압류를 설정한다. 4년이 지난 2014년 소유권이 나○○씨 앞으로 이전되었다. 나씨가 이 물건의 진정한 주인이라는 것이다. 소유권이전의 이유는 진정한 등기명의의 회복이다. 곧바로 나씨 앞으로 각종 세금 압류가 들어왔다. (이 물건의 나씨는 대기업 총수로 여러 혐의로 구속되었고, 재산은 경매로 처분되었다. 후에 광복절 특사로 사면, 석방되었다.)

Interview ❸

부부가 함께 하니
수익도 즐거움도 두 배예요!

ID : 철인29님
키워드 : 부부, 임장시스템, 빌라경매

Q 하시는 일은 어떤 일인가요?

A 저는 연구교수입니다.
대학원에서 제어공학을 전공하였고, 졸업 후 삼성전자에서 연구개발을 담당하였습니다. 현재는 대학에서 연구교수로 재직 중입니다. 연구하고 논문 쓰는 걸 좋아해서 앞으로도 전공과 관련된 직업에 종사할 생각입니다.

Q 경매를 공부하게 된 계기는 무엇인가요?

A 제가 경매를 처음 접한 것은 2015년도 중순이었습니다. 미래에 닥칠 퇴직과 경제적 절벽에 대비하고자 경제 관련 서적들을 읽기 시작하였고, 경매와 공매에 대해 알게 되었습니다. 처음 시작할 때 정말 많은 책을 읽었고 새로운 세계에 크게 감탄했던 것 같습니다.

Q 부부가 함께 경매를 하시는데요, 장점, 단점, 그리고 주의점을 알려주세요.

A 장점은 언제나 함께할 수 있는 동료가 옆에 있다는 것입니다.
검색한 물건에 대해 바로바로 토론이 가능하고, 임장을 나가 부동산에 들러 시세조사를 할 때 부부로 연기할 필요 없이 그냥 집 구하러 왔다고 하면 잘 알려줍니다. 그리고 남자들이 잘 못 보는 인테리어나 주방 등 물건의 장단점을 잘 알아냅니다. 입찰 시에는 제가 직접 가지 못할 때에 대리입찰이 가능합니다. 혹은 대출이 어려울 때에 아내 명의로 대출도 가능합니다. 명도할 때도 함께 명도협상을 진행할 수 있습니다.
단점은 애들 때문에 일이 생기거나 집안일이 있으면 같이 행동하기 힘들다는 점 빼고는 아직은 없는 것 같습니다. 추가로 부부싸움을 하면 일을 진행하기 힘든 점도 있네요.

Q 첫 낙찰 과정이 궁금해요.

A 통으로 나온 빌라 물건이었습니다.
초보 때에는 집 주변 위주로 검색을 했는데 그중에서 수원 옆 병점역 인근 물건이었습니다. 1차에 낙찰된 것도 있어 걱정이 덜 됐고, 2차 때는 시세보다 많이 싸서 3개에 입찰했는데 1개만 낙찰받았습니다. 나머지는 부동산회사에서 싹~ 가져갔습니다.

명도 과정은 《나는 돈이 없어도 경매를 한다》에 나온 대로 낙찰 후 물건지를 찾아서 벨을 몇 번 누른 후에 세입자를 만났습니다. 혼자 사는 여성분이었는데 처음에는 차가운 말투로 역정을 내다가 향후 일정을 차근차근 설명드리니 수긍을 하는 눈치였습니다. 첫 만남이 이루어진 후 합의한 내용으로 내용증명까지 보내니 명도는 순조롭게 이루어졌습니다.

종합적으로 저의 첫 번째 낙찰 물건은 약간은 무모하지만 교과서대로 잘 실천한 게 큰 도움이 된 것 같습니다. 현재 저의 첫 번째 세입자는 계약을 연장한 상태이고 서로 가끔 안부를 물을 정도로 잘 지내고 있습니다.

Q 보증금을 날린 공매 이야기도 해주세요.

A 가슴 아픈 이야기입니다. 공매는 인터넷 검색, 퇴근 후 임장, 그리고 인터넷 입찰이 가능해 저에게는 큰 장점이 있었습니다.

저의 첫 번째 경매물건은 모든 게 순조롭게 마무리되었고, 두 번째는 LH의 기숙사 아파트를 공매로 낙찰받아서 현재 전세로 임대 놓은 상태입니다. 사실 낙찰가도 시세랑 큰 차이가 없었지만 명도도 없었고 도배 장판과 간단한 수리를 LH에서 다 해놓은 상태라서 큰 문제없이 임대까지 마무리되었습니다.

두 번의 성공에서 온 자만심 때문인지 너무 쉽게 물건들에 접근했던 것 같습니다.

물건 검색을 하다가 병점 근처에 매매가랑 전세가가 큰 차이가 없는 아파트를 발견했는데, 선순위 세입자의 전세금보다 전세금이 많이 오른 상황이어서 입찰가보다 높은 가격으로 임대가 가능하리라 생각했습니다. 무피투자가 가능하리라 생각했던 것이죠. 전세권자가 배당신청한 상태여서 전세권도 그대로 소멸되리라 생각했습니다. 계획한 대로 입찰을 진행하였고 두 명 입찰에 근소한 차이로 1등을 먹었습니다.

'낙찰'. 순간 이상하게 뭔가가 머릿속을 스쳐 지나갔습니다. 그리고 읽었던 책들을 다시 뒤져보니 그게 있었습니다.ㅠㅠ 당해세와 법정기일이 빠른 세금들. 이 부분은 책으로 읽어서 알고 있었으나 제가 간과했던 것 같습니다. 실제로 적용해 본 적이 없었기 때문입니다.

캠코에 전화해서 사정을 얘기하고 임차인을 찾아가서 유치권 신고도 부탁해 보고 매각결정취소신청도 해보았으나 다 소용이 없었습니다. 마이너스 통장을 이용해서 입찰을 진행했는데 그 금액이 그대로 마이너스로 남아버렸죠. 1300만원. 큰 금액이었습니다. 그때 크게 실망해서 감정을 잘 추스리지 못하던 아내의 모습이 아직도 생각이 납니다.

이 사건을 계기로 잃은 것도 있지만, 전 더 큰 자산을 얻었다고 생각합니다. 즐경 수업을 통해서 다시 감을 찾았고, 함께 갈 수 있는 동지들을 만났기 때문입니다.

Q 최근 신축 오피스텔 투자를 많이 하셨는데요, 어떤 물건인가요.

A 사실 신축빌라와 오피스텔은 많이들 얘기하듯이 분양가가 최고가격이 될 수도 있기 때문에 저도 기피했던 방식인데, 신축도 급매나 할인을 하면 자기자본을 최소화할 수 있습니다.
대표적인 것이 2015년 즈음에 투자한 화곡동 빌라들입니다. 이 시기에 화곡동 신축빌라들을 매매계약하면 두 달 후에 전세가가 너무 올라서 플피(집을 사고 보증금을 받으면 오히려 돈이 남는 현상)까지 되는 상태였습니다. 이 무렵에 안산, 인천 등지를 많이 갔던 것 같습니다. 요즘에는 대출이 많이 안 나와서 사실상 어려운 일이지요.
아래 표는 최근 투자한 오피스텔을 정리한 것입니다.

매입가	12200만원	보증금	200만원
매입 경비	-278만원	월세	50만원
총 매입액	11922만원	월 이자	35만원
대출금	10500만원	월 순익	15만원
투자금	1422만원	연 순수익	180만원
실투자금	-578만원		

매입가를 최소화하기 위해서 3~6층의 북향으로 분양가가 제일 저렴한 물건을 매입했구요. 분양사무실에서 취득세 보조 500만원 받고, 임대사업자 등록해서 취득세 환급 477만원 받아 약 578만원이 남는 플피가 가능했습니다. 싸게 분양받은 거라 가격 하락을 어느 정도 방어했고, 4년 정도는 임대수익을 볼 생각이라 괜찮은 것 같습니다.
제가 투자물건을 선정할 때 가장 많이 보는 것은 교통 호재와 수요입니다. 지금은 인천에서 전통적인 검암동(공항철도), 구월동(GTX), 석남동(서울7호선 연장) 외에도 서울1호선 급행이 지나가는 간석동 그리고 수인선의 영향으로 좋아질 숭의동 정도를 보고 있습니다. 호재가 있는 지역은 매도 타이밍을 잡을 생각이고, 큰 변동이 없는 지역은 계속 월세 수익을 취할 생각입니다.

Q 마지막으로 독자분들께 드리고 싶은 말씀이 있다면?

A 아래의 원칙을 지켰으면 좋겠습니다.
투자에는 목적이 있어야 한다. / 실수를 하지 않으려면 기본에 충실해야 한다. / 급하게 생각 마라. 끝까지 가는 것이 중요하다. / 동료들과 함께 하라. / 세상에 도움이 되지 않는 것은 없다.
즐거운 경매 하세요!

이제,
돈 되는 경매다

다섯째
마당

32 | 미리 대비하는 여러 청구권들

33 | 토지미등기, 이 정도는 알고 가라!

34 | 미등기 신규 아파트, 조심해야 할 것들

35 | 토지별도등기의 유형들

36 | 고수들의 놀이터, 지분권

37 | 위반건축물, 뭘 체크해야 할까?

38 | 불황에 빛을 발하는 부실채권(NPL)

39 | 공사대금 달라는 유치권, 진짜 줘야 하나?

Interview ❹
중국에서 온 저도 경매를 해요!

권리
분석에
관한
모든 것

미리 대비하는 여러 청구권들

말소기준권리 5가지를 집중적으로 배웠다. 하지만 경매를 하면서 만나게 되는 권리들은 말소기준권리가 되는 5가지 권리 이외에도 무척 많다.

각각의 권리가 어떤 능력을 발휘할 수 있는지 살펴보자. 이름만 요란하지 입찰자에게 결정적 영향을 못 끼치는 것도 많다. 자주 등장하지는 않으니 꼼꼼히 공부한다는 차원에서 하나씩 살펴보기로 하자.

소유권말소등기청구권

소유권을 말소해 달라고 청구하는 것이다.

형이 외국에 업무를 하러 떠나며, 동생에게 집을 맡긴다.

"나 없는 동안 내 집 좀 잘 봐줘. 너만 믿는다."

형이 없을 때, 동생이 집을 자기 명의로 바꾸어버렸다. 돌아온 형은 "내 집 내

놔!!" 하며 동생의 소유권 말소를 청구한다. 이것이 소유권말소등기청구권이다.

경매에서 등기부에 '소유권말소등기청구권'이 있다는 것은 잘못된 소유권이 말소되고 진짜 소유권으로 돌아왔다는 뜻이다. 그 자체로 입찰자에게 위험하지 않다. 그저 그 집의 사연을 알 수 있게 해줄 뿐이다.

사해행위 취소를 원인으로 한 소유권말소등기청구권은 대개 이런 사연이다.

경희씨는 채권자들이 곧 그녀의 집에 경매를 신청할 것을 알았다. 경희씨는 친한 친구에게 집을 맡기기로 한다.

"친구야, 이 집 네 명의로 좀 바꾸자. 우리 매매거래한 걸로 하는 거다."

경희씨는 자기 이름으로 된 집을 친구 명의로 바꾸었다. 재산을 다 빼돌린 경희씨에게 채권자들은 돈을 받아낼 방법이 없다.

채권자들은 집 명의가 바뀐 것을 사해행위라고 보고, 친구의 소유권을 말소해 달라고 청구한다. 친구의 소유권이 말소되면 다시 경희씨에게 소유권이 돌아오고, 채권자들은 경희씨의 집을 경매처분하여 빚을 받아낼 수 있다.

소유권 말소가 되면 원래 주인에게 소유권이 돌아간다. 이와 비슷한 것이 진정명의회복을 위한 말소등기이다. (소유권에 대한 청구권이 있는 집을 경매물건에서 볼 수는 있지만, 소유권 분쟁 자체가 경매원인은 아니다. 소유권 분쟁은 집 자체가 목적이기에, 소유권을 이유로 경매를 넣을 수는 없다. 경매신청은 돈이 연관된 금전적인 이유여야 한다.)

진정명의회복을 위한 말소등기

진짜 명의를 회복해 달라는 것이다.

앞서 외국으로 떠났던 형은 소유권말소등기청구권을 가질 수도 있고, 진정명의회복을 위한 말소등기로 명의를 되찾아올 수도 있다.

둘 다 본래 소유주에게 명의가 돌아가게 한다.

구분	성립일자	권리종류	권리자	권리금액	상태	비고
갑2	2004-12-17	소유권	다올부동산신탁		이전	신탁
갑3	2008-03-14	소유권	변○외 1명		이전	신탁재산의귀속
갑4	2010-04-08	소유권	김○	(거래가) 87,620,000원	이전	매매
을4	2010-04-08	(근)저당	서울경기양돈축산업협동조합	45,500,000원	소멸기준	(주택) 소액배당 6000 이하 2000 (상가) 소액배당 4500 이하 1350
을6	2010-04-20	(근)저당	김○	250,000,000원	소멸	
갑5	2010-12-08	가처분	국		소멸	가처분등기보기 2010.12.08 인용
갑6	2010-12-13	예고등기	1번소유권,4번소유권말소예고등기		인수	예고등기보기
갑7	2010-12-13	가압류	국	5,534,561,000원	소멸	
갑8	2014-02-11	소유권	나○		이전	진정한 등기명의의 회복
갑9	2014-02-11	압류	국 - 서초세무서		소멸	(숨긴재산추적과-1691)
갑10	2014-02-11	압류	국 - 용산세무서		소멸	(숨긴재산추적과-1692)
갑11	2014-02-20	압류	서울특별시구로구		소멸	(징수과(세외))
갑12	2014-03-10	압류	서울특별시		소멸	(38세금징수과-5208)
갑13	2014-04-24	압류	국 - 분당세무서		소멸	(숨긴재산추적과-7043)
갑14	2014-07-24	압류	서울특별시강남구		소멸	(세무관리과(고액))
갑15	2014-09-18	압류	국 - 서광주세무서		소멸	(조사과-1977)
갑16	2014-11-11	임의경매	김○	청구: 200,000,000원	소멸	2014타경○(배당종결)

진정한 등기명의의 회복

근저당설정등기이행청구권

건축주가 건물을 다 지었는데, 근저당설정을 안 해주면 돈 빌려준 근저당권자가 "건물 다 지어지면 건물에도 근저당설정하기로 약속했잖아. 얼른 등기해 줘"라고 이행을 청구한다. 이것이 근저당설정등기이행청구권이다.

신규 아파트가 미분양이 나서 시행사(파는 회사)가 시공사(공사하는 회사)에게 공사대금을 지급하지 못한 때에, 시

국세청 숨긴재산 무한추적팀
국세청의 숨긴재산 무한추적팀 아니요? 저도 그들을 시사다큐 프로그램에서 보았어요. 고액 세금체납자들의 집을 급습해서 빨간딱지를 붙이는 까만 양복을 입은 사람들…. 그들이 찾은 체납자의 재산은 '숨긴재산추적'이라고 등기되어 경매로 나오기도 합니다. 꽤 자주 보는 문구예요.

공사가 미분양 아파트에 근저당설정등기청구를 하기도 한다. 건물에 근저당을 설정하게 해달라는 뜻이다.

경매에서 아직 근저당이 설정되지 않은 건물이 토지와 함께 나온 경우, 채권자가 배당을 받으면 문제해결! 입찰자에게 아무 문제가 안 된다. 채권자가 배당을 받는지 확인하라.

부동산처분금지가처분

부동산을 팔지 말란다.

소유권에 대한 다툼이 있을 때 종종 따라붙는 가처분이다. 부동산처분금지가처분이 설정된 물건은 이미 소송이 끝나서 아무 위험이 없는 것도 있고, 한창 소송이 진행 중인 물건도 있다. 부동산처분금지가처분이 있으면 소송 내용을 확인해야 되는데, 이해관계인이 아니면 소송 내용을 상세히 확인하기가 어렵다.

가처분소송 사건번호를 클릭하면 사건개요가 나오는데, 그 설명이 그리 친절하지 않고, 소송이 종결되어서 '원고 승' 혹은 '피고 승' 이렇게 명확하게 나오면 좋은데 그렇지 않은 경우가 많다. 서류상 확인에 한계가 있어 현장에서 직접 알아내야 한다. 점유자 본인에게 묻거나, 채권자에게 확인하는 방법밖에 없는 만큼 난이도 상이다.

건물철거청구권

땅주인이 건물주에게 마땅히 받아야 할 지료를 못 받았거나, 다른 여러 가지 이유로 건물철거를 요구할 수 있는 권리를 가지고 있는 경우이다. 건물철거청구권과 관련된 내용은 매각물건명세서에 나와 있다. '원고가 건물철거소송에서 승소했다' '패소했다' 혹은 '현재 소송 진행 중이다'라고 적혀 있다. 주로 법정지상권을 가지지 못한 건물에 설정된다(법정지상권 13장 참조).

이런 물건은 건물주와 토지주의 한판 대결이다. 괜히 그 사이에 끼어들어 새우등 터질라. 건들지 말자.

건물 등기 사항 건물열람일 : 2016-02-04						등기사항증명서
구분	성립일자	권리종류	권리자	권리금액	상태	비고
갑1	1988-11-15	소유권	이▨		이전	보존
갑2	2015-08-24	가처분	김▨외		인수	특별매각조건에의한 인수소유권방해배제청구로 인한 건물철거청구권 가처분등기보기 2015.08.24 인용 2002다▨ 판례보기
갑3	2015-09-22	가압류	김▨외	6,705,000원	소멸기준	(주택) 소액배당 4500 이하 1500 (상가) 소액배당 3000 이하 1000
갑4	2016-01-26	강제경매	김▨외	청구 : 2,793,750원	소멸	2016타경▨ ▨(신청당사자)외2명
토지 등기 사항 토지열람일 : 2016-06-02						등기사항증명서
구분	성립일자	권리종류	권리자	권리금액	상태	비고
갑7	2010-02-23	소유권	이▨외 3명			상속
갑7-2	2013-07-09	소유권	이▨외 1명			신청학오
갑24	2015-07-24	소유권(일부)	김▨외 2명			강제경매로 인한 매각
갑25	2015-07-24	소유권(지분)	김▨외 2명			강제경매로 인한 매각
명세서 요약사항 ▶ 최선순위 설정일자 2015. 9. 22. 가압류						
매각으로 소멸되지 않는 등기부권리			갑구 2번 가처분등기(2015. 8. 24.등기)는 매각으로 소멸하지 않고 매수인에게 인수됨.			
매각으로 설정된 것으로 보는 지상권			해당사항 없음			
주의사항 / 법원문건접수 요약			제시외건물포함. 신청채권자겸가처분권자의 이 사건 건물을 철거하라는 당원 2015가단23263 판결문이 제출되어 있음.			

33 이제, 돈 되는 경매다

토지미등기, 이 정도는 알고 가라!

집합건물의 등기부등본 만드는 과정

토지미등기를 살펴보기 전에 집합건물 등기부등본이 만들어지는 과정을 먼저 알아보자.

집합건물의 경우, 주택공사에서 대규모로 택지지구를 지정해서 아파트를 짓기도 하고, 소규모 개발업자가 땅을 사서 빌라를 짓기도 한다. 땅은 있는데 돈이 없다면, 땅을 담보로 대출을 받는다. 은행은 땅에 근저당을 설정하고 돈을 빌려주고, 건축주는 토지를 담보로 대출받은 돈으로 건축을 한다. 그리고 토지등기부에 근저당이 설정된 상태에서 분양을 한다.

아파트가 다 지어지면 준공을 받는다. 준공 후 입주자에게 잔금을 받아 토지에 대한 대출을 갚는다. 빚진 돈을 모두 갚았으니 토지의 근저당은 말소되고 토지등기부등본은 폐쇄된다. 그리고 건물과 토지 등기가 한 등기부에 같이 있는 집합건물 등기부등본이 만들어진다.

아파트는 토지등기부가 따로 없는 것이 정상이다. 대신 아파트의 등기부등본 표제부는 두 장이다. 첫 장은 1층부터 꼭대기층까지 쭉 다 보이는 표제부(1동의 건물의 표시)이고, 다음 장에는 이 집에 대한 것만 나온다 (전유부분의 건물의 표시). 전유부분 면적은 얼마이고, 대지권은 몇분의 몇이라는 것이 표시된다. 이렇게 집합건물의 등기부등본이 만들어진다. 대지권의 목적이 되는 토지면적 등이 확정되고 대지권을 등기하고 나면 이때부터 토지등기부등본은 폐쇄되어 휴면상태가 된다.

> **대지권은 집합건물에만**
> 토지미등기는 집합건물에서만 나오는 이야기예요. 집합건물은 아파트, 빌라 등 여러 세대가 같이 사는 종류의 건물을 말합니다.

토지미등기의 5가지 유형

정상적으로 집합건물의 등기부등본이 만들어졌다면 토지등기부등본은 폐쇄되고 집합건물등기부에 대지권이 등기되어야 한다. 대지권이 없는 것들은 일반적인 모양새는 아니다.

토지미등기의 원인은 크게 5가지다.

1 | 토지 사용권한 없이 건축한 집합건물, 보통 '대지권 없음'으로 표시

진짜 대지권이 없는 집이다. 건축주가 땅주인에게 땅값을 치르지 못했거나, 기타 다른 이유로 아예 대지권을 가지지 못한 경우 '대지권 없음'으로 표시된다. 이런 물건은 '건물만 매각'이라고 나온다.

대지권이 없으면 소유권이 온전하다고 할 수 없다. 땅주인이 "왜 내 땅 위에 건물을 지었냐, 왜 내 땅 위에서 살고 있냐!!"며 법적으로 명도소송을 할 수도 있고, 철거소송을 할 수도 있다. 대지권이 없는 집은 사고파는 것도 어렵다. 대지권 없는 집을 누가 사겠는가.

하지만, 간혹 이런 물건 중에서도 쓸 만한 물건이 있다.

땅까지 같이 사기에는 너무 비싸지만, 건물은 멀쩡한 집이라면? 이 집의 땅 주인이 (법정지상권 성립으로) 건물을 철거하라고 할 권리가 없다면? 일 년에 한 300만원 정도의 지료를 내고 건물이 쓰러질 때까지 살겠다면? 혹은 저렴하게 사서 고가에 임대 주는 것이라면? 그렇다면 이런 집도 상관없지 않을까?

2015 타경 (임의)		매각기일 : 2016- 10:00~ (월)		경매1계 031-737-1321	
소재지	(12741) 경기도 광주시				
용도	다세대(빌라)	채권자	장	감정가	60,000,000원
대지권	대지권 매각제외	채무자	서	최저가	(70%) 42,000,000원
전용면적	91.54㎡(27.69평)	소유자	서	보증금	(10%) 4,200,000원
사건접수	2015-11-30	매각대상	건물만매각	청구금액	38,000,000원
입찰방법	기일입찰	배당종기일	2016-02-04	개시결정	2015-12-01

기일현황			
회차	매각기일	최저매각금액	결과
신건	2016-03-14	60,000,000원	변경
신건	2016-04-18	60,000,000원	유찰
2차	2016-	42,000,000원	매각
	1입찰4명/낙찰49,100,000원(82%) 2등 입찰가 : 48,510,000원		
	2016-05-30	매각결정기일	허가
	2016-06-30	대금지급기한 납부(2016.06.30)	납부
	2016-07-28	배당기일	완료
배당종결된 사건입니다.			

위 물건은 2007년도에 지은 빌라다. 이 빌라는 대지권이 없는 빌라로 건축법상 사용승인도 받지 못한 상태다. 이렇게 근 10여 년을 지내왔다. 그런데 이 집 전용면적이 91.54㎡(27.69평)로 꽤 넓다. 인근 비슷한 평형의 빌라가 매매가 2억원, 월세는 2000만원에 80만원 정도다. 사용승인이 안 난 집이라도 임차인의 권리는 그대로 인정되기에 임대하는 데에는 아무 문제 없을 것이다.

하지만, 진짜 대지권이 없는 집은 여러 방면으로 고민을 해서 '어떻게 수익을 낼 것인가'를 연구해야 한다. 위험요소가 많기에 고수들만 하는 물건이다.

2 | 국가에서 분양하는 아파트나 공공임대아파트

임차권, 지상권, 전세권으로 대지권을 빌려 사용하는 경우이다. 나라에서 분양하는 공익 성격의 분양물건에서 찾아볼 수 있는 유형이다. 나라 땅을 빌려서 쓰는 아파트라 경매물건으로는 나오지 않는다. 개인이 가질 수 있는 물건의 종류가 아니다.

3 | 지적정리로 인해 대지권등기만 안 된 경우

대지권은 있으나 주택정비사업, 택지개발사업, 도시개발사업, 토지구획정리사업 등으로 집합건물이 들어선 토지의 지적정리(합필, 기부채납, 면적 등) 미확정으로 대지권등기가 지연되다가 지적정리는 마무리되었으나 대지권등기만 안 된 경우이다. 나라에서 하는 재개발사업, 재건축사업, 택지개발사업 구역 내 분양아파트에서 찾아볼 수 있는 형태다.

이런 미등기는 거의 문제가 없다. 지적정리가 마무리되면 등기부등본도 정리될 것이다. 그런데, 매각물건명세서상의 비고란에 '소유권과 대지권을 분리하여 처분한다' 혹은 '규약상 대지권과 분리하여 처분한다' 혹은 '전유부분에 대지권이 포함되어 있지 않다' 같은 주의문구가 적혀 있다면?

집합건물의 전유부분을 낙찰받으면 대지권까지 같이 낙찰받는 것으로 간주하는 게 일반적인데, 이 물건은 그

> **매각불허가 신청**
> 법원은 낙찰 1주일 후 매각허가결정으로 매각을 확정합니다. 만약 낙찰에 문제가 있으면 법원이 매각허가결정을 내리기 전까지 매각불허가 신청을 할 수 있습니다. 매각절차상 중대한 잘못이 있거나, 부동산의 중대한 권리관계가 뒤늦게 발견되었거나, 그밖에 심각한 하자가 있을 때 불허가가 나죠. 매각불허가 신청은 채무자, 채권자, 낙찰자 등 이해관계인이 신청할 수 있고, 매각불허가 신청기간은 낙찰 후 일주일이에요.

렇지 않다는 뜻이다. 비고란의 주의문구가 무엇인지, 어떤 위험이 있는지 현장에서 꼼꼼히 확인을 해야 한다. 만약에 매각물건명세서상에 별다른 경고가 없었는데 대지권이 없는 물건을 낙찰받았다면, 매각불허가를 신청하여 낙찰을 취소할 수 있다. 하지만 매각불허가는 매우 어려운 일이다. 불허가 날 만한 물건은 하지 말자.

4 | 토지등기부상의 권리가 말끔히 소멸되지 않아 대지권이 등기되지 않는 경우

집합건물의 등기부등본이 작성되면 토지등기부는 폐쇄되어야 하는데, 토지등기부등본에 근저당이나 가처분 같은 권리가 하나라도 남아 있으면 토지등기부를 말소하지 못한다. 폐쇄되어서 없어져야 하는데 아직도 살아 있는 토지등기, 이것을 토지별도등기라고 한다.

매각물건명세서에 '근저당은 낙찰자가 인수한다'라는 말이 있으면 주의하자. 이럴 땐 토지등기부상의 근저당권자가 배당받는 채권자 명단에 있는지 확인해야 한다. 토지채권자의 권리가 사라지지 않으면, 소유권을 제대로 가졌다고 볼 수 없다. 토지별도등기는 종종 만나는 미등기 유형이다. (토지별도등기는 35장에서 자세히 알아본다.)

5 | 잔금 미납으로 미등기된 경우

주택정비사업지역, 택지개발사업지구, 도시개발사업지역, 토지구획정리사업지역 내 집합건물의 전유부분을 분양(관리처분)받았으나, 준공이 됐음에도 잔금을 내지 않아 대지권이 미등기인 경우, 혹은 등기부가 정리되지 않은 경우이다.

예를 들면 이런 식이다. 대박건설에서 신규 분양을 한다.

"파격 분양, 먼저 입주해서 살다가 잔금은 3년 후부터~~!!"

"와~, 저 입주할래요."

"파격 조건이에요. 잔금을 유예하는 대신 토지는 잔금 납부하시면 그때 대지권을 이전해 드리는 거지요. 대박이지요?"

얼마 후 집주인의 세금 체납으로 집이 경매에 넘겨졌다. 분양잔금은 여전히 미납인 상태다.

■ 잔금을 유예하는 아파트 분양광고성 기사

일산 ▧▧▧▧ 6단지, 분양잔금 3년후 납부하는 파격분양 실시
분양잔금 3년후 납부
1억 3천~1억 8천만원 전세자금비용으로 3년간 입주가능
선납시 연 6% 할인적용으로 분양가대비 약 5천~6천만원 할인효과

대박건설 입장에서 가장 편한 채권 회수 방법은 배당신청이다. (은행이나 개발자들이 그렇게 만만한 사람은 아니다. 보통 선순위 근저당설정 등으로 안전장치를 해둔다.) 경매낙찰이 되면 대박건설은 근저당권자로서 배당을 받아 분양잔금을 회수할 수 있다. 배당으로 분양잔금이 완납되면 낙찰자에게 문제될 것은 없다.

그런데, 대박건설이 어떤 이유로 배당신청을 못했다면, 낙찰자의 잔금을 다른 채권자들이 다 받아갈 것이다. 분양회사가 잔금을 받지 못하면, '분양대금이 미납되었으니 대지권을 줄 수 없습니다' 하고 낙찰자에게 분양잔금을 청구할 수 있다.

미등기 신규 아파트, 조심해야 할 것들

앞으로 몇년간은 신규 분양이 많아 한동안 미등기 경매물건들이 나올 것으로 예상된다. 방금 분양한 새 아파트가 토지미등기 상태로 경매물건으로 나왔다면, 반드시 집주인이 분양대금을 완납했는지 확인을 해야 한다.

보통은 분양대금을 완납해야 소유권이전이 되지만, 경매물건은 여러 가지 사정이 있는 집이 많다. 미등기된 집합건물의 분양대금 완납 여부는 등기부등본이나 서류상으로는 알 수 없다. 매각물건명세서에 '본 물건은 분양대금이 완납되었음'이라고 쓰여 있으면 다행이지만, 매각물건명세서에 아무런 언급이 없다면 현장에서 직접 확인해야 한다. 시공사 담당자, 관리사무소장이 알고 있을 것이다.

건물 등기 사항	건물열람일 : 2014-08-11					등기사항증명서
구분	성립일자	권리종류	권리자	권리금액	상태	비고
갑1	2010-05-26	소유권	대한토지신탁		이전	보존
갑2	2010-07-05	소유권	문■■		이전	매매
을1	2010-07-05	(근)저당	한국외환은행	420,000,000원	소멸기준	(주택) 소액배당 4000 이하 1400 (상가) 소액배당 2500 이하 750
을2	2010-07-05	(근)저당	광명새마을금고	127,400,000원	소멸	
갑4	2014-01-08	가압류	신한카드	7,628,696원	소멸	
갑7	2014-07-31	임의경매	한국주택금융공사	청구: 372,161,061원	소멸	2014타줌■■■ (배당종결)

명세서 요약사항 ▶ 최선순위 설정일자 2010.7.5. 근저당권	
소멸되지 않는 등기부권리	해당사항 없음
설정된 것으로 보는 지상권	해당사항 없음
주의사항 / 법원문건접수 요약	-대지권 미등기이나 포함하여 평가 및 매각 -분양대금 완납 여부 알 수 없으며, 대지권 취득여부와 대지권등기는 매수인의 책임과 부담으로 함 ※ 미납관리비(공용)를 인수할 수 있으니 입찰전에 확인 하시기 바랍니다.

위 물건은 매각물건명세서상의 주의사항에 "대지권 미등기이나 포함하여 평가 및 매각"이라고 쓰여 있다. 이 말은 곧 대지권미등기 상태이지만 감정평가에 토지가격과 건물가격을 다 포함해서 매각을 한다는 뜻이다. 보통 대지권 미등기인 것도 토지가격까지 포함시켜 매각을 한다. 그런데 "분양대금 완납 여부 알 수 없으며, 대지권 취득 여부와 대지권등기는 매수인의 책임과 부담으로 함"이란다. 이게 무슨 소리인가. 이럴 때 등기부등본을 확인해야 한다.

등기부

맨 처음으로 대한토지신탁이 2010년도에 보존등기를 했다. 첫 등기는 집을 지은 사람이 하는데, 이것을 보존등기라고 한다. 그러고 나서 이 집을 분양받은 사람이 문씨다.

문씨가 소유권이전을 하는 날, 한국외환은행과 광명새마을금고에서 근저당 설정을 했다. 집 사면서 대출을 받은 것이다. 경매는 한국주택금융공사에서 임의경매를 넣었다. 주택금융공사는 근저당 순위 맨 앞에 있는 외환은행 근저당과 같은 자격과 지위를 갖는다(신규 분양시 은행은 주택금융공사랑 연계해서 집단대출을 한다). 한국주택금융공사는 배당으로 분양잔금을 회수할 수 있을 것으로 보인다. 돈 받을 사람이 돈을 받으면 문제는 해결된다.

다만, 여기까지는 서류에 근거한 단순한 유추일 뿐이다. '그런 거 같은데'라는 생각이 들면 현장에 가서 확인을 해야 한다. 인근 공인중개사무소나 외환은행, 주택금융공사에 물어보자. 대지권 취득 여부를 꼭 확인한 후 입찰해야 한다.

분양대금을 완납하지 않아 대지권이 미등기된 집합건물을 낙찰받으면 대지권등기가 안 될 수도 있으나 대지사용권에는 아무 문제 없다. 경매에서 전유부분을 낙찰받은 사람은 대지사용권까지 취득하는 것이고, 특별한 사정이 없는 한 대지사용권을 전유부분과 분리하여 처분할 수 없다.

이를 위반한 대지사용권의 처분은 법원의 강제경매 절차에 의한 것이라 하더라도 무효이다(대판 2009. 6. 23. 2009다26145). 집합건물 중 한 세대에 대지권이 없다 한들, 그 집만 철거할 수도 없지 않는가. 다만, 매매를 할 때 대지권이 없는 만큼 불리한 조건으로 거래해야 할 것이다.

토지별도등기의 유형들

위험하기도, 아니기도 한 토지별도등기

 토지별도등기가 있으면 물건 상세 페이지에 '토지별도등기 있음'이라고 표시된다.
 다시 말하지만, 집합건물은 등기를 하면 토지등기부등본이 폐쇄되는 것이 정상이다. 그런데, 간혹 어떤 이유로 건물등기부와 별개로 토지등기부를 남기는 때가 있다. 사라졌어야 하는 집합건물의 토지등기부등본이 따로 남아 있는 것을 토지별도등기라고 한다. 대부분은 위협적이지 않지만, 간혹 위험한 것도 있으니 알아두자.

유형 1 | 단순히 등기부상 말소를 하지 않은 경우

가장 흔한 케이스는 단순히 등기부상 권리가 말소가 안 된 경우이다. 빚은 사라졌는데 귀찮아서 혹은 시간이 많이 흘러서 따위의 단순한 이유로 등기부상 말소를 하지 않았다면 위험은 없다. 이런 집은 등기부를 깨끗하게 정리 안 한 상태로 그대로 매매거래를 한다. 그 상태로 그냥 팔고 산다.

이런 토지별도등기는 주로 오래된 아파트에 있다. 서류로 유추하지만, 특별한 권리가 살아 남아 있는지 현장에서 확인하는 것은 필수다. 이런 물건은 낙찰 후 토지별도등기 말소를 기관에 청구하여 말소시킬 수 있다. 다만 법적 요건이 충족되어야 하기에 그 과정이 쉽지는 않다.

유형 2 | 구분지상권이 설정된 경우

원래 땅주인은 지상공간도, 지하공간도 함께 소유한다. 그런데, 내 땅 밑으로 공공시설(지하철이나 전선이 지나가는 터널 등)이 설치되어 있다면 지하공간은 내 맘대로 할 수가 없다. 토지 아래 무언가 설치되어 있다면 등기부등본에 기재된다. 이런 것을 구분지상권이라고 한다.

구분지상권이 설정된 토지는 토지등기가 별도로 남겨지고, 그냥 그렇게 산다. 할 수 없다. 나라에서 하는 일이니. (지하철에 의한 구분지상권은 역세권이라는 뜻도 된다.) 이런 경우 토지별도등기를 말소시킬 수는 없지만, 소유권에 제한을 주지 않는 토지별도등기이므로 낙찰자에게 위험하지 않다.

유형 3 | 타 전유부분의 토지등기부가 정리되지 않은 경우

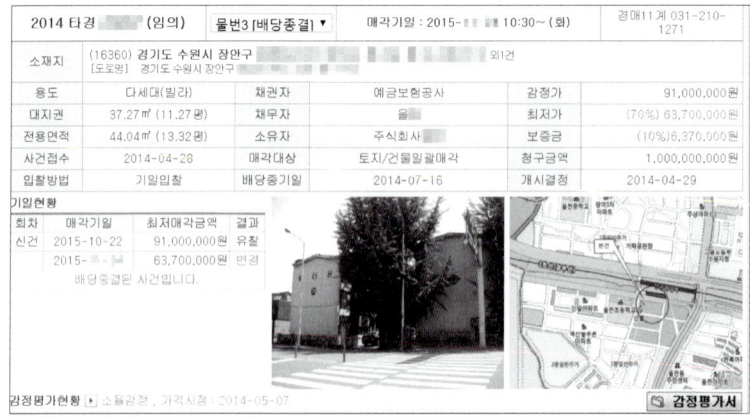

위 물건은 수원에 있는 빌라다. 주의사항에 "토지 별도등기 있음. 대지권의 목적인 토지 중 ○○동 303-1에서 303-5는 인접한 도로 등으로 이용 중이며, 303-6 지상에 별동의 건물이 소재하나 매각 제외함. 법정지상권 성립여지 있음"이라고 적혀 있다. 해당 물건은 303번지다. 물건번호 1, 2, 3, 4, 5, 6 중 3번 물건이다. 자세히 보면 물건내역서에는 토지별도등기가 있다고 쓰여 있지 않다(토지/건물일괄매각). 303번지는 아무 문제가 없다. 빌라 앞의 쪼만한 땅, 공터인 다른 토지 중 303-1, 303-5번지에 문제가 있는 것이다.

왜 이렇게 나오는 것일까? 옆 땅에 해당하는 토지별도등기 주의사항이 왜 이 물건에 나올까? 감정평가를 할 때 감정평가사는 6개 물건을 한꺼번에 감정평가하면서 평가의견을 써넣는다. 집행관은 감정평가사의 의견을 물건 주의사항에 적어야 하는데, 감정평가사의 의견이 어느 부분에만 속한다고 판단하기 어렵다. 때문에 같은 물건번호 전체에 감정평가사의 코멘트를 다 넣어준다. 이 물건은 권리상 문제가 없다. 해당 집합건물에 대지권이 온전하게 등재된 경우라면 낙찰자에게 위험하지 않다.

유형 4 | 토지에 권리가 남아 있는 경우

우리에게 진짜 문제가 되는 것은 토지의 권리가 진짜 정리가 안 된 케이스다. 토지별도등기의 대출이 남아 있거나, 압류가 살아 있거나, 효력 있는 가처분이 있는 물건은 위험하다. 이런 경우 법원에서는 매각물건명세서상에 주의를 준다. 매각물건명세서의 경고 내용을 보고 해석할 수 있어야 한다.

만약 "토지의 권리를 인수한다"라고 쓰여 있으면 토지에 있는 권리가 무엇인지, 해결 가능한지를 확인해야 한다. 서류상으로 알 수 없다면, 가장 확실한 확인방법인 토지 소유주를 만나본다. 소유주를 만나 토지 소유권을 가져오려면 얼마의 비용이 들지 직접 물어보자. 저당권자가 따로 있다면 저당권자를 만나 확인한다. 이런 유형은 보통 작은 물건에서는 보기 힘들고, 규모 있는 물건에서 만날 수 있다.

"전유부분에 해당하는 토지지분만큼 저당권을 소멸함"이라고 쓰여 있다면 빚이 사라지므로 토지지분을 가지는 데 문제가 없다는 뜻이다.

"매수인이 알아서 한다"거나 "매수인이 일임한다" 혹은 아무 말이 없다면 더 꼼꼼히 확인할 필요가 있다. 일단 토지에 근저당을 설정한 채권자가 배당에 참여했는지 여부를 확인한다. 채권자가 돈을 받아가면 문제없다. 등기부등본상으로 확인이 어려우므로 현장에서 확인해야 할 것이다.

건물 등기 사항 건물열람일 : 2015-06-04						등기사항증명서
구분	성립일자	권리종류	권리자	권리금액	상태	비고
갑1	1996-03-04	소유권	■■■외 1명		이전	협의분할에 인한 상속
갑2	2011-06-07	소유권	■■■	(거래가) 157,000,000원	이전	매매
을12	2011-06-07	(근)저당	황등신용협동조합	104,000,000원	소멸기준	(주택) 소액배당 6500 이하 2200 (상가) 소액배당 4500 이하 1350
을13	2011-09-19	주택임차권	임■■	22,000,000원	소멸	전입 : 2011-09-19 확정 : 2011-09-19
갑6	2014-09-12	가압류	서산수산업협동조합	87,029,171원	소멸	
갑8	2015-07-22	임의경매	황등신용협동조합	청구 : 91,639,426원	소멸	2015타경■■■ (해당종결)

명세서 요약사항	최선순위 설정일자 2011.06.07. 근저당권
소멸되지 않는 등기부권리	해당사항 없음
설정된 것으로 보는 지상권	해당사항 없음
주의사항 / 법원문건접수 요약	1.별도등기 있음(1,2토지의 을구1번 근저당권은 본건에 효력없다는 국민은행의 회신서 있음, 1토지 을구2번에 근저당권말소예고등기 있음). 2.건축물대장은 '칠성빌라 가동'이나 현황(외벽)은 '다동'임.

위 물건은 매각물건명세서에 "별도등기 있음"이라고 쓰여 있다. 하지만, 토지별도등기의 주체가 되는 은행 측의 '효력 없다'는 회신서가 첨부되어 있다고 하니 안심해도 좋겠다. 더불어 근저당권 말소 예고등기도 있다니 안전한 물건이다. 마음 놓고 입찰해도 좋다.

명세서 요약사항	최선순위 설정일자 2006.10.23. 근저당권
소멸되지 않는 등기부권리	해당사항 없음
설정된 것으로 보는 지상권	해당사항 없음
주의사항 / 법원문건접수 요약	별도등기 있으나 101동 전체에 대한 별도등기이며, 본건 전유부분은 근저당권변경으로 지분 포기된 상태임. * 관리비 조사일자 : 2015-05-08 현재까지 관리비미납금 4,852,660 원

위 사례는 별도등기가 해당 물건에 대한 근저당권이 아니라는 이야기다. 이 집이 아닌 101동 전체의 별도등기이니 소유권에 문제가 없다. 다만, 매수자가 꺼릴 수 있으니 인근 공인중개사에게 일반매매를 하는 데 문제가 없는지 확인하는 것이 좋겠다.

토지별도등기가 있는 건물에 임차인이 있다?

이런 건물의 임차인이 배당을 받을 수 있을까?

임차인은 주택임대차보호법의 보호를 받지만, 토지별도등기 물건에서 토지가격이 제외되어 있다면 토지부분을 제외한 건물부분에 대해서만 배당을 받을 수 있다. 선순위 임차인이라면 예상보다 배당금액이 적어 낙찰자가 인수해야 할 몫이 생길 수 있으므로 주의해야 한다.

건물을 제외한 토지만 경매로 매각된 경우 그 건물에 살고 있는 임차인은 주택임대차보호법의 보호를 받지 못한다. 토지에 대출을 해준 근저당권자 보호가 먼저이다(임차인의 권리는 여섯째마당과 일곱째마당 참조).

36 이제, 돈 되는 경매다

고수들의 놀이터, 지분권

하나의 물건을 여러 명이 공동소유할 때 각자가 소유하는 몫을 지분이라고 한다. 흔히 볼 수 있는 케이스는 상속된 집이다. 상속재산은 배우자 1.5배, 자식 1배 비율로 상속된다. 아내와 아이 단둘이 상속받았다면 아내 3/5지분, 아이 2/5지분이다. 등기부등본에 적힌 상속비율을 보면 누가 상속받았는지를 알 수 있다. 젊은 아버지의 재산이 두 명에게 상속되었는데 각각 1/2이라면 아내 없이 아이들만 상속받은 것이다. 아내는 이미 사망했거나, 이혼했을 것이다. (상속받은 사람이 어린아이들이라면 이 아이들이 어떤 상태인지도 확인하자. 돌보는 이가 없다면 부모 잃은 아이들을 명도해야 할 수도 있다.)

지분권은 또 다른 지분권자에게 가장 유리하다

지분권이 경매에 나오면, 공유자인 다른 지분권자는 경매기일에 법원에 가서 '공유자우선매수' 신청을 할 수 있다.

낙찰자가 1억에 낙찰받으면, 집행관이 다른 지분권자에게 "공유자우선매수권 행사하시겠습니까?" 하고 묻는다.

"네, 하겠습니다" 하면 지분권자는 그 물건을 낙찰가와 같은 1억원에 사게 된다. 낙찰가 1억이 너무 비싸다고 생각되면 지분권자가 공유자우선매수권을 행사하지 않을 수도 있다. 공유자우선매수권은 애초부터 지분권자에게 주어진 권리다. 법원에 미리 신청할 수도 있고, 미리 신청하지 않았더라도 경매가 진행되는 날 그 자리에서 신청 가능하다.

지분권자라면 입찰일에 법원에 가는 것이 당연할 것 같지만 모든 지분권자가 우선매수를 하는 것은 아니다. 상속받은 시골 아버지 집이 입찰이 되어도 자식 중 누구 하나 나서는 사람이 없을 수도 있다. 한 사건에서 공유자우선매수권 행사는 한 번만 가능하다. 공유자우선매수권을 행사하고 나서 악의적으로 미납을 하여 경매를 방해하는 경우가 많아 2013년도에 법이 바뀌었다.

지분권을 낙찰받은 경우 해결방법

부부 공동소유였는데 한 사람의 지분이 경매에 나오기도 하고, 공동투자한 물건 중 한 사람의 지분만 경매에 나오기도 한다. 4명이면 각자 1/4씩 지분을 가지게 된다. 그중 A가 카드연체를 해서 A의 지분에 압류가 들어왔다가 경매가 실시되면 A의 1/4지분만 경매에 나온다. 이것을 낙찰받으면 그 물건의 1/4만큼 권리가 있다. 지분권을 낙찰받으면 다른 지분권자 B, C, D를 만나서 협상을 시도한다.

"제 지분 1/4 사실래요?"

"글쎄요, 다른 분들과 이야기해 볼게요."
B 지분권자가 말한다.
"전 살 돈 없는데요."
C 지분권자가 말한다.
"차라리 제 걸 사세요, 싸게 드릴게."
D 지분권자가 말한다.

한두 명이면 모를까, 지분권자가 많으면 협상이 쉽지 않다. 세 명 이상만 되어도 한번에 만나기도 힘들다. 자기들끼리도 연락이 안 되기도 한다. 1/16지분이라면 나머지 지분권자 15명을 만나서 이야기해야 하는데 만만치 않은 일이다. 작은 지분은 별로다. 지분 건은 지분이 큰 사람이 유리하다.

지분권 공유물분할 경매

지분권자들끼리 협의가 안 되면 공유물분할 신청을 할 수 있다. 분할방법은 몇 가지가 있다.

먼저, 현물분할방법은 물건을 똑같이 나누는 것이다. '땅을 똑같이 나눕시다' 하면 한쪽은 도로가 있고, 다른 한쪽은 도로가 없으니 서로 협의가 될 리 없다. 현실적으로 어렵다.

다음으로, 돈으로 나눌 수도 있다. 제3자에게 팔아서 돈으로 분할할 수도 있고, "당신이 내 것 사세요"라는 가격배상으로 협의할 수도 있다.

이래저래 협상이 안 되면 법원에 '공유물분할 신청'을 할 수 있다.

"저는 이야기를 잘하고 싶은데 이분들이 협조를 안 해주네요. 공유물분할 해주세요"라고 법원에 경매신청을 한다. 공유물분할 경매는 낙찰자가 공유물

> **가격배상**
> 공유자 1명이 공유물 전부를 취득하고 각자의 지분에 따라 돈으로 배상하는 방법을 말해요.

전부에 대한 권리를 갖는 일괄낙찰이며, 지분권자들에게는 지분별로 배당이 된다. 즉, 낙찰자는 집의 전부의 권리를 가질 수 있다. (공유물분할을 위한 경매는 지분권자의 신청에 의해 시작하고, 배당은 지분권자에게 지분별로 이루어진다. 채권자들을 위한 경매가 아니다.) 공유물분할 신청은 법원의 허락을 받아 신청한다.

2015 타경 ▨▨▨ (임의) 공유물분할을 위한경매		매각기일 : 2016-▨▨ 10:00~ (목)		경매5계 052-216-8265	
소재지	(44736) 울산광역시 남구 야음동 ▨▨▨ 제110호 [도로명] 울산광역시 남구 수암로 ▨▨				
용도	아파트	채권자	한길법률경매	감정가	120,000,000원
대지권	43㎡ (13.01평)	채무자	한길법률경매 外	최저가	(64%) 76,800,000원
전용면적	59.27㎡ (17.93평)	소유자	한길법률경매 外	보증금	(10%) 7,680,000원
사건접수	2015-12-16	매각대상	토지/건물일괄매각	청구금액	0원
입찰방법	기일입찰	배당종기일	2016-03-14	개시결정	2015-12-22

기일현황			
회차	매각기일	최저매각금액	결과
신건	2016-07-14	120,000,000원	유찰
2차	2016-08-11	96,000,000원	유찰
3차	2016-▨▨	76,800,000원	매각
	낙찰7명/낙찰96,900,000원(81%) 2등 입찰가 : 96,390,000원		
	2016-09-20	매각결정기일	허가
	2016-10-18	대금지급기한 (2016.10.13)	납부
	2016-11-03	배당기일	완료
배당종결된 사건입니다.			

위반건축물, 뭘 체크해야 할까?

건축은 땅의 용도에 맞게

땅에는 제각기 용도가 정해져 있다. 나라에서 '이 땅은 상가로, 저 땅은 집으로 써라'라고 땅의 용도를 정해 두었다. 토지에 대한 이용방법과 규제는 공법, 건축법 등으로 정하고 있다.

건축물을 지으려면 건축허가를 받아야 하고, 건축허가가 나기 위해서는 건축설계사의 설계도면을 제출해야 한다. 설계도면을 보고 관할기관에서는 건축주가 용도에 맞게 건축을 하려는 건지 확인하고, 법적으로 문제가 없으면 허가나 승인을 해준다.

새로 짓는 집뿐 아니라 리모델링도 허가나 승인이 필요하다. 증축, 개축, 재축, 대수선을 리모델링이라고 한다.

- **증축** : 기존 건축물의 연면적, 층수, 높이를 늘리거나, 기존 건축물의 일부를 철거하고 종전 규모를 초과하여 다시 짓는 것.
- **개축** : 기존 건물의 일부 혹은 전부를 철거하고 종전과 같은 규모로 다시 짓는 것.
- **재축** : 천재지변이나 재해로 인해 멸실된 후 종전 규모로 다시 짓는 것.
- **대수선** : 건물의 주요 구조부의 수선 변경, 외부형태 변경 등. 다가구주택의 가구간 경계벽을 만들거나 허무는 것도 대수선에 속한다. 기둥을 3개 이상 변경하면 허가를 받아야 한다.

이런 세부적인 내용들이 법조항에 규정돼 있다. 법조항을 벗어나 용도를 변경하거나 증축 등을 하면 위반건축물이 된다.

위반건축물로 기재되는 과정

위반건축물이 위반인 것을 나라에서 어떻게 귀신같이 알아냈을까? 공무원이 정기 실사에서 적발하거나, 항공촬영에 찍혀 걸리는 경우가 있는데, 수적으로 그리 많지는 않다. (우리나라 공무원들 그리 한가하지 않다. 바쁜 공무원들이 언제 일일이 위반건축물을 찾아낼까.)

가장 흔한 케이스가 이웃의 민원이다.

"옆단지 신축빌라 3층에 발코니 새시 씌웠어요. 위반건축물 단속해 주세요."

이웃은 왜 민원을 넣을까?

"옆집에서 빌라 짓는 동안 정말 힘들었어요. 먼지 날리고, 시끄럽고…. 소음은 그렇다 쳐도 우리집 햇빛 가리는 건 어쩔 거예요. 뭐라 항의하니 휴지 하나 던져주는데, 이건 아니죠."

옆집 주인이 '두고 보자'며 이를 갈고 있는 차에 위반건축물이 생기면 '옳지, 잘됐다' 하면서 구청에 민원을 넣는다. 돈이 필요해서가 아니라 기분 나빠 민원을 넣는 것이다.

민원이 들어오면 공무원은 무조건 처리를 해야 한다. 실사 후 '위반건축물'로 판단되면, 원상복구 명령이 떨어진다. 그러면 건축주는 원상복구를 해야 한다. 안 하면 강제이행금이 나온다. 그리고 건축물대장에 위반건축물이라고 등재가 된다. 만약 낙찰받은 집이 실제로는 위반건축물인데, 건축물대장에는 위반건축물로 등재되어 있지 않다면 명도를 너무 세게 하지 마시라. 점유자가 민원을 제기할 수도 있다.

겉보기에 완벽한 신축빌라 분양 담당자가 빌라 1층을 안내하며 말한다.

"여기는 위층보다 훨씬 싸요. 이 집은 근생이지만 살기는 일반 주택이나 똑같아요. 취득세가 조금 더 나오는데, 취득세는 저희가 지원해 드린답니다."

근린생활시설은 주택이 아니기에 취득세가 4%다(주택은 1%). 분양하는 사람들이 취득세를 왜 대신 내주기까지 할까? 이 집은 건축주가 사용승인을 받고 나서 주택으로 불법 용도변경을 한 것이다. 겉보기에는 주택이지만, 태생은 어쩔 수 없는 법. 태어날 때부터 1종 근린생활시설은 영원한 1종 근생이다.

건축주는 왜 1층을 주택이 아닌 1종 근생으로 만들었을까? 필로티를 높이면서 한쪽에 주차장을 만들고 다른 쪽에 1종 근생을 만들면 1개 층을 더 높일 수 있다(1종 근생은 주택수에 포함되지 않는다). 한 층을 더 만들면 건축주의 수익이 높아진다. 이것이 1종 근생으로 태어났지만 주택의 모양으로 살아가고 있는 집의 흔한 사연이다.

불법주택에 해당하는 이 집은 집주인 본인이 살 때는 별 문제가 없다. 임대를 놓을 때도 문제없다. (심보 고약한 이웃이 민원을 제기하면 강제이행금이 나오고 원상복구 명령이 나올 수는 있다.) 용도변경된 주택이라도 임차인은 임대차보호법의 보호를 받는다.

문제는 매매할 때이다. 태생이 1종 근생이니 주택이 아닌 상가로 매매해야 한다. 주택도 아닌 것이 주택인 척하는 이유로 다른 집들보다 싸게 매매해야 할 것이다.

강제이행금

강제이행금은 법적으로 연 2회 내게 되어 있지만, 현실적으로는 1년에 1회 부과되는 경우가 많다. 연면적(전체 면적) 85m² 이하 건물은 총 5회까지 부과하게 되어 있다. 낙찰받은 물건의 전 주인에게 부과된 강제이행금은 안 내도 된다. 낙찰 후 낙찰자에게 나온 고지서만 내면 된다.

2016년 건축법이 개정되면서 동일한 비율로 부과되던 강제이행금이 이제는 위반 내용에 따라 가중되거나 가감되어 부과된다.

아래는 건축법시행령 주요 내용이다.

■ **위반내용별 이행강제금 차등 부과**

위반내용	변경 전	변경 후	증감
건폐율 초과	건축물시가표준액× 50/100×위반면적	변경 전 × 80%	20% 감경
용적률 초과		변경 전 × 90%	10% 감경
허가를 받지 않은 경우		변경 전 × 100%	없음
신고를 하지 않은 경우		변경 전 × 70%	30% 감경

* 예를 들면, 시가표준액이 1m^2당 200만원인 상가건물에서 '신고를 하지 않은' 위반면적이 10m^2라면 이전에는 위반내용에 관계없이 이행강제금으로 1000만원이 부과되었던 것에 비해 이제는 70%인 700만원이 부과된다는 뜻이다.

■ **이행강제금 가중/감경 내용**(신설)

구분	내용	비고
가중	• 임대 등 영리목적으로 무단 용도변경 • 허가, 신고 없이 신축 또는 증축 면적이 50m^2 초과 • 5가구(세대) 이상 무단으로 증가 • 동일인이 최근 3년 이내 2회 이상 위반	이행강제금 50/100 범위에서 가중
감경	• 위반행위 후 소유권변경 • 위반면적이 30m^2 이하 • 임대를 하고 있어 당장 시정이 어려운 상황 등 (특수성 인정)	이행강제금 50/100으로 감경 (다만, 조례로 정하는 기간까지 시정하지 않으면 감경 대상에서 제외)

* 그밖에도 추가로 가중 및 감경 대상을 조례로 정할 수 있도록 하였기 때문에 해당 지자체별로 상이할 수 있다.

특히 '위반행위 후 소유권변경'이 있을 시 강제이행금을 감경한다는 내용이 인상 깊다. 위반건축물을 낙찰받으면 소유권이전이 된 것이므로 기존의 50%로 강제이행금을 내게 된다.

위반건축물의 신고증, 등록증, 허가증

상가에서 술집을 운영하려면 구청의 허가증을 받아야 한다(어떤 업종이든 장사를 하려면 구청에서 등록증, 허가증, 혹은 신고증을 받아야 한다). 그런데, 같은 건물 내에 위반건축물이 있는 상가가 있으면 허가가 안 나온다. 건물 전체에 위반건축물이 없어야 한다. 원상복구를 하면 그제야 허가가 나온다.

1종 근생을 낙찰받아 주택으로 바꿀 수 있을까

용도를 바꾸려면, 빌라 전체의 주차장 용량과 정화조 용량이 변경하려는 용도의 건축기준에 적합해야 하고, 이웃의 동의가 필요하다.

건물은 애초에 지을 때 법적 규제에 맞게 짓는다. 규정에 맞춰 건축을 했기에 일정 규모의 주차장이 있고, 일정 규모의 정화조 용량이 확보되어 있을 것이다. 주택으로 용도변경을 하려면, 기존 정화조 용량이 충분해야 한다. 이제 와서 땅에 묻힌 정화조를 파내고 큰 걸로 바꿀 수는 없지 않은가. 주차대수도 중요하다. 건축물의 사용승인 시기에 따라 주차장 추가 설치 여부가 결정된다. 같은 빌라에 살고 있는 다른 소유자들의 동의서도 필요하다. 전체 3분의 2 이상 동의

> **주택 옷을 입은 상가**
> 주택의 모양을 한 1종 근생을 종종 볼 수 있는데, 이런 물건은 주택으로 검색하면 안 나오고, 상가로 검색해야 나옵니다. 상가를 검색했는데 주거용 집이 나왔다면 이 집은 원래 용도가 상가인 것이에요. 보통 빌라의 1층에 많습니다.

서를 받아 구청에 건축물 용도변경 신고를 한다. 이래저래 만만치 않은 일이다. (건축사무소에 문의해 용도변경 가능 여부를 확인하는 것이 확실하다.)

만약 위반건축물이어서 강제이행금을 내더라도 월세가 더 많이 나온다면 매년 강제이행금을 내면서 계속 보유할 수도 있다. '나는 그렇게는 못 살겠다'면 용도를 다시 원래대로 바꾸는 것도 방법이다. 이때 원상복구하는 공사비용을 고려한다.

2015년 5월 사선제한이 폐지되었다

빌라 발코니 위에 새시를 하면 불법건축물이 되는 이유가 도로사선제한 때문이었다. '도로사선제한'이라는 법 때문에 집이 네모반듯하지 못하고 계단식으로 지어졌던 것이다. 이 규제가 '불합리하다'고 판단, 2015년 사선제한법이 폐지되었다. 그래서 이제 과거 사선제한법에 걸려 위반건축물로 등재된 많은 집들이 위반건축물이 아닐 수 있게 되었다.

그런데, 사선제한에 걸린 모든 집이 위반건축물에서 해제되는 것은 아니다. 높이제한은 아직 남아 있기 때문이다. 이 집이 아직도 위반건축물인지 여부는 관할구청에 확인을 해보아야 한다. 지자체 조례로 그 기준을 정하고 있어서 일반인이 확인하기는 어렵다. 지자체 담당자에게 직접 물어보자.

위반건축물 양성화 기간

나라 곳곳에 위반건축물로 등재된 집이 너무 많다면 그것도 문제다. 정부에서는 한시적으로 기간을 정해 놓고 위반건축물을 양성화시켜 준다. 위반건축물이었던 건물을 위반이 아닌 건축물로 만들어주는 것이다.

5~10년에 한 번 정도인데 정확한 날짜가 정해져 있는 것은 아니다. 2014년이 위반건축물 양성화 기간이었으니 앞으로 한참 남았다. (까다로운 절차와 비용이 들지만 적법건축물이 될 수 있는 기회다.)

불황에 빛을 발하는 부실채권(NPL)

NPL(Non Performing Loan)이 처음 우리나라에 알려진 것은 IMF 때이다. 당시 은행들은 보유하고 있던 부실채권들을 외국투자자(론스타, 골드만삭스 등)에게 팔았다. 부실채권은 담보가 있는 것도 있고, 없는 것도 있다. 당시 담보가 없는 신용채권은 원금의 3% 가격에 팔았고, 담보가 있는 채권도 원금의 45%까지 할인 세일을 했다. 원금의 50%도 안 되는 헐값이었다. 당시 론스타는 NPL을 헐값에 사들여 몇 년 후 우리나라 기업에 되팔면서 큰돈을 챙겼다.

미국에만 있는 줄 알았던 NPL이라는 생소한 개념이 이렇게 우리나라에 처음 도입되었다. 그때부터 NPL은 돈 좀 있는 사람들이 하는 것으로 알려져왔다. 몇억, 몇조 단위로 사이즈가 컸기 때문이다.

한때 대중화가 되어서 개인도 NPL을 할 수 있었지만, 현재는 법개정으로 개인이 직접 투자를 할 수 없다. 개인이 NPL을 하고자 한다면 대부업체를 이용해야 한다. NPL이 무엇인지 알아보자.

NPL은 어떻게 만들어지나

똑같은 부실채권이지만 채권 회수가 힘든 진짜 부실한 채권이 있고, 시간은 걸리더라도 채권 회수는 확실한 안정적인 채권도 있다. 부동산담보 채권은 담보가 있기에 상대적으로 안전하다. 우리가 관심 있는 부실채권은 부동산을 담보로 한 부실채권이다.

은행은 3개월 이상 연체된 채권을 부실채권으로 분리를 한다. 부실채권에도 등급이 있다. 3개월 연체, 조금 더 길어서 6개월 이상 1년 이하 연체, 그 이상 연체된 채권…. 부동산을 담보로 한 채권이 이자연체로 부실채권이 되었다면, 은행은 어떻게 할까?

제일 쉬운 방법은 경매신청을 하는 것이다. 근저당설정도 되어 있으니 임의경매를 넣어서 채권 회수를 하면 된다. 그런데, 시간이 많이 걸린다.

은행은 부실채권을 많이 가지고 있으면 안 된다. 부실채권 규모가 크면 재무구조가 나빠지고, 금융감독원이 정한 부실채권 지도 비율(1.49%)을 맞출 수가 없다. IFRS(국제회계기준)도 맞추기 힘들어지고, BIS(국제결재은행의 자기자본비율)도 낮아져서 은행의 신용도가 떨어진다. 당장 이런 기준 요건을 맞추어야 하는데, 어느 세월에 경매를 할까. 은행은 '본전 다 찾겠다고 몇 개월씩 시간을 보내는 게 나을지, 아니면 조금 싸게라도 지금 파는 게 나을지' 결정을 한다. 그리하여 부실채권을 유동화회사(SPC)에 넘긴다.

유동화회사는 어떤 곳일까

유동화회사(SPC)는 은행 등 금융기관에서 발생한 NPL을 매각하기 위해 일시적으로 설립된 특수목적회사다. SPC는 서류상 회사로 실질적인 자산관리와 관련된 업무는 자산관리회사(AMC)에 위탁한다. 유암코, 우리F&I 등이 대표적인 AMC이다. 부실채권을 팔고 관리하는 실무자를 AM(Asset Manager)이라고 한다. 과거에는 개인이 AM과 직접 거래를 할 수 있었지만, 지금은 불가능하다. 사실 개인 거래가 가능했을 때도 이는 쉬운 일이 아니었다. 예전 사례를 들어보겠다.

경매물건정보에서 관심 있는 물건을 발견하고 전화를 했다.

"물건번호 1234번, 파세요?"

"매각 안 합니다!!"

이상하다. 실제 전화를 해보니까, 웬만한 물건은 안 팔더라.

사석에서 만난 AM에게 물어보았다.

"개인이 살 수 있긴 한 거예요?"

"그럼요. 팔긴 파는데, 가격이 안 맞는 거죠."

AM 입장에서 생각을 해보자. 배당받으면 해결될, 문제없는 물건은 안 팔아도 된다. 팔더라도 곧 배당받을 물건을 굳이 저렴하게 팔 이유는 없다. 반면에, 개인은 저렴하게 사지 않으면 NPL투자를 할 이유가 없다. 결국 가격이 안 맞는다. 그러니 안 파는 물건이 되어버린다.

그렇다면 파는 물건은 어디에 있는가. 비싼 돈 내고 NPL강의를 들었더니, 유명 NPL강사의 강의 요점은 "나한테 사라"였다.

도대체 NPL투자, 어떻게 하면 좋을까?

NPL투자 과정

일반물건을 검색하다 보면 쉽게 유동화 물건을 만날 수 있다.

구분	성립일자	권리종류	권리자	권리금액	상태	비고
갑5	2009-11-30	소유권	김○○	(거래가) 530,000,000원	이전	매매
갑9	2014-04-21	소유권	김○○		이전	재산분할
을12	2014-04-25	(근)저당	국민은행	336,000,000원	소멸기준	(주택)소액해당 9500 이하 3200 (상가)소액해당 6500 이하 2200
을14	2014-05-15	(근)저당	국민은행	60,000,000원	소멸	
갑11	2015-12-30	임의경매	국민은행	청구 : 331,510,244원	소멸	2015타경○○○○ (에이피제4디유동화전문 유한회사) (양도인: 국민은행) (02-3774-6286)

명세서 요약사항 ▸ 최선순위 설정일자 2014.4.25.(근저당)

매각으로 소멸되지 않는 등기부권리	해당사항 없음
매각으로 설정된 것으로 보는 지상권	해당사항 없음
주의사항 / 법원문건접수 요약	2016-07-26 채권자 에이피제4디유동화전문 유한회사 경매 매각기일 연기신청 제출 • 관리비 조사일자 : 2016-06-13 관리비미납 없음

유동화 채권(NPL)

유동화 채권 NPL	■ 해당 물건은 NPL(Non Performing Loan) 물건으로, 채권자가 유동화 회사로 변경된 상태입니다. ■ NPL 채권의 매입을 원하시는 고객께서는 아래 자산관리회사로 문의하여 주시기 바랍니다. - NPL 매입상담 및 질권대출문의 : NPL파트○○○ ☎ 02-2602-6010

지금은 개인이 NPL투자를 하고 싶으면 대부업체를 통해야 하기에 접근하기 쉽지 않다. 이전에는 개인이 유동화회사를 찾아 직접 거래할 수 있었다. 이전에 방식은 이러했다.

유료사이트 하단에 표시된 NPL파트○○는 유동화회사가 아니다. 스피드옥션에 광고를 하는 컨설팅업체다. 등기사항 요약에 표시된 '에이피제4디유동화전문 유한회사'가 바로 이 물건의 채권을 가지고 있는 유동화회사다. 이 채권은 원래 국민은행 것이었다가 '에이피제4디유동화전문 유한회사'로 넘어갔다.

해당 업체에 전화를 하면 AM과 연결할 수 있었고, 채권을 판다고 하면 가격 협상을 시작했다. 투자자와 AM간에 가격이 협상되면 회사에 결재를 받고 계약서를 쓸 수 있었다. 이후 계약금을 지불하면 계약이 성립하는 형식이었다.

NPL 계약, 2종류가 있다

- **론세일** : 1개월 이내 잔금 지급하고, 잔금 지급과 동시에 근저당권 이전
- **채무 인수** : 채무인수승낙서 받고 낙찰받은 다음 나머지 잔금 지급

론세일은 가장 깔끔한 방법이다. 채권에 대한 근저당 권리를 전부 이전해 준다. 앞의 사례에서 국민은행에서 유동화회사로 근저당 권리가 전부 이동했듯이, 채권을 개인 명의로 전부 이전해 준다. 이때 대출도 가능하다. 근저당을 담보로 해서 질권대출을 한다. (질권대출은 1금융권에서 받기 어려워 주로 제2금융기관에서 취급하기에 금리가 높은 편이다.)

채무 인수는 낙찰을 목적으로 하는 경우에 한다.

"낙찰받으면 근저당 채권의 잔금을 지급하겠습니다" 하고 10% 계약금만 내고 계약을 마친다. 만약 낙찰을 못 받으면 계약은 무효가 된다.

NPL투자, 어떻게 수익을 올리나?

소영씨는 2억짜리 NPL채권을 할인받아서 8000만원에 샀다. 이 채권의 담보인 집의 가치는 1억이고 다른 채권자는 없다. 소영씨는 경매에 참여해서 직접 낙찰을 받았다. 낙찰가는 2억이다.

NPL채권자는 고가 입찰이 가능하다. 채권을 실제 얼마에 샀는지와 상관없이 채권금액만큼 입찰가를 올려 쓸 수 있다. 말도 안 되는 가격인 200%에 낙찰받고 웃음을 짓는 사람들이 NPL투자자들이다. 소영씨가 낙찰받은 집 가격이 올라 2억원이 되었다. 일반경매로 낙찰받았다면 1억원에 취득을 했을 터이고,

2억원에 매도를 하니 1억에 대한 양도세를 내야 한다. 하지만, 소영씨는 양도세를 한푼도 내지 않는다. 경매 낙찰금액이 2억원이고, 매도가격도 2억원이니 서류상 양도차익이 없다. 하지만, 그녀가 실제 투자한 금액은 채권 매입비용 8000만원뿐이므로 투자이익은 1억 2천만원이고, 세금도 없다.

물론 이런 가정은 아주 꿈 같은 이야기다. 이론만으로는 이런 아름다운 이야기도 가능하다.

또 한 가지, 입찰기일이 계속 변동되면 NPL채권자는 돈을 번다. 입찰기일이 늦어지면 그만큼 연체이자가 늘어나기 때문이다. 입찰기일 변경은 유동화회사에서 신청하는 경우가 많다(앞의 예시 물건도 유동화회사에서 변경신청을 했다). 연체이자는 우리가 생각하는 3%가 아니다. 엄청나다. 법정 연체이자가 27.9%다 (2016년 2월 이전 최고이자율은 34.9%다). 변경으로 입찰기일이 한 달 더 늦어지면 NPL채권자는 한 달 연체이자를 더 받을 수 있다.

사실 경매 지연은 전체적으로 손해다. 집주인인 채무자는 당연하고, 채권자도 손해다. 오직 NPL채권자들만 이득을 본다. 때문에 다른 채권자들이 경매속행개시신청을 하기도 한다. (변경 사유는 문건송달내용에서 확인할 수 있다.)

NPL투자의 포인트

NPL물건은 시장상황이 좋을 때는 싸게 사기 어렵고, 투자이익을 내기도 어렵다. 부동산 시장이 좋을 때는, 문제가 있는 특수물건들에 수익이 있다.

AM들은 본인이 보기에도 해결이 쉽지 않은, 어려운 물건들만 싸게 판다. 예를 들면 유치권이 설정되어 있고, 법정지상권도 성립할 것 같고, 거기에다 가처분까지 있는, 그런 물건 말이다. 이런 물건이 NPL이라면, 싸게 살 수 있다. 혹은 주거용이 아닌 땅이나 공장, 사이즈가 큰 상가도 NPL투자를 할 만하다(주거용 이외의 물건은 가치분석을 더 꼼꼼하게 해야 한다).

NPL투자를 하려면 빠르고 정확하게 부동산의 가치를 평가해야 한다. 물건이 많지 않기 때문에 빨리 팔린다. 게다가 잘 안 파니까 '판다'고 하면 얼른 사야 한다. 고민하는 사이에 다른 사람이 사버릴 수 있다.

경매는 당연히 잘 알아야 한다. NPL을 하면서 경매를 모르면 불리하다. 권리분석은 당연하고, 배당까지 능통해야 한다. AM과의 인맥은 만들기 어려우니, '중간수수료 제외하고 수익이 나는가'를 확인해 보자.

좋은 물건은 시장이 불안할 때 나온다. 경매가 불황에 빛을 발하듯이, NPL은 불황에 더 빛이 난다. 살 사람이 적어지면, 일반물건이라도 "좀 싸게 줄게요" 하는 법이다. 불황일 때 NPL을 하라.

39 이제, 돈 되는 경매다

공사대금 달라는 유치권, 진짜 줘야 하나?

수선집에 맡긴 옷

옷 수선집을 찾았다. 이곳에서는 최신 트렌드에 맞게 수선을 해준다.
"이런 옷들도 요즘 스타일로 고칠 수 있어요?"
"그럼요. 이건 요렇게 조렇게 고쳐서 10만원, 이건 20만원, 저건…"
"그렇게 비싸요? 새것만큼이나 비싼데요."
깜짝 놀라서 하나만 고쳐보기로 했다. 선금 2만원을 주고, 나머지는 찾아갈 때 주기로 했다.

옷을 찾으러 갈 때 당연히 수선비를 내야 한다. 만약 수선비를 주지 않으면 수선집 사장님은 내 옷을 돌려주지 않는다. 수선집 사장님이 내 옷이 너무 맘에 들고 좋아서 옷을 안 내주는 것이 아니다. 단지 수선비를 받지 못했기 때문이다.

옷 수선을 집으로 바꾸어서 생각해 보자.

집을 지어달라고 한 건축주가 있다. 공사업체는 열심히 집을 지었는데, 건축주가 공사대금을 지불하지 않는다. 분양이 안 되어서 돈이 없을 수도 있고, 사업이 잘못되어 파산했을 수도 있다. 기껏 공사를 하고도 돈을 받지 못한 공사업체는 집에 눌러앉아 버린다. 공사업체는 공사대금을 받기 전에는 건축주에게 집을 넘겨주지 않을 것이다.

결국 건축주의 사정은 더 어려워져서 집이 경매에 넘어가 버렸다. 경매시장에 나온 이 집을 우리가 낙찰받는다. 이 집에는 공사대금을 못 받은 공사업체가 들어앉아 점유하고 있다. 이것이 유치권이다.

유치권의 성립요건

유치권은 ① 타인의 물건을 점유한 사람이 ② 그 물건에 대하여 생긴 채권이 ③ 변제기(돈을 갚기로 한 때)에 있는 경우, 변제를 받을 때까지 ④ 그 물건을 유치하여 채무자에 채무변제를 강제하는 담보물권이다.

유치권은 성립요건이 충족되었는지 확인하는 것이 먼저다. 잘못된 유치권은 강제집행이 가능하기에 아무 문제도 되지 않는다. 유치권으로 인정되려면 아래 성립요건이 모두 충족되어야 한다.

1 | 타인의 물건을 점유해야 한다

남의 집이어야 한다. 집주인인 건축주가 자기 집에서 유치권을 주장하는 것은 말이 안 된다.

임차인이 주장할 수 있는 유치권은 필요비, 유익비뿐이다(이것도 받기 쉽지 않다), 못 받은 보증금, 권리금은 유치권 행사가 불가능하다.

2 | 유치권의 채권이 현재 점유하고 있는 부동산에서 발생한 것이어야 한다

공사업자는 공사한 그 집을 점유해야 한다. 공사한 집이 아닌 건축주 집에 누워버린다든가, 다른 부동산을 점유하는 것은 유치권에 해당되지 않는다.

빚은 반드시 그 집에 대한 빚이어야 한다. 즉, 집에 대한 공사대금이어야 한다. 건축주에게 개인적으로 빌려주고 못 받은 돈을 달라고 공사한 집에 누워도 유치권은 성립되지 않는다.

3 | 유치권의 채권이 변제기에 도래했어야 한다

돈을 갚을 때가 되었어야 한다.

4 | 유치권은 목적물을 계속 점유해야 한다(경매기입등기 전)

점유는 꼭 그 집에서 먹고 산다는 뜻은 아니다. 책상 하나 가져다놓아도 점유이고, 공사업체 사장님이 아닌 직원이 있어도 점유다. 경비업체를 보내도 점유다. 잠금장치를 해놓아도 점유다. 커다란 현수막으로 유치권 행사 중임을 알리는 것도 점유로 인정해 준다.

하지만, 반드시 경매기입등기 전에 점유했어야 한다(경매기입등기는 등기부에 기재된, 경매 시작된 날을 뜻한다). 경매가 시작된 후에 한 점유는 인정하지 않는다.

이런 요건 때문에 작은 공사업체는 점유를 하기가 쉽지 않다. 하루 일해서 하루 먹고 살기도 바쁜데, 언제 끝날지 모르는 유치권 점유를 어떻게 할까? 사람 쓰고, 돈 쓰고 할 여력이 없다. 실제 유치권 성립요건이 충족되지 못해서 돈을 떼이는 작은 공사업체가 허다하다.

5 | 유치권의 점유는 적법해야 한다

불법이면 안 된다. 점유 자체도 그렇고, 점유 중에 불법이 있어도 안 된다.

만약 월세를 내는 임차인이 유치권을 주장하고 있다면, 매달 임대료를 냈어야 한다. 임대료를 내지 않는 임차인은 계약 종료로 인해 불법점유가 된다.

6 | 채무자와 유치권자 사이에 유치권 배제 특약이 없어야 한다

일반적인 임대차계약에서 '임대기간이 끝나면 원상회복한다'는 특약이 있는데, 이것은 유치권 배제 특약에 해당한다.

이렇게 요건이 까다로운데도 유치권이 성립한다면 유치권자에게는 어떤 권리가 있을까? 돈 받을 때까지 집을 계속 점유할 수 있는 것은 물론이고, 경매대금에서 우선변제받을 수 있고, 점유하고 있는 집을 일정 범위 내에서 사용할 수도 있다. 유치권을 남에게 양도할 수도 있다(채권 양도).

진짜 유치권자라면 낙찰자에게 위협적인 존재가 되는 것이다. 맘에 드는 물건에 유치권이 접수되어 있다면 유치권 해결방법을 미리 고려해야 한다.

유치권 있는 경매물건, 이렇게 접근한다

유치권 접수가 되었다고 해서 유치권이 모두 성립되는 것은 아니다. 법원은 서류접수가 들어오면 사실 여부를 가리지 않고 일단 받아주고, 접수된 내용을 매각물건명세서에 고지한다. 서류를 낸 유치권자가 있으니 입찰자가 그 위험 여부를 알아서 판단하라는 것이다.

법원이 유치권 성립 여부를 알려주면 좋으련만 절대 그렇게 해주지 않는다.

왜 그럴까? 경매는 다 사연이 많은 집들이다. 이런저런 의견을 언제 다 들어주겠는가. 시시비비를 다 가리면서 경매진행을 하면 너무 시간이 지체된다. 법원은 신고된 내용을 고지할 뿐, 유치권 성립 여부는 입찰 전에 입찰자가 스스로 알아보고 판단해야 한다.

1 | 임차인의 유치권은 인정받기 어렵다

유치권은 공사대금을 못 받은 공사업체의 고유권리다. 전세 사는 임차인이 유치권을 주장하는 것은 말이 안 된다. 만약 임차인이 본인의 돈을 들여서 공사를 했다면, 이것도 공사이므로 유치권 가능 여부를 따져볼 수 있다.

- 인테리어 비용은 집의 가치를 높이기 위해서라기보다는 임차인의 이익을 위한 것이라 불가능
- 주방에 최첨단 환기시설을 설치했으니 부속물매수신청을 하는 것도 임차인의 필요에 의해 설치한 것이라 불가능

임차인에게 유치권이 가능한 권리는 필요비와 유익비 청구권 정도이다. 필요비는 집을 보존하기 위해 수선한 비용이고, 유익비는 집의 가치를 높이기 위해 들인 비용이다. 필요비와 유익비는 인정만 된다면 다른 우선변제권보다 먼저 배당을 받는다. 하지만, 이 비용을 인정받기가 여간 까다로운 것이 아니다. 임대차계약서상에 원상회복 특약이 있다면 유치권 배제 특약으로 인정돼 유치권이 성립되지 않는다.

결론적으로, 유치권이 접수된 집에 임차인이 살고 있다면, 이 유치권은 성립요건에 맞지 않는 경우가 대부분이다. 임차인이 일부라도 배당을 받는 임차인이라면, 유치권에 상관없이 명도가 마무리되는 경우가 많다.

2 | 진짜 공사업체라도 유치권 성립은 쉽지 않다

공사 중인 전원주택단지나 빌라단지가 경매로 나오는 경우가 있다. 벽체만 세워져 있기도 하고, 벽도 없이 기둥만 세워져 있기도 한다. 공사를 한창 진행하다가 건축주의 자금 사정이 안 좋아져서 경매가 진행된 케이스이다. 이런 물건에는 진짜 공사대금을 못 받은 인부와 업체들이 있다. 하지만, 안타깝게도 이들의 유치권은 성립되지 못한다. 유치권은 독립된 건물에 대해서만 주장할 수 있기 때문이다. 뼈대만 세운 건물은 독립된 건물이라고 할 수 없다(독립된 건물이란 '토지에 정착하는 공작물 중 지붕과 기둥 또는 벽이 있는 건축물'을 말한다. 건축물 = 지붕 + 기둥 또는 지붕 + 벽).

3 | 공사대금의 소멸시효는 3년이다

유치권의 원인이 되는 공사대금은 3년 전 것까지만 인정된다. 너무 오래 전 공사대금으로 유치권을 주장하는 것은 소용이 없다. 하지만, 오래전 공사라고 '유치권 성립이 안 되겠거니' 안심해서는 안 된다. 공사대금 소멸시효는 3년이지만, 중간에 소멸시효가 정지될 수도 있다(공사대금 관련 소송을 제기했거나 판결받은 것이 있으면 소멸시효가 정지된다). 정지기간까지 합하면 시간이 훨씬 더 늘어날 수 있는 것이다.

공사대금 소멸시효가 끝났다고 생각해서 낙찰을 받았는데, 공사업체가 길고 지루한 법정싸움에서 승소하면 큰일이다. 이런 경우 낙찰자가 유치권자의 공사대금을 인수하여 낙찰잔금과 별도로 내주어야 한다.

4 | 유치권 성립요건이 충족할 가능성이 있다면 미리 협상을 시도한다

만약 유치권이 성립할 여지가 있다면 미리 유치권자를 만나봐야 한다. 유치금액이 얼마인지 확인도 해야 하고, 유치권자가 말이 통하는 사람인지도 확인해야 한다. 진짜 존재하는 공사업체인지도 확인할 필요가 있다. 유치권자를 만나러 공사업체를 찾아갔더니 그런 회사가 없기도 하고, 아예 그런 주소가 없는 경우도 있다.

유치권을 주장하는 업체가 진짜인지도 확인해야 한다(공사금액에 관련된 세금 납부내역 등 객관적인 증거자료가 있어야 한다). 유치권자가 진짜라면, 그때부터는 점유를 푸는 조건과 금액을 협상한다. 입찰 전에 유치권자를 만나서 금액을 미리 협상하면 입찰가를 정하는 데 도움이 된다. 낙찰 후에 유치권자의 말이 달라질 수도 있으니 협약서를 받거나 녹음을 해두는 것도 잊지 말자.

성립요건이 까다로운 유치권. 돈을 받아야 하는 진짜 공사업체는 유치권 성립이 안 되기 일쑤고, 가짜 유치권자만 만들어내는 유치권은 현재 법개정을 앞두고 있다. 2014년 3월에 입법예고를 하였는데, 아직 시행은 되지 않은 상황이다. 법이 바뀌면, 등기된 집에는 유치권을 인정해 주지 않게 된다. 임차인이, 혹은 아무 상관 없는 애먼 사람이 주장하는 유치권은 곧 사라지면 좋겠다.

Interview ④
중국에서 온 저도 경매를 해요!

ID : 백만송이장미
키워드 : 중국인, 주부, 번역가

Q 자기소개 부탁드려요.

A 저는 중국인입니다. 한국에 오기 전에는 중학교에서 수학을 가르쳤지요. 부모님이 교포 2세대이긴 하지만, 남편을 만나기 전까지 한국에 대해 전혀 모르고 살았습니다. 결혼식을 올리고 한국에 오게 되었고, 지금은 두 아이를 키우며 인천에 살고 있습니다. 아이들이 아직 어려서 집에서 프리랜서로 중국어 번역을 하고 있습니다.

Q 중국의 부동산이 궁금하네요.

A 중국의 부동산도 상승 기세가 대단합니다. 한국 부동산이 많이 오르는데요, 중국은 그야말로 어마어마하다는 표현이 더 어울릴 듯싶습니다. 베이징이나 상하이는 두말할 것도 없고, 항저우, 수저우, 청두 등 작은 지방 소도시조차도 정말 많이 올랐습니다. 난징은 1년 만에 42%나 올랐어요(2015년 기준).
사실 중국의 토지는 개인 소유가 아닙니다. 공산국가니까요. 그래서 부동산의 소유권 대신 사용권을 팔고 사는 건데 사용권이 계속 오르는 거예요. 제 친구 하나는 부모님이 농사짓는 외진 시골땅이 개발되면서 순식간에 큰돈을 벌기도 했습니다.

Q 중국에도 경매가 있나요?

A 물론입니다. 중국에도 부동산 경매가 있습니다. 경매를 전문으로 하는 사람도 있고요. 하지만 중국의 부동산 경매는 일반인이 할 수 있는 영역이 아닙니다. 권력과 힘을 가진 분들이 주로 하니까요. 좋은 물건은 은행이 자체적으로 빼놓거나 처분하는 경우가 더 많다고 들었습니다. 그래도 베이징이나 상하이 같은 대도시는 그나마 많이 오픈되고 많이 규범화가 되었습니다.
외국인도 중국에서 합법적인 부동산 투자를 할 수 있습니다. 주택은 일인당 한 채까지 매수가 가능합니다. 하지만, 중국에 부동산 투자를 하는 것은 신중에 신중을 더하시기를 바랍니다. 저도 중국에 있을 때 부동산 사기를 당한 외국인들을 심심찮게 보았습니다. 대놓고 사기를 당하는 경우도 있고, 전혀 환금성이 없는 물건을 잘못 사는 분도 계십니다. 아무래도 현지인이 아니다 보니 그 부동산의 투자가치에 대해 잘 모를 수 있습니다. 잘 모르는 지역일수록 철저한 시장조사를 하셔야 하겠지요. 현지에서 일정 기간 살아보는 것도 추천드립니다.

Q 어떻게 경매를 시작하게 되셨어요?

A 저는 경매에 선입견이 많았던 사람입니다. 경매는 법원 사람들이 들이닥쳐서 빨간딱지 붙이고 한순간에 길거리에 나앉게 되는, 드라마에서나 보는 그런 무서운 일인 줄 알았습니다. 하지만 책을 읽고 공부하면서 경매를 제대로 알게 되었습니다. 사람들을 길거리로 쫓아내는 것이 아니라 오히려 돈을 빌려준 사람한테 돈을 돌려주는 일이 경매입니다. 저처럼 평범한 가정주부도 도전할 수 있고, 출신이나 학력, 경력의 제한이 있는 것도 아닙니다. 시간의 구애도 없이, 딱 자기가 노력한 만큼의 결실이 온다는 것은 아주 매력적인 일입니다. 저는 앞으로도 꾸준히 경매를 실천할 생각입니다.

Q 중국으로 다시 돌아가실 건가요?

A 제 목표 중 하나가 중국에 빌딩을 소유하는 것입니다.
제 꿈은 제가 이사가는 도시마다 집을 한 채씩 낙찰받는 것이랍니다. 물론 중국까지 포함해서요. 지금은 한국에서 꾸준히 경매를 하고, 후에 중국에서도 부동산과 경매 관련 일을 하고 싶습니다. 중국투자자의 한국에 대한 투자나, 반대로 한국투자자의 중국 부동산에 대한 투자 시 연결고리 역할을 할 수 있겠지요. 저같이 경매를 잘 아는 중국인이 필요한 때가 올 겁니다. 중국의 경매시장도 점차 규범화되어 가고 있습니다. 독자 여러분들도 중국 부동산에 관심을 가지시길 바랍니다. 글로벌 시대잖아요.

이제,
돈 되는 경매다

여섯째 마당

돈 되는 아파트의 핵심은 임차인이다

40 | 임차인, 그들은 왜 중요한가

41 | 전액 배당받는 임차인이 최고!

42 | 보증금을 일부만 받아도 임차인은 협조적이다

43 | 억울한 세입자, 난감한 낙찰자

44 | 아무도 살지 않는 '미상', 반드시 현장을 조사하라!

Interview ⑤
경매는 일생에 한 번이라 믿었던 부동산 전공자, 투자자로 거듭나다

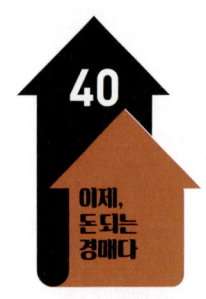

임차인,
그들은 왜 중요한가

모든 어려운 경매는 임차인이 있는 집이었다

그 옛날 집주인들은 '절대갑'이었다. 집이 귀하던 시절, 방 한칸 내주는 것이 벼슬이었다. 임차인은 집주인이 나가라고 하면 그냥 나가야 했다. 계약기간이라는 게 따로 없고, 모든 게 주인 맘이었다. 임차인에게 억울한 일들이 많아지자, 나라에서는 임차인을 보호하는 법을 만들었다. 이것이 바로 지금의 주택임대차보호법이다.

주택임대차보호법이 생기고 나서 임차인의 지위는 완전히 달라졌다. 이제 집주인이 더 이상 갑이 아닌 세상이 되었다. 주택임대차보호법은 임차인만을 위한 법이다. 법의 보호를 받는 임차인은 이제 울트라캡숑 파워를 자랑한다. 잠자는 임차인을 건드려서는 안 된다. 경매에서 임차인의 보증금을 대신 물어주고 싶지 않다면, 정신 똑바로 차리자!!

임차인, 넌 누구?

"도대체 이 임차인은 배당을 받는 거야? 못 받는 거야?"
정체를 알아야 피하든 막든 할 것이다.
임차인의 권리를 알기 전에 그들이 누구인지 먼저 확인하자.
'주택임대차보호법'의 적용을 받는 범위가 어디까지인지, 어떤 이유로 이 조항을 만들었는지 알면 법을 해석하기 편하다.
원리를 이해하면, 아리송한 상황일 때 법원의 입장이 되어 판단할 수 있을 것이다.

1 | 사람

임차인이 사람이면 누구나 주택임대차보호법의 보호를 받는다.
외국인도 임차인으로 보호를 받을 수 있다. 외국인노동자가 많이 사는 지역의 물건인 경우 외국인노동자의 이름이 올라 있는 것을 종종 볼 수 있다. 그들도 대항력을 가질 수 있다. 먼 타국에 일하러 와서 낯선 일을 겪는 것만도 힘들 텐데, 다행이다. 현실에서는 한국인이 계약자가 되어 뒷일을 도와주고, 실제 월세는 외국인이 내는 경우도 많다.

2 | 일부 법인

원칙상 법인은 임차인이 아니지만, '한국토지주택공사'와 '지방공사'는 국민에게 임차주택을 공급하기에 적용 대상이다. 2013년 8월 13일 법개정으로, 중소기업에게도 이 법이 적용된다(법인이 정한 직원이 전입을 한 때를 대항력 취득시기로 본다). 작은 회사에서 집을 임차해 직원들 사택으로 쓰기도 하지 않는가. 중소기업이 사택으로 쓰는 경우에도 주택임대차보호법의 보장을 받게 되었다. 다만 2013년 개정 전에 전입한 집은 제외된다.

3 | 주거용 집 전부는 당연히 적용되고, 집의 일부도 가능하다

임차한 집의 주된 용도가 주거 목적이어야 한다. 먹고사는 주거의 목적이 아니라 수익을 내기 위한 영업의 목적이라면 곤란하다. (주택임대차보호법은 선량한 임차인의 주거안정을 위한 법이기에) 수익을 내기 위한 임차인은 해당되지 않는다.

"임차인, 너는 거기서 잠시 쉬면서 주로 장사했느냐, 잠시 장사를 하면서 주로 주거를 했느냐?"를 따진다. 실제 사용목적에 따라서 보증금 배당 여부가 달라진다.

4 | 무허가 집도 적용된다

등기하지 않은 집의 임차인도 보호된다. 집의 합법 여부는 중요하지 않다. 무허가 건물에 사는 사람들도 임차인으로 배당받는다(대판 2007. 6. 21, 2004다 26133).

단, 일시사용으로 거주하는 것은 안 된다. 달방이라고 아는가? 모텔 등에서 한 달치 임대료를 내고 일시적으로 거주하는 형태다. 그들은 임차인으로 인정하지 않는다. 하지만 달방은 달방이되 실제 주거용으로 일년씩 살았으면 인정해 주지 않을까? 가능성이 없지 않다. 법의 적용 여부가 애매한 경우 법원에서도 그때그때 다른 판결을 내리는데, 진정한 사용목적이 뭐냐에 따라 판결의 결과가 달라진다.

돈 되는 경매의 핵심은 임차인의 권리 파악이다

등기부등본의 모든 권리를 접수날짜 순으로 분류하면 어렵지 않게 말소기준권리를 찾을 수 있다. 몇 가지 예외를 제외하고 말소기준권리보다 앞선 것은 '인수'하고, 말소기준권리 뒤의 것은 '소멸'한다. 현재 살고 있는 사람이 집주인이라면 권리분석은 여기서 끝이다.

하지만, 임차인이 산다면 다른 고민거리가 생긴다.

바로 권리분석의 두 번째 핵심, 임차인의 권리를 판단해야 하는 것이다. 임차인이 있는 집이라면 당연히 전월세보증금이 있게 마련이다. 임차인은 전월세보증금을 배당받을 수 있을까? 받는다면 전액 돌려받을까, 일부만 받을까? 법원에서 배당받을까, 낙찰자에게 달라고 할까? 그들이 그럴 권리가 있을까? 그것을 판단하기 위한 임차인의 권리는 크게 세 가지다.

| 1. 대항력 | 2. 우선변제권 | 3. 최우선변제권 |

권리분석에서 꼭 알아야 할 임차인의 세 가지 권리다.

자세히 살펴보자.

| 대항력 |

전액 배당받는 임차인이 최고!

먼저 대항력이다. 어떤 임차인은 보증금을 돌려받을 때까지 그 집에서 나가지 않고 살 수 있다. 대항력이 있기 때문이다. 대항력은 임차인이 제3자에게 자신의 임대차관계를 주장하며 버티는 힘을 말한다. 임차인에게는 보증금을 지킬 수 있느냐의 문제이지만, 낙찰자에게는 명도 난이도의 문제이다.

대항력은 전입만 하면 생긴다. 대항력은 세입자가 이사를 하고(인도) 동주민센터에 전입신고를 하면(주민등록) 발생한다. 전입신고를 한 다음날 0시부터 세입자는 대항력이 생긴다.

그런데 경매 실무에서는 말소기준권리보다 늦게 전입을 한 임차인을 '대항력 없는 임차인' 혹은 '후순위 임차인'이라고 한다. 경매에서 '대항력 있는 임차인'은 말소기준권리 위에 있는 선순위 임차인만을 말한다. 헷갈리지 말자.

실무와 이론에서의 '대항력'
'주택임대차보호법'에서 '대항력 있는 임차인'은 후순위 임차인도 포함해요. 주민등록(전입)과 이사(인도)를 해 살고 있으면 모두 대항력이 있는 임차인으로 인정합니다. 하지만, 경매 실무에서는 선순위 임차인만을 '대항력 있는 임차인'으로 보고, 후순위 임차인은 대항력 없는 임차인이라고 불러요.

낙찰자에겐 전액 배당받는 임차인이 최고

맘에 드는 물건의 점유자가 대항력 없는 임차인이라면 권리분석을 할 것도 없다. 가장 안전한 물건이다. 후순위라도 임차인이 배당을 받아가는 물건은 일반매매와 같이 생각해도 된다.

■ 대항력이 없지만 전액 배당받는 세입자

임차인현황 ▶ 건물소멸기준 : 2009-05-27	배당종기일 : 2014-08-04						매각물건명세서 예상배당표
순위	성립일자	권리자	권리종류(점유부분)	보증금금액	신고	대항	참조용 예상배당여부 (최저가 기준)
1	전입 2012-03-26 확정 2012-03-26 배당 2014-07-29	김○	주거임차인 전부	【보】100,000,000원	○	없음	배당금 : 100,000,000원 전액배당 소멸예상
위 임대차내용은 주민등록표 등본에 등재된 내용으로 정확한 임대차내용은 미상임.							

건물 등기 사항 ▶ 건물열람일 : 2014-06-02						등기사항증명서
구분	성립일자	권리종류	권리자	권리금액	상태	비고
갑1	1999-06-25	소유권	임○		이전	매매
갑13	2006-11-23	소유권	이○		이전	임의경매로 인한 매각 2006타경
을10	2009-05-27	(근)저당	강서농업협동조합	33,600,000원	소멸기준	(주택) 소액배당 6000 이하2000 (상가) 소액배당 3900 이하1170
을14	2012-05-25	(근)저당	허○	30,000,000원	소멸	
갑15	2013-11-18	압류	국 - 안양세무서		소멸	(재산법인세과-9627)
갑16	2013-12-17	압류	군포시		소멸	(세정과-2920)
갑17	2014-05-22	임의경매	강서농업협동조합	청구: 29,962,494원	소멸	2014타경 (해당종결)

이 집은 안양에 있는 소형 아파트다. 이 집의 권리분석을 해보자.

먼저 말소기준권리를 찾아야 한다. 2009년 5월 27일자 농협의 근저당이 말소기준권리다.

임차인 김씨는 2012년 3월 26일 전입신고를 하고 확정일자를 받았다. 대항력이 없지만 배당요구종기일 안에 배당요구를 한 세입자의 우선변제권은 2순위다(우선변제권은 대항력을 갖추고[전입], 확정일자를 받고, 정해진 기일 내에 배당요구를 하면 생긴다). 우선변제권만으로도 보증금을 지킬 수 있다. 허○○의 근저당은 2012년 5월 25일이므로 세 번째 순위가 된다.

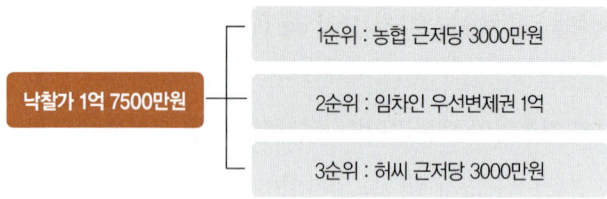

이 집의 임차인 김씨는 농협의 근저당 3000만원 이후에 1억을 배당받기 때문에 낙찰가격이 1억 3천만원이 넘으면 전액 배당받을 수 있다. 임차인도 전액 배당받고 명도도 편한 난이도 하의 물건이다.

참고로 위 사례에서 세금은 당해세가 아니므로 세입자에게 영향을 주지 않는다(어차피 후순위 임차인이기에 상관없지만). 안양세무서의 압류는 법인세이고, 이 집은 안양 물건이기에 군포시의 압류는 당해세가 아니다(세금과 관련한 배당은 56장에서 자세히 다룬다).

일반매매도 고려하라

이런 집은 임차인이 대항력 없는 후순위 임차인이지만, 어렵지 않다. 임차인은 본인의 보증금을 모두 돌려받기에 명도도 무난하다. 또 한 가지 팁! 일반매매도 고려하라. 예상낙찰가보다 채권이 적다면, 경매를 취하시키고 일반매매를 하는 것도 가능하다.

아래 예시의 집은 복잡한 권리들이 있는 것이 아니고, 단순히 근저당과 세입자만 있는데다, 빚이 집값보다 적기 때문에 일반매매도 가능하다.

| 임차인현황 ▶ 건물소멸기준 : 2005-12-01 | 배당종기일 : 2014-12-30 | | 매각물건명세서 | 예상배당표 |

순위	성립일자	권리자	권리종류(점유부분)	권리금액	신고	대항	참조용 예상배당여부 (최저가 기준)
1	전입 2008-08-29 확정 2008-08-29 배당 2014-10-29	성■	주택임차인 전부	[보] 250,000,000원	○	없음	배당금 : 250,000,000원 전액배당 소멸예상

위 임대차내용은 주민등록표 등본에 등재된 내용으로 정확한 임대차내용은 미상임.

| 건물 등기부현황 ▶ 건물열람일 : 2014-10-30 | | | | | | | 등기부등본열람 |

구분	성립일자	권리종류	권리자	권리금액	상태	비고
갑1	1999-07-12	소유권	송■		이전	매매
을2	2005-12-01	(근)저당	스탠다드차타드은행	72,000,000원	소멸기준	
갑2	2014-10-16	임의경매	한국스탠다드차타드은행	청구: 53,458,602원	소멸	2014타경■

대항력의 시작

'주택임대차보호법'은 민법과 달라요. 오직 임차인을 위한 법입니다. 1981년 3월 5일에 주택임대차보호법이 생긴 이후로 세입자에게 억울한 일이 새로 생기면 계속 개정되어 왔습니다. '주택임대차보호법'은 전입만으로 대항력을 가질 수 있게 하였는데, 대항력은 세입자들 입장에서는 아주 강력한 권리입니다.

예상 입찰가가 4억 이상이라면 이 집을 일반매매로 4억에 사면 된다. 집주인은 4억으로 대출을 갚고 세입자의 보증금을 내주고도 약 9천만원이 남을 것이다. 집주인을 만나는 것이 어렵다면 인근 공인중개사에게 거래를 만들어달라고 하자.

"사장님, 요 앞 1305호 거래 좀 만들어주세요."

공인중개사는 거래수수료 받아서 좋고, 집주인은 험한 꼴 안 당해서 좋고, 입찰자는 불필요한 경쟁을 하지 않아도 되니 두루 좋지 않은가.

다만, 이때 대출은 일반매매 기준으로 받을 수 있다. 은행은 기존 권리의 말소를 조건으로 대출을 해주는데, 잔금과 동시에 등기상의 모든 권리가 소멸되고 깨끗한 등기부등본이 된다.

| 우선변제권 & 최우선변제권 |

보증금을 일부만 받아도 임차인은 협조적이다

임차인이 낙찰자가 되는 이유

"소윤씨, 이 집 살기 어때요?"

"살기는 좋죠. 경매만 아니었으면 아무 불만 없었어요."

그녀는 대항력 없는 임차인이지만, 다행히 전입신고를 하고 확정일자를 받고 배당신청을 해서 우선변제권이 있다. 그녀의 전세금은 1억 9천만원, 앞선 채권이 약 3천만원이다. 이 집의 낙찰가가 2억 2천만원이 넘으면 보증금을 전액 배당받을 수 있을 것이다.

현재 시세는 2억 2천만원이고, 감정가는 2억 1500만원이다.

"잘됐네. 그럼 직접 낙찰받아요."

"네?? 제가요??"

입찰가는 이미 정해졌다. 2억 2천만원!!

만약 소윤씨가 입찰을 하지 않고 누군가에게 2억 2천 이하로 낙찰이 된다면? 3천만원이 근저당권자에게 먼저 배당되고 남은 금액으로 보증금이 배당될 터, 그녀는 보증금 일부를 잃게 될 것이다.

소윤씨는 심각한 고민에 빠졌다.

보증금을 잃느니 조금 비싸더라도 낙찰받는 편이 낫지 않을까? 하지만, 다른 관점에서 생각해 보면 차라리 보증금을 일부 떼이는 게 나을지도 모른다. 남들보다 비싸게 낙찰받는 것은 보증금을 떼이는 것과 다를 바 없다. 합리적인 선택의 기준은 '얼마나 손해나느냐'보다 '얼마나 가치 있느냐'여야 한다.

결국 그녀는 2억 2천만원에 살던 집을 낙찰받았고, 자신의 선택에 만족했다.

아래 집도 비슷한 상황이다. 홍씨가 세입자로 이 집에 들어올 때 은행의 근저당이 2400만원 있었다. 근저당설정금액은 120%이므로 실제 대출금은 2천만원이다. 홍씨는 1억원에 전세 들어갔고, 2년 후 집이 경매로 넘어가게 되었다.

임차인현황	건물소멸기준 : 2011-09-16	배당종기일 : 2015-01-14					매각물건명세서 / 예상배당표
순위	성립일자	권리자	권리종류(점유부분)	보증금금액	신고	대항	참조용 예상배당여부 (최저가기준)
1	전입 2012-09-25 확정 2012-09-25 배당 2014-12-31	홀○	주거임차인 미상	【보】 100,000,000원	○	없음	배당금: 93,914,500원 미배당: 6,085,500원 일부배당(미배당금 소멸예상)
- 위 임대차관계는 전입세대열람내역에 의함.							
건물 등기 사항	건물열람일 : 2014-11-10						등기사항증명서
구분	성립일자	권리종류	권리자	권리금액	상태		비고
갑1	2002-08-09	소유권	신○		이전		보존
갑2	2002-10-08	소유권	이○		이전		매매
을4	2011-09-16	(근)저당	국민은행	24,000,000원	소멸기준		(주택) 소액배당 6500 이하 2200 (상가) 소액배당 4500 이하 1350
갑3	2014-05-23	가압류	한국외환은행	25,689,483원	소멸		
갑4	2014-10-28	임의경매	국민은행	청구: 20,700,310원	소멸		2014타경 (배당종결)

이 집에 입찰해도 좋을까?

이 집의 감정가는 1억 2500만원, 1회 유찰되어 최저가격은 8750만원이다.

만약 최저가로 낙찰이 되면 홍씨는 약 4천만원을 잃게 된다(낙찰가 8750만원 – 은행 2000만원 – 경매비용 약 500만원 = 세입자 배당금 6250만원). 보증금은 1억인데 배당금이 6000만원대니 이런 손해가 있을까. 이 집은 8명이 입찰을 했고, 임차인 홍씨가 1억 1999만원에 낙찰을 받았다.

이런 종류의 물건은 임차인이 경매에 참여할 가능성이 높다. 임차인이 입찰할 입찰가도 예상이 가능하다. 인기지역이거나 꼭 갖고 싶은 물건이라면 임차인이 쓸 가격보다 높여 써야 낙찰될 것이다. 임차인이 입찰에 참여할 수 있음을 염두에 두면 괜한 수고를 덜 수 있다.

일부 배당받는 소액임차인, 수월하다

이번에는 소액임차인이다. 소액임차인의 소액보증금 기준은 기준일과 지역에 따라 다르다.

이 집은 경기도 오산에 있는 10평짜리 원룸형 빌라다. 첫 근저당은 2010년 7월 15일이고, 세입자는 약 두 달 후인 2010년 9월 27일에 전입신고를 하고, 확정일자를 받았다. 이어 2012년 8월 17일에 소유권이 이전되었지만, 앞선 근저당은 말소되지 않아 효력이 살아 있다.

정리해 보자. 우리가 신경쓸 것은 2010년 7월 15일자 농협 근저당과 2010년 9월 27일자 이씨의 우선변제권이다.

그런데 이씨의 보증금이 3500만원이다. 최우선변제권에 해당될 수 있는 금액이다. 주택임대차보호법의 최우선변제권 표를 보자(274쪽 참조). 기준일은 근저당설정일인 2010년 7월 15일, 지역은 경기도 기타 지역이기에 보증금 4000만원 이하일 때 1400만원 최우선변제다.

이 집의 감정가는 6500만원, 2회 유찰되어 4000만원에 낙찰되었다. 임차인 이씨는 최우선변제금 1400만원만을 배당받고 2100만원은 잃게 되었다.

배당 순서는 다음과 같다.

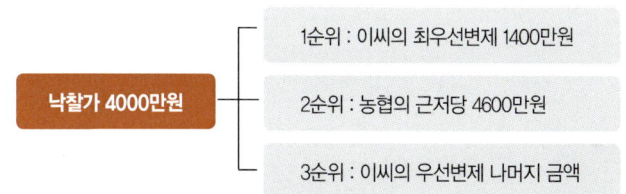

임차인은 월세 아깝다고 전세만 찾다가 알토란 같은 보증금을 잃었다.

소액임차인의 일부 배당 물건은 입찰자 입장에서는 어려운 물건은 아니다. 그들에게는 잃은 보증금보다 남은 보증금이 더 소중하다. 이들은 명도가 그리 어렵지 않고, 종종 재계약을 원하기도 한다.

일부 배당 소액임차인의 명도 전략은 '안내'다. 임차인이 원하는 것을 들어주되, 낙찰자가 현재 상황을 분명하게 안내해 주어야 한다.

"배당받으시는 보증금은 저희가 낸 잔금으로 배당받으시는 거에요."

"배당기일 이후에도 이 집에 계속 사신다면 불법점유가 됩니다."

"배당기일에 보증금을 배당받기 위해서는 명도확인서가 필요합니다."

소액임차인이 일부라도 배당을 받으려면 명도확인서가 필요하다. 이사 나가는 임차인이라면 이사 나갈 때 열쇠와 명도확인서를 맞바꾸자. 재계약을 원하는 임차인이라면 배당받는 금액에 맞춰 보증금을 낮추어 계약한다. 나머지는 월세로 받으면 된다.

낙찰잔금 상계하는 방법

상계란 채권자(돈 받을 사람)가 낙찰자인 경우 배당받을 금액을 제외하고 잔금을 납부하는 것을 말한다.

1. 신청기간을 지켜라

낙찰자가 된 채권자는 매각허가결정기일까지 법원에 상계 신청서류(채권자의 주민등록등본 · 신분증 · 도장, 채권 관련 증명서류)를 내야 한다. 매각허가결정기일이 지나면 상계 신청을 받아주지 않는다.

2. 소액임차인은 상계가 어렵다

법원은 신청서류를 검토한 후 상계 승인을 내주는데, 일반 채권자들은 특이사항이 없으면 승인이 나지만 소액임차인은 승인이 안 날 수 있다. 소액임차인에게는 종종 배당이의 신청이 들어오기 때문이다.

3. 잔금과 배당이 동시에 이루어진다

일반적인 경매는 잔금납부 후 약 한 달 뒤에 배당기일이 정해지는데, 상계는 매각대금납부기일과 배당기일을 같은 날짜로 정하여 통보한다. 배당기일에 부족한 잔금을 납부하고 배당이 동시에 이루어진다.

4. 배당이의가 있으면 곤란하다

배당기일에 아무도 이의제기를 하지 않으면 배당과 동시에 사건이 종료된다. 하지만 채권자들 중 누군가 이의를 제기하면 법원은 상계를 해주지 않고 낙찰잔금을 모두 내라고 한다. 마련된 돈은 정해져 있는데 갑자기 잔금 전액을 내라니, 낙찰자로서는 황당한 상황이다. 이렇게 미납되어 재경매에 나오기도 한다.

5. 상계대출은 쉽지 않다

채권금액이 낙찰잔금보다 적으면 부족한 액수만큼 대출을 받아야 한다. 그런데, 은행은 상계를 위한 대출을 꺼려한다. 미리 상계대출이 가능한 은행을 찾아두는 것이 좋다. 상계대출이 안 되면 일반 주택담보대출로 잔금을 납부하면 된다.

억울한 세입자,
난감한 낙찰자

명문고등학교에 진학할 때 따지는 자격 조건 중 하나가 전입시기와 전입기간이다. 온 가족이 해당 학군에 일정 기간 이상 함께 거주해야 입학허가가 나는데, 그것을 전입으로 확인한다.

양평 수변지역에 집을 지으려면 관내 주민이어야 한다. 이것도 전입으로 증명한다. 전입을 제대로 못하면 학교를 못 가고, 집도 못 짓고, 장관도 못 된다.

"나 여기 있어요!!" 이렇게 사람들에게 알리는 일, 전입은 그런 기능을 한다.

잠깐 외출하고 왔는데 보증금을 잃다?

전입은 중요한 공시 방법이다. 전입을 했다가 잠시 다른 곳으로 주소를 옮기는 것은 자유지만, 그로 인한 후폭풍은 본인이 감당해야 한다. 주소를 빼 옮기면, "나 여기 있어요"라는 표시가 사라진다.

공시
어떤 중요한 내용을 사람들에게 알리는 것

임차인현황 ▶ 건물소멸기준 : 2010-12-23 / 배당종기일 : 2013-06-17							매각물건명세서 / 예상배당표
순위	성립일자	권리자	권리종류(점유부분)	보증금액	신고	대항	참조용 예상배당여부 (최저가기준)
1	전입 2012-10-02 확정 2009-03-26 배당 2013-03-27	안■	주거임차인 전부	【보】100,000,000원	○	없음	배당금: 15,701,800원 미배당: 84,298,200원 일부배당(미배당 소멸예상)
2	전입 2012-10-02 확정 없음 배당 없음	안■	주거임차인		X	없음	안■:임차인안■의조카임

- 보증금합계 : 100,000,000원

- 안■:임차인 안■의 조카임.
1. 현장에서 만난 임차인의 친구라는 사람의 말에 의하면 잠간 친구집에 다니러 왔으며 안■이 임차인으로 거주하고 있는 것은 알고 있으나 임대차관련 내용은 잘 모른다고 함 2. 임차인으로 조사한 안■, 안■은 각 주민등록을재하고, 임차내용은 주민등록을재 내용에 의한 것임 3. 임차인으로 조사한 안■은 전입세대열람 내역서상 안■의 동거인으로 등재되어 있어 임차인으로 조사하였고 주민등록을재 내용에 의하면 안■은 안■의 조카임.

건물 등기 사항 ▶ 건물열람일 : 2013-06-03						등기사항증명서
구분	성립일자	권리종류	권리자	권리금액	상태	비고
갑1	2000-10-31	소유권	건영외 1명		이전	보존
갑2	2001-01-19	소유권	이■		이전	매매
을8	2010-12-23	(근)저당	남광주농업협동조합	202,800,000원	소멸기준	(주택)소액배당 6500이하 2200 (상가)소액배당 4500이하 1350
갑3	2012-10-31	가압류	하나은행	15,657,449원	소멸	
갑4	2013-03-22	임의경매	남광주농업협동조합	청구: 207,617,815원	소멸	2013타경■■■(배당종결)

    이 집은 일산에 있는 30평대 아파트다. 2009년 안씨가 처음 이 집에 전세 들어왔을 때는 등기부가 깨끗했다. 1억이라는 다소 저렴한 가격에 전세 들어온 안씨는 만족스러웠으리라. 전입과 함께 확정일자도 받아두었다. 그런데, 무슨 일이었을까? 안씨가 주소를 다른 곳으로 이전을 한다.

    안씨 개인적인 이유로 주소를 이전했다면 누구를 원망하겠나. 집주인이 잠시 주소를 빼달라고 했다면 집주인을 원망하겠지만, 이조차도 별 소용은 없다. 어찌됐든 안씨가 주소를 다른 곳으로 이전한 시기에 집주인은 대출을 받았다. 안씨가 주소를 다시 옮겨온 것은 하나은행의 가압류가 잡히기 직전이다. 사태를 직감한 안씨가 주소를 다시 옮긴 때는 2012년 10월 2일. 너무 늦었다.

    이 집의 말소기준권리는 2010년 12월 23일, 농협이다.

    안씨는 2009년 이사를 하면서 전입신고와 확정일자를 받았으나, 무슨 일인지 잠시 주소를 이전한 뒤 다시 전입한 때가 2012년이다.

    대항력은 언제 생길까? 전입한 다음날 0시다. 따라서 안씨의 대항력은 2012

년 10월 3일에 생긴다.

우선변제권은 언제 생길까? 대항력을 갖추고, 확정일자를 받고, 정해진 기일 내에 배당요구를 하면 생긴다. 안씨는 정해진 날짜 안에 배당요구를 했으니 우선변제권이 있다. 대항력을 갖춘 때가 2012년 10월 3일이므로 우선변제권 기준일은 2012년 10월 3일이다.

- 1순위 : 2010. 12. 23. 농협 근저당
- 2순위 : 2012. 10. 3. 안씨 우선변제권

임차인 안씨는 대항력을 늦게 갖춰서 근저당보다 후순위로 밀려났고, 금액이 큰 근저당에 밀려 보증금을 배당받지 못하게 되었다. 잠시 주소를 뺀 탓에 재산에 심각한 피해를 입은 임차인은 억울하다. 이런 집은 명도 저항이 심하다. 대항력이 없기에 강제집행이 가능하지만 마음의 준비를 단단히 하고 입찰할 물건이다.

숨겨진 복병, 증액된 보증금을 살펴라!

현장답사를 갔다가 둘째아이 친구 엄마가 10년째 하고 있는 부동산에 들렀다.
"영식엄마는 하나도 안 늙었네. 똑같다. 애들은 잘 크고?"
"오랜만이네. 잘 지내지?"
안부인사를 주고받고 본론에 들어간다.
"요즘 전세 장난 아니지? 빌라도 그래? 전세 얼마나 해?"
"지금은 방 세 개짜리는 2억 2천은 줘야 들어갈 수 있어. 지하도 1억이라니까. 전세가 미친 거지."

2010년 9천만원이던 빌라 전세가 2017년에는 2억 2천만원이다. 1억 3천만원이 오른 셈이다. 7년 동안 5천만원 모으기도 힘든데, 1억원 이상 어떻게 전세금을 올려줄까. 전세금 등쌀에 밀려 집을 살 수밖에 없는 전세난민의 설움이다.

그런데 가끔 이렇게 매년 올려주는 전세금을 돌려받지 못하는 경우가 생긴다.

임차인이 보증금을 증액할 때 재계약한 계약서에 확정일자를 받아두지 않으면 확정일자는 이전 날짜 그대로다. 만일 그 사이 다른 채권자가 생기면 증액된 보증금은 후순위로 밀리게 된다.

■ 증액된 보증금에 확정일자를 받지 않은 경우

순위	설립일자	권리자	권리종류(점유부분)	보증금금액	신고	대항	참조용 예상배당여부 (최저가기준)
1	전입 2008-01-24 확정 2008-01-24 배당 2013-11-18	이○1차	주거임차인 전부(방2칸)	【보】 69,000,000원	○	있음	배당금: 60,550,500원 인수금: 8,449,500원 일부배당(미배당금 인수예상)
2	전입 2008-01-24 확정 2013-11-15 배당 2013-11-18	이○2차	주거임차인 전부(방2칸)	【보】 69,000,000원	○	없음	보증금증액 배당금: 60,550,500원 인수금: 8,449,500원 일부배당(미배당금 소멸예상)
3	전입 2008-01-24 확정 2013-11-15 배당 2013-11-18	이○3차	주거임차인 전부(방2칸)	【보】 51,000,000원	○	없음	미배당: 51,000,000원 미배당금 소멸예상

- 보증금합계 : 51,000,000원
* 압류의 법정기일이 빠른경우 또는 교부청구(당해세)로 대항력있는 임차인의 경우 전액배당 안될시 인수금액 발생할수있음.
- 이○ : 보증금 69,000,000원 중 7,000,000원은 2010. 1. 28. 증액되었으며 증액된 부분에 대한 확정일자는 2013. 11.15.이고, 18,000,000원은 2012. 1. 20.증액되었으며 증액된 부분에 대한 확정일자는 2013.11.15.임

건물 등기 사항 ▶ 건물열람일 : 2014-04-14

구분	설립일자	권리종류	권리자	권리금액	상태	비고
갑2	2006-03-15	소유권	유한회사 ○		이전	매매
갑3	2012-11-29	소유권	황○	(거래가)115,000,000원	이전	매매
을8	2013-03-08	(근)저당	전주성가신용협동조합	460,800,000원	소멸기준	(주택)소액배당 4000이하1400 (상가)소액배당 2500이하 750
갑4	2013-11-06	임의경매	전주성가신용협동조합	청구: 393,389,589원	소멸	2013타경○ (배당종결)

이런 물건은 명도 저항이 있기 때문에 낙찰할 때 잘 파악해야 한다. 아무 문제 없다고 생각해서 낙찰받았는데, 증액된 보증금을 돌려받지 못하는 임차인이 거세게 저항을 한다면 계획에 차질이 생길 수 있다. 물론 임차인은 일부라도 배당받기 위해서 명도확인서를 쓰게 될 것이다.

아무도 살지 않는 '미상', 반드시 현장을 조사하라!

정체를 모르는 사람이 사는 집, 임차인 미상

"무서워…."

깜깜한 밤에 가로등도 없는 낯선 시골길을 운전하고 있다.

"뭐가 무서워?"

"언니는 안 무서워? 뭐가 튀어나올 거 같잖아."

"튀어나와 봤자 고라니 정도겠지. 멧돼지가 다니기에는 산이 멀고, 사람이 걸어다닐 만한 길은 아니잖아. 설마 귀신…? 하하."

공포영화의 한 장면이 생각난다. 시골길을 운전하는 중에 갑자기 귀신이 나타나고, 사람들은 혼비백산해서 달아나고….

정체를 알 수 없는 임차인 미상, 과연 무서운 존재일까.

임차인현황에 전입한 사람은 있는데, 권리금액이나 내역이 미상으로 나온다면 이 사람은 권리신고를 하지 않았다는 뜻이다. 법원에서는 경매를 앞둔 집에 사는 사람들(점유자)에게 정당한 권리를 신고하라는 안내문을 송달한다. 권리신고는 배당요구종기일 내에 해야 하며, 임차인이라면 집주인과 작성한 계약서를 첨부하도록 한다. 집주인이 아닌 다른 사람이 전입되어 있는데 그가 아무 신고를 하지 않으면 법원은 이를 '미상'이라고 표시한다.

우리는 그 '미상'을 예상할 수 있다. 아래 예시의 조씨는 2011년 9월에 전입한 사람으로 말소기준권리 아래 있는 후순위 임차인이다. 소유주와 성이 같은 것으로 미루어 짐작건대, 소유주의 가족일 가능성이 높다.

임차인현황 ▶ 건물소멸기준 : 2011-04-08	배당종기일 : 2014-08-27						매각물건명세서 예상배당표
순위	성립일자	권리자	권리종류(점유부분)	보증금금액	신고	대항	참조용 예상배당여부 (최저가기준)
1	전입 2011-09-22 확정 없음 배당 없음	조■■	주거임차인 미상	【보】미상	X	없음	현황조사 권리내역
위 임대차내용은 주민등록표 등본에 등재된 내용으로 정확한 임대차내용은 미상임.							

건물 등기 사항 ▶ 건물설립일 : 2014-06-25						등기사항증명서
구분	성립일자	권리종류	권리자	권리금액	상태	비고
갑3	2009-10-27	소유권	김■■외 1명	(거래가)196,000,000원	이전	매매
갑14	2011-04-08	소유권	조■■	(거래가)215,000,000원	이전	매매
을6	2011-04-08	(근)저당	국민은행	151,200,000원	소멸기준	(주택)소액배당 6500 이하 2200 (상가)소액배당 4500 이하 1350
을8	2012-03-09	(근)저당	비엠대부금융	60,000,000원	소멸	
을8-1	2012-03-09	(근)저당질권	예한솔저축은행	60,000,000원	소멸	
갑15	2013-02-12	가압류	기술신용보증기금	34,000,000원	소멸	
갑16	2014-06-16	임의경매	국민은행	청구 : 133,172,300원	소멸	2014타경■■■■(배당종결) 오비에스저축은행(변경:전에이피제이차유동화)

전입일자가 후순위인 미상 임차인은 문제가 안 된다. 보증금이 있더라도 인수하지 않는다. 권리상 아무 문제는 없으나, 명도의 난이도를 파악하기 위해서 현장에서 조씨가 누군지 알아보기를 권한다.

조씨가 소유주의 가족일 수도 있고, 전입만 되어 있고 실제 살지 않는 사람일 수도 있다. 조씨가 실제로 살고 있다면 관리실에서 그를 알고 있을 가능성이 높으니 관리실에 물어보자.

Interview ⑤

경매는 일생에 한번이라 믿었던
부동산 전공자, 투자자로 거듭나다

ID : 이른봄날

키워드 : 직업군인, 부동산 전공자, 신도시 장기투자

Q 자기 소개 부탁합니다.

A 저는 직업군인이었습니다. 2006년, 이직에 대한 어떤 준비도 없이 젊음과 실력만 믿고 용감하게 조직을 떠났습니다. 잡사이트에 이력서를 올려놓았지만, 인터뷰 요청을 하는 회사는 몇 없었습니다.
'어차피 취업도 안 되는데, 취업에만 매달리지 말고 내가 하고 싶은 일을 해보자.'
고민하고 찾은 것이 바로 '부동산'이었습니다. 대학에서 토목공학과 부동산학을 전공했으니, 전공들을 좀 살려보자는 마음도 있었지요. 부동산 석사과정에 입학하여 매일 새벽같이 도서관에 가서 열심히 공부를 했습니다.
군 이력에 부동산 전공이 더해지니 회사에서 저를 필요로 하더군요. 곧 건설사에 취업이 되었고, 월급받기가 미안할 정도로 회사에서 많은 전문지식과 실무를 배울 수 있었습니다. 이어 공공기관 사업부서로 이직하였고, 지금은 정년이 보장된 나름 안정적인 직장에 다니고 있습니다. 너무나 안정적이어서 공부도 점점 게을러지고 경매도 잊고 살았습니다.
부동산의 범위는 참으로 다양합니다.

부동산금융, 부동산중개, 부동산개발, 부동산경매, 부동산분양, 부동산풍수, 부동산컨설팅 등 각 분야별 전문영역이 있지요. 이중 부동산의 꽃은 '부동산개발' 즉 디벨로퍼(Developer)와 '부동산경매'라고 할 수 있습니다. 고도의 전문지식을 요구하는 분야이지요.
제가 대학을 졸업하던 시기에 잘나가던 친구들이 부동산개발회사에 취직하거나 경매를 하였습니다. 늘상 경매는 머릿속에 있었습니다. 군전역 후 부동산 공부를 하게 된 이유도 경매를 준비하기 위해서였으니까요. 경매 시작을 55세쯤 하려고 마음먹었지요.
'부동산경매는 위험과 함정이 많다. 과정도 거칠고 험하니 인생에 한두 번 정도면 족하다'는 교수님의 가르침을 철썩같이 믿고 있었기 때문입니다.

Q 경매를 언제 처음 알게 되었나요?

A 80년대, 90년대 경매는 아주 거칠었습니다. 1989년에 과친구들과 모의입찰을 하러 법원에 방문한 적이 있는데, 당시 법원경매장은 일반인들은 접근할 수 없는 곳이었습니다. 폭력배가

개입하고, 브로커들이 활개를 쳤지요. 입찰을 포기하라고 협박하거나, 법원에 비치된 현황조사서 등의 서류 내용을 임의로 수정 조작하는 등 횡포가 심해 일반인들은 입찰하기가 쉽지 않았습니다. 1993년 5월 11일, 문제가 많던 호가경매 방식이 지금의 기일입찰제(최고가 입찰 방식)로 변경되고, 일반인도 경매를 할 수 있게 되었습니다. 제가 경매를 신경쓰지 않는 사이에 수차례에 걸쳐 제도적 개선을 이루어내면서 경매가 성큼 대중들에게 다가와 있었습니다.

그 사실을 2014년이 되어서야 《나는 돈이 없어도 경매를 한다》를 통해 알게 되었고, 낙찰물건에 대한 사진과 현금흐름을 같이 보면서 투자수익률까지 분석하며 배우니 더욱 재미있었습니다. 더군다나 목돈 없이도 낙찰을 받고 기술적으로 명도를 해내는 일련의 과정은 경이롭기까지 했습니다. 그간 경매에 무관심했던 것이 안타까웠습니다.

Q 명도 과정에서 임차인과 술을 마셨다고요.

A 좀 독특하긴 했지요.
제가 2014년부터 2016년까지 경매로 낙찰받은 물건은 총 4채입니다. 첫 낙찰 때 참 기뻤습니다. 나의 꿈을 몇 십년 앞당겼으니까요. 첫 낙찰 물건은 인천 남동구의 작고 낡은 아파트였는데요, 역세권이고 따뜻한 느낌이 드는 살기 좋은 동네였습니다.

낙찰 후 찾아간 집에는 사람이 오랫동안 살지 않은 듯, 거주한 흔적이 없었습니다. 베란다 화초들은 시들었고, 유리창 너머로 보이는 거실에는 술병과 빈 담뱃갑이 나뒹굴고 있었습니다. 옆집 주민 도움으로 집 안에 들어갈 수 있었는데, 제일 먼저 눈에 띈 것이 초등학생이 그린 '가족' 그림이었습니다. 사랑스런 그림은 고급스런 액자에 담겨 걸려 있었지요.

'이 그림을 그린 아이와 아빠는 어디서 살고 있을까?'

안타까운 마음을 뒤로하고 연락처를 남겼지만 예상대로 연락은 오지 않았습니다.

명도는 철저히 계산된 심리전입니다. 잔금납부를 한 날 밤 12시, 일부러 늦은 밤에 전 주인에게 전화를 했습니다. 계속 통화 거부를 하던 전 주인이 얼결에 전화를 받았습니다.

"사장님, 잔금납부가 되어 법원 직권으로 소유권 이전등기가 경료(經了)되었습니다. 일단 만납시다. 내일 만찬 어떠세요?"

"하…. 식사는 됐고 술 마실 줄 아나요? 술이나 한잔 합시다."

저는 못 이기는 척 그러자고 답했지요. 거하게 마셨습니다. 점유자는 소주 8병 만에 머리를 테이블에 꽝하고 떨구더군요. 수리를 해야 하니 추석 전날까지 이사할 것, 체납 관리비, 가스비 모두 처리할 것을 요구했지만 인사불성이면서도 'No!'라고 힘차게 외치더군요. 2차로 노래방도 가고, 3차까지 마셨습니다. 술을 마시니 대화가 순조로웠습니다.

결국 점유자는 이사를 했고, 체납 관리비까지 받아냈습니다.

Q 또 다른 명도 경험도 있으신가요?

A 강제집행까지 한 집도 있습니다.
참 오래 기다린 물건이었습니다.
아들 사업자금을 마련해 주다 결국 경매로 나온 물건이었는데요. 노부부께서 무척 관리를 잘 해온 아파트였습니다. 점유자인 전 주인이 월세로 살기를 원했기에 월세계약을 했습니다. 부모님의 집을 지켜드리고 싶어하는 아들의 모습에 최대한 편의를 봐드리고 싶었는데, 결국 점유자는 보증금 마련에 실패했습니다. 안타깝지만 계약금은 위약금으로 몰수하고 강제집행을 접수하였습니다.
2016년 9월 23일 아침, 현장에 도착해 벨을 눌렀습니다. 점유자는 일주일만 더 시간을 달라며 똑같은 말만 반복하며 사정을 하더군요. 그런데, 문득 테이블 위에 과도가 놓여 있는 것이 눈에 들어왔습니다. 섬뜩한 느낌이 들더군요.
'저 칼로 무슨 짓을 하면 어떡하지?'
과도를 보지 못한 척 태연하게 표정관리를 하고, "나가서 이야기합시다!" 하고 서둘러 밖으로 나왔습니다. 계단을 내려오는데 식은땀이 흐르더군요. 벼랑 끝에 선 자이기에 어떤 돌발행동을 할지 모를 일이지요.
큰 체격의 점유자는 털썩 무릎을 꿇고는 일주일만 시간을 더 달라며 절규를 하였습니다. 하지만 더 이상의 협상은 불가한 상태였습니다.
"자, 집행하시죠!!"
짧고 단호한 말 한마디에 부동자세였던 집행관과 용역직원들이 일사분란하게 움직이기 시작하더군요. 다리 힘이 풀려버린 점유자는 쓰러질듯 비틀거리며 한참을 흐느끼다 어느 순간 비장한 결심을 한 듯 눈빛이 달라져 있더군요.
그 많던 짐을 사정없이 적재하는 데 불과 1시간 30분 정도 걸렸습니다. 낙찰받은 지 약 1년 만에 명도는 종결되었습니다. 점유자로부터 임대차계약 불이행에 따른 위약금과 임료로 1500만원을 받았고, 컨테이너에 보관 중이던 짐 보관비 90만원도 점유자가 모두 지불함으로써 점유자의 물품에 대해 경매신청을 해야 하는 번거로움 없이 모든 것이 잘 마무리되었습니다.

Q 많은 일들이 있었는데, 어떤 마음으로 경매를 하시나요?

A 경매를 진행하다 보면 많은 사람을 만나게 됩니다. 경매투자자는 사람과의 관계를 잘할 수 있어야 합니다.
슈퍼마켓 주인부터 이웃 주민, 점유자, 법원직원, 대출상담사, 은행직원, 집수리 기술자, 공인중개사, 경비원, 관리소장 등 많은 사람들과 인간관계가 형성되고 이들의 도움을 받게 됩니다.
그러니 고마운 사람들이고 나도 그들에게 도움이 되었음 하는 마음이지요. 또 타산지석으로 삼아 나 자신을 되돌아보곤 합니다. 다른 낙찰물건의 전 소유주들과도 식사와 술자리를 마련하여 인간적인 교류를 해왔는데, 낙찰부터 명도까지 인간적인 교류로 시작하고 좋게 마무리하는 나의 명도 스타일은 끝까지 갈 것 같습니다.

Q 경매에서 제일 중요한 건 뭘까요?

A 부동산 공부는 학자가 되기 위함이 아닙니다. 부동산 공부를 너무 많이 하는 사람은 정작 투자 물건이 생겨도 분석만 하다가 놓치고 맙니다. 실제 이런 분들을 많이 보아왔습니다.

이론서와 경험서 등 다독을 마쳤다면 반드시 사전 연습과 현장 노하우를 습득해야 합니다. 경매절차도 이 과정에서 배워나갈 수 있습니다. 주의할 점은 이론과 현장은 다르다는 사실입니다. 학사, 석사 과정을 통해 부동산 전공을 한 분도 현장경험이 없다면, 현장실무에서는 제로베이스나 마찬가지입니다.

물건 선정, 임장, 입찰표 작성, 경매법원장에서의 행동, 대출상담사 관리, 경락자금 대출, 인도명령, 명도, 임대차에 이르기까지 각 단계마다 수많은 실수와 시행착오가 따르는데 이런 실수를 줄이고 성공투자의 길로 가기 위해서는 전 과정에 걸쳐 철저한 노하우를 알아야 합니다. 이는 누차 강조해도 부족하지 않습니다.

우리는 투자자이지 부동산을 연구하는 학자가 아니라는 것을 잊지 마세요.

이제,
돈 되는 경매다

일곱째
마당

대항력 있는 자, 무서울 것 없으리니

45 | 조심, 무조건 조심! 대항력 있는 임차인의 집

46 | 대항력에 우선변제권까지, 무적의 세입자

47 | 땡큐! 입찰자의 부담을 덜어주는 최우선변제권

48 | 전세권과 임차권 중 어떤 권리가 더 셀까?

Interview ❻
셰어하우스요? 요즘 가장 핫한 투자죠!

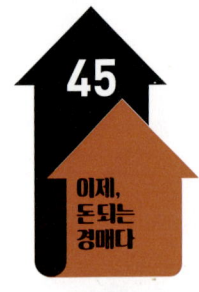

조심, 무조건 조심!
대항력 있는 임차인의 집

대항력은 무섭다. 확인 또 확인하자

이제 대항력이 있는 집을 살펴볼 차례다.

대항력 있는 임차인이 있는 집은 꼼꼼하게 따져 권리분석을 해야 한다.

대항력 있는 임차인은 어떻게든 보증금을 지킨다. 대항력을 갖춘 선순위 임차인이 보증금을 돌려받는 방법은 두 가지다.

1 | 법원에서 배당을 받는다

전입신고와 확정일자를 받고, 배당요구종기일 내에 배당요구를 하면 우선변제권을 갖는다. 대항력이 있는 선순위 임차인은 다른 채권자보다 배당 순서가 빨라서 보증금을 지키기에 유리하다.

2 | 낙찰자에게 보증금을 돌려달라고 한다

임차인이 배당요구를 하지 않았으면, 법원에서는 그 임차인에게 배당을 하지 않는다. 대항력이 있는 선순위 임차인은 계약기간이 끝날 때까지 종전과 같은 조건으로 살 수 있고, 나중에 이사 나갈 때 새 주인이 된 낙찰자에게 보증금을 돌려달라고 요구할 수 있다.

둘 중 어떤 방법을 선택할지는 임차인의 마음이다. 어떤 경우 배당요구를 하고, 어떤 경우 낙찰자에게 인수될까? 임차인이 배당요구를 했다가 철회하는 일은 왜 생길까?

입찰자는 어떻게 대응해야 할까? 하나하나 따져보자.

임차인 대항력에 따른 입찰자의 전략

1 | 대항력 있지만 위험하지 않은 집

임차인현황	건물소멸기준 : 2013-11-06 | 배당종기일 : 2015-01-29						매각물건명세서	예상배당표
순위	성립일자	권리자	권리종류(점유부분)	보증금금액	신고	대항	참조용 예상배당여부 (최저가 기준)	
1	전입 2012-02-20 확정 2012-01-18 배당 2014-11-20	박○	주거임차인 전부	[보] 200,000,000원	○	있음	배당금 : 200,000,000원 전액배당으로 소멸예상	
*압류의 법정기일이 빠른 경우 또는 교부청구(당해세)로 대항력있는 임차인의 경우 전액배당 안될시 인수금액 발생할수있음.								

건물 등기 사항	건물열람일 : 2015-02-25					등기사항증명서
구분	성립일자	권리종류	권리자	권리금액	상태	비고
갑1	2005-01-21	소유권	부천범박지역주택조합		이전	보존
갑2	2005-04-22	소유권	김○		이전	매매
갑6	2013-11-06	가압류	신용보증기금	800,000,000원	소멸기준	
갑7	2014-07-24	압류	국 - 천안세무서		소멸	(법인세과-5626) (주택) 소액배당 8000 이하 2700 (상가) 소액배당 5500 이하 1900
갑8	2014-11-06	강제경매	신용보증기금	청구 : 949,774,735원	소멸	2014타경○○○ (배당중결)

부천 소사구에 있는 30평대 아파트다. 먼저 말소기준권리를 찾자.

2013년 11월 6일 신용보증기금의 가압류가 말소기준권리이다. 임차인 박씨의 대항력과 우선변제권의 기준일은 2012년 2월 20일이다(2012년 2월 20일 전입, 2012년 1월 18일 확정일자). 전입과 확정일자는 날짜가 같은 게 일반적이나, 잠시 주소를 이전했다가 다시 전입을 하면 확정일자의 날짜가 앞서게 된다. 박씨는 말소기준권리보다 앞선 선순위이고 배당요구를 했다. 박씨는 배당기일에 가장 먼저 2억원을 배당받을 것이다.

이 집은 적정 낙찰가가 중요하다. 만약 이 집의 가치가 2억원이 안 되어서 낙찰가가 1억 5천만원이라면 어떻게 될까? 박씨에게 낙찰금액 1억 5천만원만 배당이 되고 남은 보증금 5천만원은 낙찰자가 인수해야 한다.

대항력 있는 임차인은 보증금을 잃지 않는다. 따라서 대항력 있는 선순위 임차인은 항상 조심 또 조심해야 한다. 다행히 이 집의 가치는 3억원 이상이고, 낙찰자에게는 안전한 물건이다.

2 | 대항력 있고 전액 배당이 안 되지만 인수할 금액이 소액인 집

"이 물건 해도 될까요?"

안양에 살고 있는 이나씨는 내집마련을 위해 부지런히 입찰을 하고 있었다.

"여긴 제가 잘 알아요. 살기 좋아요. 저희 친정 옆이기도 하고요. 근데…."

그녀가 관심 있어하는 물건에는 대항력 있는 임차인이 있다. 임차인의 보증금은 2500만원. (월세가 100만원이지만, 보증금이 낮으면 소액임차인이기에 최우선변제권이 있다.) 확정일자를 받지 않아 우선변제권이 없는 임차인은 최우선변제액 2200만원만 배당받는다. 대항력 있는 임차인이 돌려받지 못하는 보증금 300만원은 낙찰자가 인수한다.

3000만원도 아닌 300만원의 인수금은 낙찰자에게 별로 위협적이지 않다.

이나씨는 이 물건을 낙찰받았고 300만원을 주어 명도 후 이사 들어가서 살고 있다.

인수금이 있는 집은 인수할 금액만큼 낮은 금액으로 낙찰받는 것이 포인트다. (1000만원을 인수해야 하면 1000만원만큼 싸게 낙찰받는다.) 그리고 인수할 금액은 은행 대출이 안 되기에 현금 여력이 있어야 한다. 임대 목적이라면 대출금액이 적어지기에 임대수익률이 떨어진다. 내집마련을 하려는 입찰자에게 추천한다. 명도도 무난하다.

3 | 전액 인수해야 하는 대항력 있는 임차인

임차인현황 ▶ 건물소멸기준 : 2010-02-01	배당종기일 : 2014-06-25						매각물건명세서 예상배당표
순위	성립일자	권리자	권리종류(점유부분)	보증금금액	신고	대항	참조용 예상배당여부 (최저가 기준)
1	전입 2009-11-10 확정 2009-09-16 배당 2014-09-25	이■	주거임차인 전부	[보] 80,000,000원	○	있음	인수금 : 80,000,000원 전액매 수인 인수예상 배당종기이후배당요구할

+ 압류의 법정기일이 빠른경우 또는 교부청구(당해세)로 대항력있는 임차인의 경우 전액배당 안될시 인수금액 발생할수있음.
- 이■ : 대항력있는 임차인이 배당요구종기 이후에 권리신고 및 배당요구신청서를 제출하였으므로 매수인이 임차보증금 전액을 인수하여야 함.

건물 등기 사항 ▶ 건물열람일 : 2014-07-08						등기사항증명서
구분	성립일자	권리종류	권리자	권리금액	상태	비고
갑1	1997-12-16	소유권	최■		이전	매매
갑2	2003-04-10	소유권	장■외 1명		이전	매매
갑5	2008-09-25	소유권	유■	(거래가) 210,000,000원	이전	매매
을7	2010-02-01	(근)저당	성남수정새마을금고	91,000,000원	소멸기준	(주택) 소액배당 6000 이하 2000 (상가) 소액배당 3900 이하 1170
갑6	2014-05-26	소유권(지분)	유■외 12명		이전	상속
갑7	2014-06-16	임의경매	성남수정새마을금고	청구: 71,068,920원	소멸	2014타경■(배당종결)

성남에 있는 20평 빌라다. 빨간색으로 인수금이라고 쓰여 있는 물건내역서가 심상치 않다. 먼저 말소기준권리를 찾아야 한다. 2010년 2월 1일 새마을금고 근저당이 말소기준권리다.

이 집의 임차인 이씨는 2009년 11월 10일 전입해 대항력 있는 선순위 임차인이다. 2009년 9월 16일에 확정일자를 받아 우선변제권이 있을 뻔했는데, 배당요구종기일인 2014년 8월 25일이 훌쩍 넘은 9월 25일에 배당요구를 하였다. 한 달이나 늦었다. 날짜가 하루라도 늦으면 법원에서는 배당표에서 그를 제외시킨다. 배당요구일자가 늦어져서 우선변제권이 없는 이씨는 법원에서 배당을 받을 수 없지만, 대항력을 갖추었기에 낙찰자에게 보증금을 달라고 요구할 수 있다.

낙찰자에게 이씨의 보증금은 잔금 외에 추가로 들어가는 인수금이 되었다.

이씨의 보증금이 전액 인수된다는 것은 이씨에게 현금 8천만원을 내주어야 한다는 뜻이다. 은행에서는 인수금에 대한 대출을 해주지 않는다. 대출이 안 되는 물건은 임대 목적으로 낙찰받을 수가 없다. 따라서 이 물건은 임대수익을 목적으로 하는 투자자라면 입찰이 곤란하다.

반면 실거주를 목적으로 하는 사람이라면 입찰을 생각해 볼 여지가 있다. 다만, 이 집의 가치가 1억 3천만원이라면 5천만원 이하로 유찰되었을 때 낙찰을 받아야 한다. 인수금 8천만원에 낙찰가 5천만원을 합하면 1억 3천만원이다. (취득세 기준은 인수금액까지 포함한 금액이다.) 입찰가 선정이 중요하다. 임차인은 계약기간까지 살 권리가 있기에 명도 난이도 상에 속한다.

대항력 있는 미상 임차인

권리금액이 적혀 있지 않거나 미상으로 표시된 물건은 점유자가 법원에 아무런 신고를 하지 않았다는 뜻이다. 법원은 한가하지도, 친절하지도 않다. 신고를 하라고 임차인을 마구 쫓아다니며 재촉하지 않는다. 별다른 신고가 없으면 그냥 비워두거나 미상이라고 표시한다.

임차인현황 ▶ 건물소멸기준 : 2014-01-17 ▶ 배당종기일 : 2014-08-27							🔍 매각물건명세서 🔍 예상배당표	
순위	성립일자	권리자	권리종류(점유부분)	보증금금액	신고	대항	참조용 예상배당여부 (최저가 기준)	
1	전입 2013-11-04 확정 없음 배당 없음	박⬛	주거임차인		X	있음	현황조사 권리내역 채무자	

건물 등기 사항 ▶ 건물열람일 : 2015-03-31						🔍 등기사항증명서	
구분	성립일자	권리종류	권리자	권리금액	상태	비고	
갑1	2014-01-17	소유권	이⬛		이전	보존	
을1	2014-01-17	(근)저당	포천축산업협동조합	286,000,000원	소멸기준	(주택) 소액배당 4500 이하1500 (상가) 소액배당 3000 이하1000	
갑2	2014-06-10	강제경매	정⬛	청구: 125,770,000원	소멸	2014타경⬛⬛⬛⬛	
갑3	2014-11-24	가압류	삼환종합건설	1,412,400,000원	소멸		

토지 등기 사항 ▶ 토지열람일 : 2015-03-31						🔍 등기사항증명서	
구분	성립일자	권리종류	권리자	권리금액	상태	비고	
갑4	2010-01-25	소유권(일부)	이⬛	(거래가) 1,300,000,000원	이전	매매	
갑5	2012-01-27	소유권(일부)	이⬛		이전	공유물 분할	
을10	2014-01-17	(근)저당	포천축산업협동조합	286,000,000원	소멸기준		
갑10	2014-04-08	압류	국 - 포천세무서		소멸	(재산법인세과1-1598)	
갑11	2014-05-08	압류(지분)	포천시		소멸		
갑12	2014-06-10	강제경매	정⬛	청구: 125,770,000원	소멸	2014타경⬛⬛⬛⬛	
갑13	2014-11-24	가압류	삼환종합건설	1,412,400,000원	소멸		

이 집은 포천에 있는 감정가 4억 5천짜리 주택이다.

이 집의 말소기준권리는 2014년 1월 17일로 건물과 토지 등기부의 말소기준 권리가 같다. (건축과 토지 등기부의 말소기준권리 날짜가 다를 때 대항력은 건물의 날짜를 따른다.) 임차인 박씨의 전입일은 2013년 11월 4일로 말소기준권리보다 빠른 선순위다. 그런데, 확정일자도 배당요구도 없고, 무엇보다 권리금액도 신고되어 있지 않다.

이 집, 인수해야 할 위험이 있는 집일까, 안전한 집일까?

정답은 '그때그때 다르다'이다.

이 집에 사는 박씨는 정황상 진짜 임차인이 아닐 가능성이 높다. 이 집은 전원주택단지 안에 있는 주택으로 세입자가 들어가기에는 뭔가 어색한 곳이다. 아마도 집주인이 집을 짓다가 형편이 어려워져서 경매가 진행되지 않았을까. 전입이 된 박씨는 집주인의 가족일 것으로 생각된다. 물론 이것은 어디까지나 나의 추리일 뿐이다. 반드시 현장에서 확인을 해야 한다.

대항력이 있는 선순위 임차인이 미상인 경우에는 실제 점유자에 대해 반드시 꼼꼼하게 조사를 해야 한다. 분명히 가짜 임차인일 거라고 예상했는데, 진짜라면? 예상이 빗나가서 진짜 임차인이라면 보증금을 인수해야 하는 불상사가 생긴다. 이 경우 세입자의 보증금을 인수하느니 입찰보증금을 포기하는 편이 나을 수도 있다.

권리분석에서 난이도 최상이지만, 현장확인을 제대로 한다면 명도 난이도는 낮아질 수 있다. 현장확인을 어떻게 할까? 임차인이 가짜라는 것을 증명할 물증과 자료를 모으고 만들어내야 한다. 그야말로 창의력이 필요한 일이 경매다. 때로는 탐정놀이처럼, 때로는 수사관처럼 해야 한다. 꼼꼼한 현장조사가 매우 매우 중요하다. 대항력 있는 임차인은 항상 조심해야 한다.

대항력에 우선변제권까지, 무적의 세입자

대기업 임원으로 재직 중인 닉네임 체스님은 무난한 삶을 살아왔다. 50대 중반의 그가 경매에 관심을 가지게 된 것은 특별한 경험 덕(?)이다. 그가 살던 아파트가 경매에 부쳐진 것이다. 상황이 급박했다. 집안일은 아내가 하는 게 당연하다고 여겨온 그였지만, 아내에게만 맡길 상황이 아니었다. 부랴부랴 자신의 집이 어떤 상황에 있는지 확인했다.

다행히 모든 상황은 완벽했다.

이사 전 등기부상에 아무 권리가 없었고, 이사를 하면서 바로 전입을 했기에 대항력이 있었다. 전입을 하면서 확정일자도 받아두었기에 배당신청만 하면 우선변제권으로 전액 배당을 받게 된다. 그는 대항력과 우선변제권이 있는 임차인이었다. 걱정할 이유가 없다.

"운이 좋았죠. 아주 귀중한 경험이에요."

본인이 살고 있는 집이 경매가 진행되는 동안 그는 경매 공부를 했다. 그리고, 경매 입찰자가 되었다. 얼마 전 그가 여덟 번째 집의 주인이 되었다고 소식을 전해 왔다.

"은퇴가 얼마 안 남았어요. 부지런히 월세 수입을 만들어야죠. 전화위복이란 말이 딱 맞는 말이에요. 경매는 제게 행운이에요."

우선변제권의 조건

우선변제권이나 최우선변제권은 '보증금을 돌려받는 권한'이다. (임차인이 보증금을 돌려받을 수 있는 방법은 세 가지다. ① 우선변제권, ② 최우선변제권, ③ 임차권등기설정) 우선변제권은 주택임대차보호법상 임차인의 보증금을 우선적으로 변제(배당)받을 수 있는 권리를 말한다. (우선해서? 과연 진짜 우선적 맞나? 다른 우선변제권자들과 줄서서 받는 권리다.) 주택이 경매나 공매에 부쳐졌을 때 우선변제권을 가진 임차인은 법원에서 배당을 받는다.

우선변제권은 어떻게 생길까? 간단하다. 전입하고(인도[이사]+전입), 확정일자 받고, 배당요구를 하면 된다.

임차인이라면 이사 당일, 무조건 계약서를 들고 동주민센터에 가서 전입신고를 하면서 동시에 확정일자 도장을 받아야 한다. 나중에 경매 들어갈 집인지 아닌지 알 수 없기에 일단 안전장치를 한다고 생각하자. 임차인으로 산다면 아무리 바빠도 가장 먼저, 꼭 해야 할 일이 전입신고와 확정일자 받기다(배당신청은 경매가 진행되고 나서 신청한다).

우선변제권은 주소가 조금 틀려도 된다. 우선변제권은 '공시'가 중요하지 않다.

아파트 동호수 누락도 우선변제권이 인정된다. 전입만 제대로

> 공시는 대항력에서 중요하다.

되어 있다면 확정일자 도장이 찍힌 계약서에 동호수 누락이 되어도 괜찮다(대판 1999. 6. 11, 99다7992).

기준 날짜는? 전입일자와 확정일자 중 늦은 날짜 기준이다(대판 1999. 3. 23, 98다46938).

임차인현황 ▶ 건물소멸기준 : 2013-07-11 | 배당종기일 : 2014-12-19   매각물건명세서 예상배당표

순위	성립일자	권리자	권리종류(점유부분)	권리금액	신고	대항	참조용 예상배당여부 (최저가 기준)
1	전입 2013-07-16 확정 없음 배당 없음	김◯	주택임차인		X	없음	현황조사 권리내역
2	전입 2013-07-16 확정 2013-06-05 배당 2014-12-15	임◯	주택임차인 전체	【보】100,000,000원	O	없음	배당금 53,901,000원 미배당 46,099,000원 일부배당(미배당금 소멸예상)
				- 보증금합계 : 100,000,000원			

건물 등기부현황 ▶ 건물열람일 : 2014-10-27   등기부등본열람

구분	성립일자	권리종류	권리자	권리금액	상태	비고
갑1	2001-10-12	소유권	◯건설		이전	보존
갑2	2005-12-20	소유권	대한토지신탁		이전	신탁
갑4	2009-04-03	소유권	허◯	(거래가)116,081,809원	이전	매매
을5	2013-07-11	(근)저당	국민은행	72,000,000원	소멸기준	
갑5	2014-06-18	가압류	신한카드	14,019,261원	소멸	
갑6	2014-10-01	임의경매	국민은행	청구: 61,724,157원	소멸	2014타경◯

위 집의 임차인 임씨는 전입 7월, 확정일자 6월이다. 정황상 6월에 이사하면서 전입신고와 확정일자를 받은 후에 잠시 주소를 이전했던 것으로 보인다. 이유야 어찌되었건 임차인 임씨의 우선변제권 기준일은 전입과 확정 중 늦은 날짜인 2013년 7월 16일이 되었다.

계약서를 폐기했거나 잃어버렸어도 전입일자와 확정일자를 어떻게든 확인할 수 있다면, 우선변제권이 인정된다(대판 1996. 6. 25, 96다12474). 만약 계약서를 분실했는데 전세권을 설정해 놓았다면, 전세권설정 계약서에 찍힌 접수일자도 확정일자로 인정이 된다(대판 2002. 11. 8, 2001다51725). 2014년 7월 1일부터는 인터넷 등기소에서도 확정일자 확인이 가능하다.

우선변제를 받는 임차인이 배당을 받으려면 낙찰자의 명도확인서가 필요하

다. 낙찰자는 임차인이 이사를 나가야 명도확인서를 내준다. 덕분에 명도가 그리 어렵지 않아졌다. 열쇠 받고 명도확인서 내주고. 요거 괜찮다.

대항력을 갖추고 전세권등기를 하면, 임차권과 전세권, 각각의 권리를 인정한다.

두 권리를 다 가지면, 임차권도 행사하고 전세권도 행사할 수 있다(대판 1993. 12. 24, 93다39676).

어떤 것을 먼저 행사하느냐에 따라서 임차인의 지위도 약간씩 달라진다.

전세권이 말소기준권리면 배당으로 말소된다. 전세권 자체가 말소가 되는데 임차인이 대항력도 가지고 있다면 대항력으로 낙찰자에게 나머지 보증금도 돌려받을 수 있다. 대항력과 전세권등기는 각각의 권리이기 때문이다.

임차인현황	건물소멸기준 : 2011-06-23	배당종기일 : 2015-03-10					매각물건명세서	예상배당표
순위	성립일자	권리자	권리종류(점유부분)	권리금액	신고	대항	참조용 예상배당여부 (최저가 기준)	
1	전입 2011-06-24 확정 없음 배당 없음	공■■	주거임차인		X	없음	전체전세권 설정 후 임대차 성립되어 우선변제 제외됨	
2	전입 2011-08-01 확정 2011-06-28 배당 2015-03-10	권■■1차	주거임차인 전부	【보】140,000,000원	○	있음	배당금: 140,000,000원 전액배당으로 소멸예상 배당표참조	
3	계약 2013-06-16 확정 2013-06-17 배당 2015-03-10	권■■2차증액	주거임차인 전부	【보】150,000,000원	○	있음	증액(10,000,000) 배당금: 10,000,000원 전액배당으로 소멸예상	
			- 보증금합계 : 150,000,000원					

• 압류의 법정기일이 빠른경우 또는 교부청구(당해세)로 대항력있는 임차인의 경우 전액배당 안될시 인수금액 발생할수있음.
- 공■■ : 이 사건 신청채권자와 부부관계임 권■■ : 2차 계약 2013.6.16, 보증금 150,000,000원 확정일자 2013.6.17,이 사건 신청채권자임

건물 등기 사항	건물열람일 : 2015-01-06					등기사항증명서
구분	성립일자	권리종류	권리자	권리금액	상태	비고
갑1	2005-06-21	소유권	■■개발		이전	보존
갑2	2005-06-21	소유권	한국토지신탁		이전	신탁
갑4	2005-07-07	소유권	장■■		이전	매매
을5	2011-06-23	전세권	권■■1차	140,000,000원	소멸기준	경매신청채권자
갑5	2014-11-26	가압류	현대캐피탈	15,493,871원	소멸	
갑6	2014-12-26	임의경매	권■■	청구: 140,000,000원	소멸	2014타경34019(배당종결) (주택) 소액배당 6000 이하2000 (상가) 소액배당 3800 이하1300
갑7	2014-12-29	강제경매	현대캐피탈	청구: 15,486,401원	소멸	2014타경

권씨는 전세권을 설정한 전세권자다. 동시에 은행 가압류보다 먼저 전입하

고, 확정일자와 배당신고까지 한 임차권자다. 은행보다 먼저 경매신청을 한 것도 권씨다. 임의경매인 것을 보니 전세권으로 경매신청을 하였다. 권씨는 임차권과 전세권을 모두 가진 막강 임차인이다. 이 집은 1억 7천만원에 낙찰되었고, 권씨는 보증금을 모두 돌려받았다.

우선변제권은 한 번만 인정한다.
한 집이 두 번 경매에 나왔다.
임차인도 예전 그 임차인이다. 어떻게 될까?
이 임차인은 우선변제권을 이미 한 번 썼기 때문에 다시 쓸 수가 없다(대판 2001. 2. 27, 98다4552).
낙찰받은 집의 임차인이 재계약을 하고 계속 살고 싶어하면, 주소를 다른 곳으로 옮겼다가 다시 전입하도록 하는 것이 낫겠다. 번거롭지만 이렇게 해야 임차인이 새로운 우선변제권을 가질 수 있다.

땡큐!
입찰자의 부담을 덜어주는
최우선변제권

최우선변제권이란

주택임대차보호법은 임차인만을 보호한다. 왜? 임차인은 약하니까. 그 약한 임차인 중에서도 유독 더 약한 임차인이 있다. 바로 돈이 없어서 적은 보증금을 내고 사는 소액임차인이 그들이다. 소액임차인이 사는 집이 경매를 당해 보증금을 잃게 되면 그들은 전 재산을 잃게 된다.

그래서 나라에서는 그들을 구제할 방법을 만들었다. 그것이 바로 최우선변제권이다. 다른 채권자들보다 소액임차인의 보증금을 먼저 돌려주도록 한 것이다. 우선변제권보다 먼저 배당받기에 최우선변제권이다.

최우선변제권은 이름답게 강력하다.

투자자와 임차인 모두 살리는 최우선변제권의 조건

빚이 가득한 집이라도 보증금이 소액이면 안전하기 때문에 임차인은 보증금 떼일 걱정 없이 월세를 낼 수 있고, 우리는 임대수익을 얻을 수 있다. 입찰할 때도 소액임차인이 있는 집은 (정상적인 임차인이라면) 배당이 순조로워서 명도가 어렵지 않다. 입찰할 물건에 최우선변제권을 가진 소액임차인이 있다면 명도 난이도가 '하'이다. 때문에 점유자가 최우선변제권의 조건을 갖추었는지 확인하는 것이 중요하다.

최우선변제권을 갖기 위한 조건은 세 가지다.

1 | 보증금이 소액이어야 한다

강력한 권리를 가진 소액임차인이 되려면 보증금이 소액이어야 한다(이 법은 서민을 특별히 보호하기 위한 법이기 때문이다). 소액은 얼마일까?

다음 쪽 표에 소액임차인의 최우선변제권 기준금액이 정리되어 있다. 부동산 시장 상황에 따라 소액임차인의 기준금액도 계속 변화되어 왔기 때문에 표가 다소 복잡하다.

주택의 경우 기준시점에 따른 보증금 범위 이하이기만 하면 매월 내는 월세가 얼마건 상관없이 소액임차인이다. 소액임차인이 되면 보증금을 돌려받기 쉽고, 보증금을 돌려받기 쉽다는 것은 명도도 쉽다는 뜻이다.

여기서 기준시점에 주의하자. 기준시점은 담보물권(저당권, 근저당권, 가등기담보권 등) 설정일자 기준이다. 말소기준권리와 비슷하지만 압류는 제외된다. 근저당이 가장 흔한 기준시점이다. 세입자의 전입일과 헷갈리지 말자(대판 2001다84824).

소액임차인이 되었다고 해서 보증금 전액을 먼저 배당받는 것은 아니다. 서울 기준으로 보증금의 범위는 1억원이고, 보증금 중 일정액의 범위는 3400만원이다. 보증금이 1억원 이하이면 소액임차인에 해당되고, 그중 3400만원을 최우선변제권으로 보장받는다는 뜻이다. 나머지 못 받은 금액은 우선변제권으로 배당받을 수 있다.

■ 소액임차인의 최우선변제권 기준

기준시점	지역	보증금 범위	보증금 중 일정액의 범위
1990. 2. 19.~	서울특별시, 직할시	2,000만원 이하	700만원
	기타 지역	1,500만원 이하	500만원
1995. 10. 19.~	특별시 및 광역시(군지역 제외)	3,000만원 이하	1,200만원
	기타 지역	2,000만원 이하	800만원
2001. 9. 15.~	수도권정비계획법에 의한 수도권 중 과밀억제권역	4,000만원 이하	1,600만원
	광역시(군지역과 인천광역시지역 제외)	3,500만원 이하	1,400만원
	그 밖의 지역	3,000만원 이하	1,200만원
2008. 8. 21.~	수도권정비계획법에 따른 수도권 중 과밀억제권역	6,000만원 이하	2,000만원
	광역시(군지역과 인천광역시지역 제외)	5,000만원 이하	1,700만원
	그 밖의 지역	4,000만원 이하	1,400만원

기준시점	지역	보증금 범위	보증금 중 일정액의 범위
2010. 7. 26.~	서울특별시	7,500만원 이하	2,500만원
	수도권정비계획법에 따른 과밀억제권역(서울특별시 제외)	6,500만원 이하	2,200만원
	광역시(수도권정비계획법에 따른 과밀억제권역에 포함된 지역과 군지역 제외), 안산시, 용인시, 김포시 및 광주시	5,500만원 이하	1,900만원
	그 밖의 지역	4,000만원 이하	1,400만원
2014. 1. 1.~	서울특별시	9,500만원 이하	3,200만원
	수도권정비계획법에 따른 과밀억제권역(서울특별시 제외)	8,000만원 이하	2,700만원
	광역시(수도권정비계획법에 따른 과밀억제권역에 포함된 지역과 군지역 제외), 안산시, 용인시, 김포시 및 광주시	6,000만원 이하	2,000만원
	그 밖의 지역	4,500만원	1,500만원
2016. 3. 31.~	서울	1억원 이하	3,400만원
	수도권정비계획법에 따른 과밀억제권역(서울특별시 제외)	8,000만원 이하	2,700만원
	광역시(수도권정비계획법에 따른 과밀억제권역에 포함된 지역과 군지역 제외), 안산시, 용인시, 김포시 및 광주시	6,000만원 이하	2,000만원
	그 밖의 지역	5,000만원 이하	1,700만원

기준시점	지역	보증금 범위	보증금 중 일정액의 범위
2018. 9. 18.~	서울특별시	1억 1,000만원 이하	3,700만원
	수도권정비계획법에 따른 과밀억제권역(서울특별시 제외), 용인시, 화성시, 세종시	1억원 이하	3,400만원
	광역시(수도권정비계획법에 따른 과밀억제권역에 포함된 지역과 군 지역 제외), 안산시, 김포시, 광주시, 파주시	6,000만원 이하	2,000만원까지
	그 밖의 지역	5,000만원 이하	1,700만원까지

2 | 전입신고를 하고 점유를 하여 대항력을 갖추어야 한다

최우선변제권을 가지려면 경매개시결정(경매가 시작되는 것을 알리는 것) 전에 대항요건을 갖춰야 한다. 경매개시결정 전에 전입신고가 되어 있어야 한다는 의미다. 전입신고는 그 집에 살고 있다는 것을 공시하는 것과 같다.

전입은 경매개시결정 전에 해야 대항력이 생기고, 대항력은 배당요구종기일까지 전입 상태를 유지해야 효력이 있다. 만약 배당요구종기일 이전에 이사를 하면 대항력은 상실한다.

경매개시결정은 다른 말로 '압류되었다'고도 한다(이때 압류는 말소기준권리의 압류와 전혀 다른 의미다. 경매가 시작된다는 뜻이다). '지금부터 경매 시작한다!!'고 공개적으로 표시되기 전에만 전입을 하면 된다. 하루 전날이라도 전입을 하면 다른 채권자들을 제치고 먼저 배당을 받지만, 경매개시결정 후에 전입하면 배당에서 제외된다.

3 | 배당요구를 해야 한다

배당요구는 배당요구종기일 안에 반드시 해야 한다. 하루라도 늦으면 배당을 받을 수 없다.

임차인 중 배당요구를 하지 않아도 되는 사람은 두 사람뿐이다. 첫 번째는 경매신청을 한 임차인이고, 두 번째는 임차권등기를 한 임차인이다. 그외의 모든 임차인은 배당요구를 해야 한다(배당은 배당에서 설명).

4 | 최우선변제권은 확정일자는 필요 없다

최우선변제권은 소액, 전입, 배당만이 중요하다.

최우선변제권이 가져온 해피한 결말

대항력이 늦지만 최우선변제권으로 전액 배당

경기도 용인 포곡읍에 위치한 18년 된 빌라다. 84㎡, 32평형이 감정가 6100만원에 나왔다. 권리분석을 해보자.

임차인현황	건물소멸기준 : 2010-04-19	배당종기일 : 2015-02-13					매각물건명세서	예상배당표
순위	성립일자	권리자	권리종류(점유부분)	보증금금액	신고	대항	참조용 예상배당여부 (최저가 기준)	
1	전입 2011-10-31 확정 2011-10-24 배당 2014-12-29	임◯◯	주거임차인 비02호 전체	【보】 10,000,000원 【월】 350,000원	○	없음	배당금 : 10,000,000원 전액배당 소멸예상	

건물 등기 사항	건물열람일 : 2015-03-03						등기사항증명서
구분	성립일자	권리종류	권리자	권리금액	상태	비고	
갑1	2001-05-24	소유권	초◯◯		이전	매매	
을4	2010-04-19	(근)저당	삼신저축은행	560,000,000원	소멸기준	(주택) 소액배당 4000 이하 1400 (상가) 소액배당 2500 이하 750	
갑2	2014-11-26	임의경매	키움저축은행	청구 : 250,000,000원	소멸	2014타경◯◯◯◯ (배당종결) 키움저축은행(변경전:삼신저축은행)	

① 말소기준권리를 찾는다. 2010년 4월 19일 근저당권이 말소기준권리다.
② 임차인의 권리를 보자.

이 집에는 임차인이 살고 있다. 임차인현황을 보면, 임차인 임씨는 2011년 10월 31일에 전입, 2011년 10월 24일에 확정일자를 받았다. 배당요구도 종기일 내에 했다.

- 임씨는 말소기준권리보다 늦어서 대항력 없는 임차인이다.
- 전입, 확정, 배당을 모두 했으니 우선변제권이 있다. 순서는 근저당권자인 삼신저축은행 다음이다.
- 임씨의 보증금은 1000만원이다. 2010년 4월 19일 기준시점으로 용인 포곡은 그밖의 지역이다. 보증금이 4천만원 이하이므로 임씨는 소액임차인이다. 임씨의 보증금 1000만원은 다른 채권자보다 먼저 최우선변제권으로 배당받는다.

보증금 1000만원에 월세 35만원. 전형적인 소액임차인의 모습이다. 임차인 임씨는 경매진행으로 인한 특별한 피해가 없다. 다소 번거로운 일을 겪기는 하지만, 금전적인 손실이 없지 않은가. 이런 소액임차인이 살고 있는 집은 입찰하기에 아주 무난하다. 현장답사 때 점유자를 만나도 호의적인 경우도 많으며, 명도도 순조롭다(명도 난이도 하).

이 세입자, 소액임차인이 맞을까?

아래 사례와 표를 보면서 확인해 보자.

두 명의 세입자가 있다. 잠실에 사는 잠실녀는 보증금 9천만원에 월세 200만원인 잠실 아파트에 살고 있고, 평택에 사는 평택녀는 보증금 5천만원인 평택 빌라에서 전세로 살고 있다. 두 집 모두 기준시점일은 2016년 2월이다. 둘 중 누가 소액임차인일까?

■ **잠실녀는 서울특별시에 해당한다**

1) 2016년 2월 기준, 서울에서 9500만원 이하의 보증금으로 살고 있는 세입자라면 소액임차인에 속한다.
2) 보증금 9천만원인 잠실녀는 소액임차인이다.
3) 월세 200만원은 소액임차인을 판단하는 데 아무런 상관이 없다.
4) 잠실녀는 9000만원 중 3200만원을 최우선변제권으로 배당받는다.

2014.1.1.~	서울특별시	9,500만원 이하	3,200만원
	수도권정비계획법에 따른 과밀억제권역(서울특별시 제외)	8,000만원 이하	2,700만원
	광역시(수도권정비계획법에 따른 과밀억제권역에 포함된 지역과 군지역 제외), 안산시, 용인시, 김포시 및 광주시	6,000만원 이하	2,000만원
	그 밖의 지역	4,500만원	1,500만원
2016. 3. 31.~	서울	1억원 이하	3,400만원
	수도권정비계획법에 따른 과밀억제권역(서울특별시 제외)	8,000만원이하	2,700만원
	광역시(수도권정비계획법에 따른 과밀억제권역에 포함된 지역과 군지역 제외), 안산시, 용인시, 김포시 및 광주시	6,000만원이하	2,000만원
	그 밖의 지역	5,000만원 이하	1,700만원

■ **평택녀는 경기도에 해당한다**

1) 2016년 2월, 경기도는 '수도권정비계획법에 따른 과밀억제권역'에 속하는 경우 8천만원 이하면 소액임차인이다. 아래 과밀억제권역 표를 보자. 경기도의 일부 지역이 과밀억제권에 속하는데, 평택은 여기에 없으니 과밀억제권역이 아니다.
2) 경기도 중 안산, 용인, 김포, 광주는 6천만원 이하면 소액임차인이다. 평택은 여기에도 속하지 않는다.
3) 그래서 평택은 그밖의 지역이 된다. 평택에서는 4500만원 이하일 때만 소액임차인이다.
4) 결론적으로 보증금 5천만원인 평택녀는 소액임차인이 아니다.

잠실녀는 소액임차인이므로 최우선변제권을 가지고, 평택녀는 최우선변제권이 없다. 소액임차인에 해당하느냐 여부는 집의 크기나 가진 재산, 월세금액과 상관이 없다. 소액임차인의 최우선변제권에 대한 기준은 외울 필요 없다. 유료사이트의 물건내역서에 링크되어 있으니 필요할 때마다 찾아보자.

■ **과밀억제권역이란?**

수도권의 인구와 산업을 적정하게 배치하기 위해 구분한 권역의 하나로, 인구와 산업이 지나치게 집중되었거나 집중될 우려가 있어 이전하거나 정비할 필요가 있는 지역을 말한다.

2001.1.29~ 2009.1.15	○ 서울특별시 ○ 인천광역시(강화군, 옹진군, 중구 운남동 운묵동 운서동 중산동 덕교동 을왕동 무의동, 서구 대곡동 불노동 마전동 금곡동 오류동 영길동 당하동 원당동, 연수구 송도매립지(인천광역시장이 송도 신시가지 조성을 위하여 1990년 11월 12일 송도 앞 공유수면매립공사면허를 받은 지역), 남동유치지역은 제외) ○ 경기도 중 의정부시, 구리시, 남양주시(호평동 평내동 금곡동 일패동 이패동 삼패동 가운동 수석동 지금동 및 도농동에 한한다). 하남시, 고양시, 수원시, 성남시, 안양시, 부천시, 광명시, 과천시, 의왕시, 군포시, 시흥시(반월특수지역 제외)
2009.1.16~ 2010.7.25	○ 서울특별시 ○ 인천광역시(강화군, 옹진군, 서구 대곡동 불노동 마전동 금곡동 오류동 영길동 당하동 원당동, 인천경제자유구역 및 남동국가산업단지는 각 제외) ○ 경기도 중 의정부시, 구리시, 남양주시(호평동 평내동 금곡동 일패동 이패동 삼패동 가운동 수석동 지금동 도농동만 해당), 하남시, 고양시, 수원시, 성남시, 안양시, 부천시, 광명시, 과천시, 의왕시, 군포시, 시흥시(반월특수지역 제외)
2010.7.16~ 2011.3.8	○ 인천광역시(강화군, 옹진군, 서구 대곡동 불노동 마전동 금곡동 오류동 영길동 당하동 원당동, 인천경제자유구역 및 남동국가산업단지는 각 제외) ○ 경기도 중 의정부시, 구리시, 남양주시(호평동 평내동 금곡동 일패동 이패동 삼패동 가운동 수석동 지금동 도농동만 해당), 하남시, 고양시, 수원시, 성남시, 안양시, 부천시, 광명시, 과천시, 의왕시, 군포시, 시흥시(반월특수지역 제외)
2011.3.9~ 2017.6.19	○ 인천광역시(강화군, 옹진군, 서구 대곡동 불노동 마전동 금곡동 오류동 영길동 당하동 원당동, 인천경제자유구역 및 남동국가산업단지는 각 제외) ○ 경기도 중 의정부시, 구리시, 남양주시(호평동 평내동 금곡동 일패동 이패동 삼패동 가운동 수석동 지금동 도농동만 해당), 하남시, 고양시, 수원시, 성남시, 안양시, 부천시, 광명시, 과천시, 의왕시, 군포시, 시흥시[반월특수지역(반월특수지역에서 해제된 지역 포함) 제외]
2017.6.20~ 현재	○ 서울특별시 ○ 인천광역시(강화군, 옹진군, 서구 대곡동 불노동 마전동 금곡동 오류동 왕길동 당하동 원당동, 인천경제자유구역 및 남동국가산업단지는 각 제외) ○ 경기도 중 의정부시, 구리시, 남양주시(호평동 평내동 금곡동 일패동 이패동 삼패동 가운동 수석동 지금동 도농동만 해당), 하남시, 고양시, 수원시, 성남시, 안양시, 부천시, 광명시, 과천시, 의왕시, 군포시, 시흥시[반월특수지역(반월특수지역에서 해제된 지역 포함) 제외]

전세권과 임차권 중 어떤 권리가 더 셀까?

퀴즈1. 영미는 전세권을 가지고 있고, 영수는 임차권을 가지고 있다. 둘 중 무엇이 셀까?

정답 : 고민할 것 없다. 날짜가 앞서는 것이 세다.

퀴즈2. 최우선변제권은 전세권에 있는가, 임차권에 있는가?

정답 : 임차권에만 있다.

헷갈리는 용어, 임차권과 전세권, 임차권등기는 각기 뜻이 다르다. 하나하나 구분해 보자.

임차권

임차권은 주택임대차보호법에서 말하는 임차인의 권리다. 예전에는 전세권이 있어야 세입자의 지위를 보장받았는데, 지금은 임차권으로도 충분히 강력한 임차인의 권리를 보장받을 수 있다.

전입을 하면 대항력이 생기고, 확정일자까지 받으면 우선변제권을 가진다. 보증금이 소액이면 최우선변제권도 가진다. 전세권처럼 등기부에 등기를 하지 않아도 된다.

> **임차권 조건 갖추기**
>
> 임차권으로 보호를 받기 위해서는 전입하고 확정일자를 받아야 합니다. 절차는 간단해요. 임대차계약서와 신분증을 가지고 동주민센터에 가서 접수만 하면 됩니다. 2015년부터는 인터넷으로 확정일자까지 받을 수 있어요.

임차권의 단점이라면 전입을 유지해야 한다는 것이다. 이사를 하면 대항력을 잃어버려 임차권이 사라진다. 그리고, 임차인 본인이 그 집에 사는 것은 임차권 인정이 되지만 제3자, 즉 다른 사람에게 재임대하는 전전세는 인정하지 않는다.

전세자금대출을 받으려면 임차권이 아닌 전세권이 필요할 수도 있다. 전세금을 빌려주는 은행에서 전세권 설정을 요구하기 때문이다. 은행에서 전세권 대신 보증보험을 가입하라고 요구하기도 한다.

집주인이 보증금을 돌려주지 않으면 임차권만으로는 바로 경매신청을 할 수 없고, 소송을 해야 한다. 소송은 어렵고 힘든 일. 나라에서는 임차인들을 약자로 여기기 때문에 일반소송이 아닌 '소액심판법'으로 경매신청을 할 수 있게끔 하였다. 금액이 얼마든 상관없이, 보증금이 5억이건 6억이건 소액심판법으로 경매를 신청할 수 있다.

조금 더 깊이 들어가 보자. 법적으로 따지자면, '보증금을 돌려달라'고 소송을 하려면 살던 집을 비워두는 게 맞다. '동시이행(쌍방이 동시에 하자)' 원칙상 그 집에 계속 살면서 집주인에게 보증금 달라고 소송하는 게 좀 이상한 모양새이긴 하다. 하지만, 법원은 언제나 임차인 편이다. "너는 임차인이니까 예외다!! 그냥 살면서 소송해도 돼." 임차인은 살던 집에 계속 살면서 집주인을 상대로 보증금반환소송을 할 수 있다.

보증금은 나중에 돌려받더라도 당장 이사를 가야 할 형편이라면 어찌할까? 그냥 이사를 나가면 대항력을 잃어버린다. 이럴 때는 임차권등기를 하고 이사를 가야 한다. 임차권등기를 하면 이사를 해도 임차인의 대항력을 유지할 수 있다.

전세권

전세권은 임차권이랑 다른 개념이다. 전세권은 등기부등본에 전세권설정등기를 한다.

임차인이 전세잔금을 치르는 날, 중개사무소에 법무사가 온다. 법무사는 전세권설정을 위한 서류 작성을 하고, 집주인의 동의서류를 첨부하여, 등기소에 가서 전세권설정등기를 한다. 설정비용(등록면허세 : 전세보증금 × 0.2%, 지방교육세 : 등록면허세 × 20%)은 임차인이 부담하고, 나중에 이사 나갈 때 전세권설정등기 말소를 하고 나가야 한다. 간혹 전세권 말소를 하지 않고 이사 가는 전세권자도 있다. 임대인은 이사 시 전세권을 말소하고 나갈 것을 계약서에 특약으로 기재하는 것이 좋다.

전세권설정은 전입신고를 못하는 상황에 필요하다. 2013년 주택임대차보호법 개정 전, 중소기업이 집을 빌려 직원들의 사택으로 이용하는 경우에 회사는

전세권설정 서류
임대인 준비서류 : ①등기권리증, ②인감도장, ③인감증명서, ④초본, ⑤신분증 사본
임차인 준비서류 : ①초본 또는 등본, ②도장(일반도장 가능), ③임대차계약서 원본

임차인으로 인정받지 못했다. 때문에 전세권설정을 하는 수밖에 없었다. 지금은 법이 바뀌어 직원이 전입을 하면 중소기업도 임차권을 갖게 된다.

전세권은 우선변제권을 가질 수 있지만, 대항력은 없다(대항력은 임차권에만 있는 개념이다). 우선변제권은 역시 순서가 중요하다. 말소기준권리 아래 있는 전세권은 그리 도움이 안 된다. 말소기준권리 위에 있는 선순위가 되어야 한다.

전세권은 임차권보다 쉽게 경매를 넣을 수 있고(근저당같이 임의경매 신청을 할 수 있다), 전세권을 담보로 대출을 받을 수도 있다.

전세권 자체가 경매에 나오기도 한다. 전세권을 가진 임차인에게 돈을 돌려달라며 채권자들이 전세권을 경매로 넣는다.

전세권과 임차권, 보증금 회수할 때 뭐가 유리할까

전세권으로 경매신청을 하면 임의경매가 되어 간단한 절차만으로 경매를 신청할 수 있다. 반대로 일반 임차인이 경매를 신청하려면, 먼저 법원에 임차보증금 반환청구의 소를 제기하여 승소판결을 받아야 한다. 임차보증금 반환청구의 소에 최소한 3개월에서 6개월 이상이 걸리고 변호사 선임비 등의 소송비용이 추가로 든다. 경매신청은 당연히 전세권이 유리하다.

전세권과 임차권 중 하나를 선택하라면 나는 임차권을 선택한다. 굳이 비용 들여서 전세권 설정을 할 필요가 있나 싶다. 선순위 임차인의 권리로 대항력을 갖추는 게 가장 강력하다!!

임차권등기명령

등기부등본에 '임차권등기명령'이라는 등기가 있으면 그 집의 임차인이 집주인에게 보증금을 돌려받지 못했다는 뜻이다. 임차인이 이사를 나가고 집이 비어 있을 가능성도 높다.

3	주택임차권	2010년6월10일 제30113호	2010년4월12일 수원지방법원성남지원의 주식법원의 임차권등기명령(2010카	임차보증금 금70,000,000원 범 위 전유부분전부 임대차계약일자 2007년 9월 2일 주민등록일자 2007년 9월 5일 점유개시일자 2007년 9월 16일 확정일자 2007년 9월 10일 임차권자 김■■ 73■-■■■■■■ 경기도 광주시 ■■■■■ 대위자 최■■ 서울특별시 서초구 ■■■■■ 105-602 대위원인 임차금보증반환청구권의 양도양수계약
3-1				3번 등기는 건물만에 관한 것임 2010년6월10일 부기

계약기간이 끝났는데, 집주인이 보증금을 돌려주지 않으면 임차인은 '임차권등기명령' 신청을 할 수 있다. 등기부등본에 임차권등기를 하면, 임차인이 이사를 하더라도 대항력을 계속 유지할 수 있다. 최우선변제권도 계속 유지된다. (임차권은 전입으로 대항력을 공시하는데, 임차권등기명령은 전입 대신 등기로 대항력을 공시한다.)

"집주인님, 저 이사 가야 하는데요."

"다음 세입자가 와야 보증금 내줄 수 있는데 어쩌죠?"

"그럼 보증금 임차권등기하고 나갈게요. 나중에 돌려주세요."

임차권등기를 하고 임차인이 이사를 나갔다. 이 집에 다른 월세 세입자가 들어왔다. 얼마 후 집이 경매에 넘어갔다.

최우선변제권은 누구에게 있을까? 임차권등기를 한 전 임차인에게만 배당이 된다. 새 임차인은 최우선변제권이 없다. 이미 임차권등기가 되어 있는 집에 들어가면 안 된다. 돈 못 받은 사람이 있다고 떡하니 등기해 두었는데, 그런 집에 들어가면 어떡하나.

입찰하고 싶은 물건에 '임차권등기명령'이 있다면?

지금 그 집에 사람이 사는지, 안 사는지 확인을 해볼 필요가 있다. 빈집은 그리 선호 대상이 아니다. 집은 오래 비워두면 망가질 수 있다. 겨울 내 비어 있었던 집은 보일러에 문제가 생겼을 가능성도 있다. 임차인이 왜 이 집에서 나가려고 했는지도 궁금하다. 단순히 이사를 하기 위한 것인지, 다른 임차인이 안 들어온 이유가 따로 있는지 확인하자.

낙찰 후 배당으로 보증금이 반환되면 임차권등기를 말소할 수 있다.

다시 한번 임차권과 전세권 중 어느 것이 더 셀까?

전세권설정을 해서 안전하다? 절대 그렇지 않다.

보증금을 돌려받지 못한 전세권자가 경매를 넣었다. 집에 다른 빚은 없었다. 몇 번 유찰되어 전세금보다 낮은 가격으로 낙찰되면? 전세권자는 낙찰금만큼만 배당을 받고 전세권은 무조건 소멸 처리된다. 하지만 전세권 이외에 선순위 임차권도 존재한다면 이야기가 달라진다. 배당금이 임차보증금보다 적은 경우 낙찰자가 부족한 임차보증금을 인수한다. 선순위 임차인은 손해를 보지 않는다.

일반적으로 이사를 하면서 전세권설정과 전입신고를 같이 한다. 대항력은 신고한 다음날 0시에 생기고, 전세권설정은 등기가 수리될 때 생기는데, 며칠

시간이 걸린다. 순서상 임차권은 선순위가 되고, 전세권은 그 아래 위치하게 된다. 이 경우 선순위 임차권과 전세권을 모두 가지게 된다.

만약 임차인이 전세권설정만 하고, 전입신고를 늦게 했다면? 말소기준권리가 된 전세권보다 전입이 늦다면 후순위 임차인이다. 자신의 전세권으로 후순위 임차인이 되면 보증금을 모두 보장받지 못할 수도 있다. 이런 상황이라면 임차인은 전세권으로 집을 경매에 넣어선 안 되고, 임차권으로 경매를 신청해야 한다. 그래야 유찰이 되어 낙찰가가 임차보증금보다 적어져도, 낙찰자가 나머지 보증금을 인수한다. (전세권과 임차권이 있는 임차인 30장 참조)

Interview ⑥

셰어하우스요?
요즘 가장 핫한 투자죠!

ID : 행동
키워드 : 셰어하우스, 스타트업

Q 자기소개 해주세요!

A 안녕하십니까. 행동입니다. '말보단 행동이 앞서는 사람'이 되었으면 하는 바람으로 '행동'이라는 닉네임을 쓰고 있습니다. 현재 양드레하우스라는 셰어하우스를 6호점까지 운영하고 있습니다. 전에는 여행사에서 6년, 보험설계사로 3년 근무했지요. 옛날부터 혼자서 이것저것 시도해 보는 것을 좋아하고 얽매이거나 다른 사람에 의해 좌우지되는 것을 싫어하는 성격이다 보니 혼자서 맨땅에 헤딩하는 셰어하우스 분야로 오게 되었습니다.

Q 언제 처음 경매를 했어요?

A 경매는 막연히 알고 있었습니다. 보험회사에서 일할 때 고객의 재무설계를 하다 보니 금융 상품뿐만 아니라 부동산에 대해서도 알아야겠더군요. 하지만, 삶이 바빠 책으로만 접하고 있었습니다. 그러던 어느 날, 고향의 땅이 법적인 문제로 사용도 못한 채 8년 동안 묶여 있다는 사실을 알게 되었습니다. 이 땅은 제 명의였고 지분문제가 있었습니다. 이를 해결하기 위해 전문가를 찾으면서 본격적으로 경매에 뛰어들게 되었습니다. 경매 공부를 하다 보니, 경매를 통해 낙찰받은 물건을 셰어하우스로 만들면 참 좋겠다는 생각을 하게 되었지요.
현재 고향의 땅은 승소해서 경매를 통해 배당받았습니다. 매입가의 3배 금액으로 회수되었지요. 셰어하우스는 아직까지 경매물건으로는 구하지 못하고 있습니다. 셰어하우스는 입지가 아주 좋아야 하는데, 입지 좋은 곳은 경매로 잘 나오지 않네요. 지금은 임대를 통해 셰어하우스를 하고 있습니다. 꾸준히 지켜보다가 적당한 물건이 나오면 낙찰받아 셰어하우스를 꾸미고 싶습니다.

Q 셰어하우스를 어떻게 생각해 냈나요?

A 셰어하우스는 대학시절 일본에서 어학연수 중에 경험했습니다.
친구의 소개로 일본 현지 셰어하우스에 들어가 생활하였습니다. 그 셰어하우스의 대표가 저를 스텝으로 고용하셨습니다. 저와 같은 한국인 유학생들을 유치하려는 의도였던 것 같습니다. 저는 한국인 유학생들이 자주 찾는 카페나 모임을 통해 한국 학생들을 유치했고, 덕분에 홍보뿐 아니라 셰어하우스 운영 노하우를 어깨너머로 배우게 되었습니다. '언젠가는 한국도 이런 형태의 주거문화가 전해지겠구나'라는 생각을 했습니다.

대학 졸업 후 여행사를 거쳐 보험설계사로 일하다 젊은 친구들이 혼자 외롭게 사는 걸 보니 오래전 셰어하우스에 대한 기억이 떠올랐습니다.

조금씩 물꼬를 트며 알아보았고, 지금의 셰어하우스를 하게 되었습니다. 요즘 '셰어하우스' 하면 새로운 부동산 투자의 대안으로 자주 등장하는데, 수익도 수익이지만 확실한 철학을 가지고 운영해야 합니다.

돌이켜보면 제 인생에 있어서 가장 돈 없고 굶주렸던 시기가 일본 유학시절이었는데요, 한편으로는 가장 즐거웠던 때였습니다. 셰어하우스에서 일본 친구들과 함께 보내며 가진 게 없어도 서로 교류하며 삶을 나누었지요. 셰어하우스였기에 배고픈 시절이 배부른 추억들로 가득할 수 있었습니다.

Q 셰어하우스만의 장점이 있다면?

A 지금의 우리 젊은 친구들도 마찬가지입니다. 원룸이나 고시원 같은 곳에서 혼자 외롭게 살기보다는, 좀 더 쾌적하고 나은 환경에서 모여 살며 서로의 생각과 젊은 날을 공유하기를 바랍니다. 단순히 주거문제를 해결하는 것뿐만 아니라 삶을 다양하게 만들고 사고를 넓히는 계기가 될 것입니다.

저의 셰어하우스는 이러한 생각을 바탕으로 하고 있습니다.

되도록 저렴한 금액에 쾌적한 시설을 제공하고, 한 달에 한 번 정도 각 지점별로 이벤트나 모임을 통해 서로 교류하는 셰어하우스를 만들어갈 생각입니다. 장기적으로는 외국 유학생이나 한국에서 일하는 외국인 친구들을 유치해 좀 더 다양한 사고를 나누게 하고 싶습니다. 인생에서 '진정한 친구'라고 할 수 있는 '친구를 만드는 곳'을 만드는 게 저희 '앙드레하우스'의 최종 목표입니다.

Q 셰어하우스 투자법 공유해 주세요.

A 집을 구하려고 조사하는 데만 6개월이라는 시간을 보냈습니다. 처음엔 경매로 집을 구하려고 했는데요, 가진 자본도 많지 않았고, 젊은층이 선호하는 지역에는 적당한 물건이 없었습니다. 경매를 통해서 집을 구하기는 쉽지 않겠다고 판단하고, 임대를 통해서 집을 구하기 시작했습니다. 그런데 전대에 대한 집주인의 거부감이 많았어요. 알고 지내던 부동산 사장님이 저를 도와주기 시작하면서 일이 진행이 되어 나갔죠. 집주인에게 셰어하우스의 내용과 취지를 안내하고 적극적으로 설득하면서 진도가 나가기 시작했습니다.

Q 걱정되는 점은 없으신가요?

A 우후죽순으로 셰어하우스가 생기고 있는

추세입니다. 현재 우리나라 셰어하우스는 초기 도입기를 거쳐 성장기에 접어들었습니다.

셰어하우스의 가장 중요한 요소는 '모집'과 '관리' 인데요, 단순히 집에 가구와 가전기기를 들여놓고 사람들이 들어올 것이라고 생각하면 오산입니다. 셰어하우스가 많이 생기고 있는 만큼 뚜렷한 자기만의 색깔과 운영철학을 가진 셰어하우스를 만들어야 세입자를 모집할 수 있습니다. 외국인과 함께하는 셰어하우스, 테마가 있는 셰어하우스, 전용건물로 구성한 셰어하우스 등 분명한 컨셉과 철학이 있을 때만이 성공할 수 있습니다.

또한, 셰어하우스에서는 여러 사람이 함께 살다 보니 '우리가 상상할 수 있는 모든 일'이 발생할 수 있습니다. 운영자는 다양한 상황 속에서 문제를 풀어나가는 문제해결 능력이 필요합니다. 서로간에 상처를 주지 않으면서도 원만하게 합의를 이끌어내는 능력은 필수입니다. 현재 '셰어하우스 운영을 해볼까?' 고민하고 계신다면, 왜 셰어하우스를 운영하려고 하는지 생각해 보세요. 나만의 뚜렷한 운영철학을 세우세요. 그래야 지치지 않고, 불안하지 않게 운영할 수 있습니다.

Q 몇 호점까지 운영하실 건가요?

A 6호점까지는 단독 운영을 할 예정입니다. 이후 함께할 동료를 구해 업무분담을 하고 좀 더 체계적인 시스템을 갖출 생각입니다. 입주자 100명, 대략 13~15호점까지는 직접 운영에 참여하면서 셰어하우스와 관련된 모든 일을 메뉴얼화하고, 체계를 갖추려고 합니다. 자신의 집을 셰어하우스로 만들고자 하는 분들을 위해 위탁운영도 함께 진행해 보고 싶습니다. 셰어하우스에서는 운영자가 직접 하는 일은 많지 않습니다. 젊은 친구들이 함께 모여 있는 것만으로도 의미 있는 일이니까요. 저희는 다만, 사시는 분들이 함께 있는 시간이 불편하지 않도록 가이드라인을 잡아주고 불편을 제거하도록 관리를 할 뿐입니다.

Q 앞으로의 각오!

A 저도 이제 갓 시작한 걸음마 단계의 스타트업에 불과합니다.

부족한 게 너무 많고, 매일매일 내가 올바른 방향으로 가고 있는지 그리고 잘하고 있는지 질문하며 하루를 시작하고 있습니다. 혹시라도 저처럼 뭔가 새로운 일에 도전해 보고자 하는 분이 있다면 일단 저질러보세요. 목적과 방향이 맞다면 일은 자연스럽게 시작되고 앞으로 나아가집니다.

자본금, 경험, 시장상황 등 모든 요건을 다 감안했다면 아마도 이 일을 시작하지 못했을 겁니다. 잘 몰랐지만 이 일이 의미 있는 일이고 인생을 걸어볼 만한 일이라 생각해 지금도 어렵지만 꿋꿋이 해내고 있습니다. 저처럼 뭔가 새로운 일을 해볼까 망설이는 분이 계시다면 한 번뿐인 인생, 후회하더라도 저지르고 후회하시길 바랍니다.

행동의 양드레하우스 블로그
blog.naver.com/junarian

PART

3

이제,
돈 되는 경매다

공매 &
배당으로
더 유리하게!
세금은 더
정확하게!

이제,
돈 되는 경매다

여덟째
마당

공매는 정말 매력적이다

49 | 돈도 벌고 시간도 버는 공매

50 | 온비드로 공매 시작하기

51 | 세금 체납으로 나온 압류재산 입찰하기

52 | 국유재산&수탁재산&유입자산

53 | 이용기관물건과 신탁공매

54 | 실전, 온비드 공매 입찰!

Interview ❼
공매로 첫 낙찰, 에어비앤비까지 도전해요!

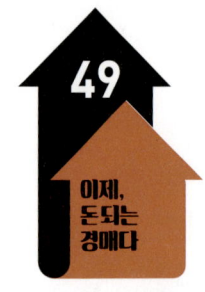

돈도 벌고
시간도 버는 공매

"우왓!! 전 이제 공매만 할래요!!"

그녀는 임대수익을 목표로 경매를 시작했다.

젊은 그녀, 눈이 제법 까다롭다. 환금성을 위해 아파트여야 하고, 투자금은 최소여야 하며, 수도권 혹은 대도시에 있으면서 임대수익률은 15% 이상이어야 한다. 입지도 나쁜 곳은 곤란하다. 그녀의 입맛에 맞는 물건은 늘 낙찰가가 매매가와 별 차이가 없었고, 이 때문에 1년이 넘도록 패찰을 해야 했다.

"공매물건인데, 한번 보고 오세요."

추천해 준 물건을 임장하고 온 그녀, 당당히 첫 낙찰을 받았다.

"공매는 정말 너무 편해요. 법원에 갈 필요도 없고, 경쟁도 훨씬 덜해요. 공매는 왠지 낯설어서, 괜히 겁먹었나 봐요."

그녀 말이 정답이다. 당신도 아직 공매를 모른다면, 이제 시작해 보자.

공매와 경매는 서로를 보완한다

공매는 매력적인 투자방법이다. 경매와 비슷하면서도 다르다.

처음 내게 매매차익을 안겨준 물건도 공매물건이었고, 투자금에 비해 가장 많은 수익을 준 물건도 공매물건이었다. 맨 처음 내가 공매를 시작하게 된 것은 단순한 호기심이었다. 보통 경매사이트를 보면 공매도 함께 올라오니까. 그런데 공매를 해보니, 법원에 가지 않아도 돼서 정말 편했다.

'아, 부자들은 이렇게 또 하고 있구나.'

새삼 새로운 세상을 경험한 듯했다. 공매를 잘하면 역시 돈이 되는 물건을 찾을 수 있다. 하지만 그에 앞서 권리분석을 스스로 할 줄 알아야 하고, 배당도 어느 정도 배워야 한다. 돈이 되는 만큼 노력이 필요한 분야다.

모두가 경매로 피 튀기는 싸움을 할 때, 조용히 이길 수 있는 것이 바로 공매다. 우리도 꼭 공부하자.

그래서 공매는 뭐가 좋을까?

부동산 용어사전으로 보면, 우리가 하는 경매(민사집행법)와 국세징수법에서 다루는 공매를 모두 공매라고 한다. 현장에서 말하는 '공매'는 주로 온비드를 통해 매각하는 물건을 말한다(온비드를 통하지 않는 신탁공매도 있다).

주로 세금 체납자들의 부동산이나 기계 등 동산을 매각하는데, 고가의 그림이나 귀한 애완견도 가끔 나온다. 임대 물건도 있다(공립학교 매점, 터미널 휴게소 등). 국가의 부동산을 임대할 때에는 투명하고 공정한 거래를 위해 공인중개사를 거치지 않고 온비드를 통한다.

1 | 공매는 경매에 비해 상대적으로 경쟁률이 낮다

공매는 누구나 쉽게 접근할 수 있는 경매에 비해 정보도 적고 입찰 방법도 생소하기 때문에 상대적으로 경쟁이 덜하다. 스피드옥션 등 일부 유료사이트에서 공매물건 정보를 올려주고 있지만 많이 미흡하기에 입찰자 스스로 권리분석을 해야 하는 것도 부담으로 작용한다. 하지만 경쟁이 덜하니 수익이 높다.

2 | 인터넷 입찰을 한다

입찰을 위해 법원까지 가야 하는 수고를 덜 수 있어 좋고, 주중에 시간을 내기 어려운 직장인에게는 더더욱 환영받는 방법이다. 반면 컴퓨터가 낯선 어르신들은 접근하기 어렵다. (머지않아 경매도 인터넷 입찰이 되지 않을까.)

3 | 공매는 인도명령제도가 없다

명도소송을 해야 하기에 명도에 대한 부담이 있다.

공매, 어떻게 시작할까

일단 경매를 먼저 알고 하는 것이 좋다. 권리분석을 스스로 해야 하고, 부동산에 대한 시세 파악도 어느 정도는 되어야 하기 때문이다. 경매를 먼저 시작하고, 경매에 익숙해지면 그때 공매를 함께 하자.

경매는 물건이 많지만 경쟁이 치열하고, 공매는 물건이 적지만 경쟁이 덜하니 둘을 잘 섞으면 금상첨화다.

어렵고 낯설겠지만, 매력 가득한 공매! 도전해 보자.

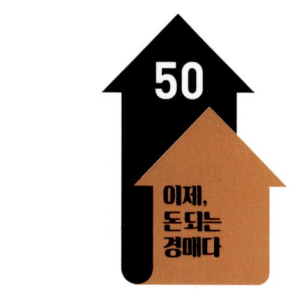

온비드로 공매 시작하기

온비드 둘러보기

공매는 온비드 시스템을 이용해서 물건을 검색하고, 물건내역을 확인하며, 입찰까지 한다. 때문에 공매투자자라면, 온비드 시스템을 익숙하게 사용할 줄 알아야 한다. 과거 온비드는 불안정한 시스템으로 투자자들을 불편하게 했는데, 새로 개편된 온비드는 아주 편리해졌다.

가끔 내 컴퓨터 시스템과 충돌하여 에러가 나기도 하는데, 온비드 측에 전화하면 원격조정으로 문제를 해결해 준다.

> **국내 최고의 공매포털시스템, 온비드**
>
> 온비드(Onbid)는 Online Bidding의 약어로 한국자산관리공사(캠코)가 그동안의 공매 노하우와 첨단 정보화 시스템을 바탕으로 전국 공공기관의 다양한 공매정보를 통합하여 인터넷에서 직접 공매에 참여할 수 있도록 만든 국내 최고의 공매포털시스템입니다.
>
> – 온비드 사이트의 '온비드소개' 중에서

온비드에서는 부동산 외에 동산(기계 등 움직이는 물건)도 취급하고, 임대 물건도 있지만, 우리는 매각하는 부동산에 대해서만 공부한다. 상단의 '부동산' 메뉴를 클릭하면 아래와 같은 페이지로 이동한다.

상세 내용을 보기 전에 먼저 좌측 '물건' 메뉴의 하위메뉴를 주목해 보자. '물건검색', '신규물건'은 이해가 갈 것이다. 그 아래 '캠코 국유재산 전용관, 캠코 압류재산 전용관, 캠코 수탁·유입자산 전용관, 수의계약가능물건'이라는 메뉴가 있다.

상세 페이지의 '자산구분'에도 같은 문구가 있다. 무슨 뜻인지 알고 가자.

캠코물건과 이용기관물건

온비드 공매물건은 캠코물건과 이용기관물건으로 나뉜다.

> **캠코물건**: 압류재산, 국유재산, 수탁재산, 유입자산
> **이용기관물건**: 국유재산, 공유재산, 기타일반재산, 금융권담보재산

캠코물건에는 세금 체납으로 인한 압류재산, 국가 자산인 국유재산, 잠시 맡겨진 수탁재산 그리고 유입자산이 있고, 이용기관물건에는 국유재산, 공유재산, 기타일반재산 등이 있다.

온비드에 팝업으로 종종 뜨는 공무원연금공단의 사택들이 이용기관물건에 속한다. 온비드에서 취급하지 않는 공매물건도 있는데, 부동산신탁물건, 세관공매 등이다.

우리는 온비드에서 취급하는 물건 중 부동산에 대해서만 알아볼 것이다.

| 캠코 |

세금 체납으로 나온 압류재산 입찰하기

경매와 닮은 '캠코의 압류재산'

〈38사기동대〉라는 드라마가 있었다. 악덕 탈세자들을 대상으로 사기를 쳐서 체납 세금을 징수하는 이야기다. 현실에서는 사기동대 대신 그냥 기동대다.

국세나 지방세를 체납하면 세무서가 국세징수법으로 체납자의 물건을 압류할 수 있다. 그 물건이 바로 온비드의 압류재산 물건으로 공매에 나온다. 현실에서는 고액 체납자뿐 아니라 소액 체납자도 있다. 국민건강보험 등의 공과금이 장기간 연체되어도 집을 압류당할 수 있다.

압류재산은 경매와 비슷한 점이 많다. 소유주 허락 없이 강제로 채권을 회수할 수 있는 것도 그렇고, 낙찰자가 알아서 점유자 명도를 해야 하는 것도 그렇다. 따라서 권리분석을 제대로 해야 한다. 말소기준권리를 찾고, 임차인의 권리를 확인하고, 배당까지 체크해야 한다. 물건 분석부터 명도까지 꼼꼼히 챙

거야 한다.

경매와 비슷한 압류물건을 자세히 살펴보자.

부평에 있는 저층 아파트다. 물건번호를 보자. 압류물건은 뒷자리가 001, 002, 003 식으로 끝난다.

자산구분은 압류재산이고, 감정가 8000만원에서 1회 유찰되어 현재 7200만 원이다. 입찰기간은 3월 13일 10시부터 3월 15일 17시까지다. 반드시 시간 내에 입찰해야 한다(시간이 지나면 온라인상에 '입찰' 버튼이 사라진다).

이 아파트는 최근 4층이 8800만원에 거래되었고, 임대가는 보증금 1000만원에 월세 30~40만원이다. 현재 최저가가 7200만원이니 권리상 문제가 없다면 입찰해야 한다.

압류물건에 입찰해도 괜찮을까

> **등기부등본 셀프로!**
> 온비드에서는 등기부를 올려주지 않으므로 귀찮더라도 인터넷등기소에서 비용을 지불하고 발급받아야 합니다. 스피드옥션, 굿옥션 등 유료사이트에서 공매물건에 대한 등기부등본 제공 서비스를 하고 있어요.

권리분석을 하기 전에 확인할 서류가 있다. '압류재산 공매재산 명세'다. 압류재산 공매재산 명세에는 배분요구 종기일이 적혀 있다. 임차인은 반드시 배분요구종기일 전에 배분요구를 해야 한다(공매에서는 배당을 배분이라고 한다). 등기내용도 간략히 요약되어 있는데, 이것으로는 부족하다. 반드시 등기부등본을 발급받아 특이사항이 있는지 확인하자.

압류재산 공매재산 명세

처분청	시흥세무서	관리번호	2016-▦▦▦▦-001
공매공고일	2017-01-04	배분요구의 종기	2017-02-20
압류재산의 표시	인천광역시 부평구 부평동 558-7 ▦▦▦▦ ▦▦▦▦ 제401호 건물 36.93㎡ 대 지분 11.87㎡		
매각예정가격/입찰기간/개찰일자/매각결정기일		온비드 입찰정보 참조	
공 매 보 증 금		매각예정가격의 100분의 10 이상	

■ 점유관계   [조사일시 : 2017-01-06   /정보출처 : 현황조사서 및 감정평가서]

점유관계	성 명	계약일자	전입일자 (사업자등록신청일자)	확정일자	보증금(원)	차임(원)	임차부분
전입세대주	이▦	미상	2015-12-21	미상	27,000,000		미상

이용현황(감정평가서)	아파트
위치 및 부근현황	□ 본건 개요 및 현황 - 본건 인천 부평구 부평동 소재, 현황 아파트로 이용중임 □ 관공서 열람내역 - 부평4동 주민센터 : 전입세대주 이▦ 등록됨 □ 점유관계 현황

'공매재산 명세'는 입찰 가능 기간 일주일 전에 제공되고, 낙찰 후 온라인상에서 사라진다.

물건정보의 하단에서 '압류재산 정보'를 누르면 권리관계가 나온다. 이를 보고 3단계 권리분석을 해보자. 임대차 정보와 등기상 주요 내용을 정리한 것인데, 반드시 등기부등본(등기사항증명서)을 발급받아 재확인해야 한다.

온비드가 재정비되었지만, 아직도 부족한 부분이 많다. 공매재산 명세에는 확정일자가 미상인데 압류재산 정보에는 확정일자가 나와 있는 등 정보가 일치하지 않는 경우도 종종 있다. 일치하지 않는 정보로 위험을 판단할 수 없다면 담당자에게 전화를 하여 답을 얻어야 한다.

1단계 : 채권 중 가장 빠른 2015년 10월 23일 KB손해보험의 근저당이 말소기준 권리가 된다. 후순위 권리는 모두 말소되는 것이 기본이다.

2단계: 임차인 이씨는 2015년 12월 21일 전입으로 대항력 없는 후순위 임차인이다. 확정일자는 없지만, 배분요구를 했다. 소액임차인으로 최우선변제금 대상이라 보증금 2700만원 전액을 배당받을 수 있다.

3단계: 당해세를 확인한다. 세금 중 당해세가 있으면 먼저 배당된다. 공매를 신청한 세무서는 시흥세무서다. 이 물건은 부평 물건이기에 당해세는 아니다. 강북구청의 압류도 당해세는 아니다.

여기까지는 경매와 같다. 그런데 공매는 확인할 게 한 가지 더 있다.

4단계: 매우 중요!! 법정기일을 확인한다(이 물건은 배당받지 못하는 후순위 임차인이기에 법정기일을 확인하지 않아도 된다. 선순위 임차인이 있을 땐 반드시 법정기일을 확인한다).

배분할 때 세금은 압류된 날짜가 아니라 법정기일이 기준이다. 압류재산은 세금 체납으로 나온 물건이기 때문에 법정기일이 매우 중요하다. 법정기일은 세금의 종류별로 다른데, 법인세는 신고한 날, 재산세는 고지서를 발송한 날이다.

세금 종류마다 법정기일이 다른데, 세무공무원이 아닌 우리가 해당 물건의 법정기일이 언제인지 알 방법이 없었다. 과거에는 선순위 임차인의 보증금보다 먼저 배당되어 낙찰자가 억울하게 보증금을 인수해야 하는 일이 종종 일어났다. 다행히 지금은 세금의 법정기일이 공매재산명세서에 적혀 있다.

선순위 임차인이 있는 경우, 법정기일로 인해 낙찰자가 보증금을 떠안아야 하는 일이 있는지 반드시 미리 확인해야 한다. 과거에는 전화로 확인해야 했지만, 지금은 온비드에서 공매재산명세서에 표기를 해주고 있다. 공매재산명세서를 확인하거나 물건 상세 페이지에 나온 연락처로 전화를 해서 선순위 임차인의 배분에 문제가 없는지 물어보자. (선택이 아닌 필수다. 법정기일로 인해 안타깝게 보증금을 날린 입찰자를 여럿 보았다.)

이 물건은 6600만원에 낙찰되었다.

| 캠코 |

국유재산 & 수탁재산 & 유입자산

국유재산

땅에는 다 주인이 있다. 개인 것이 아니라면, 나라 것이다. 국가의 재산을 국유재산이라고 하는데, 국가의 부동산을 팔 때는 공인중개사를 통하지 않고 온비드를 통한다(공정하고 투명하게 하기 위해서다).

쓰지 않는 불용(不用)재산이거나, 다른 어떤 이유로 국가의 재산을 매각할 때 캠코의 국유재산 형식으로 매각한다. 온비드의 국유재산에는 상대적으로 토지가 많은데 가끔 주거용도 나온다.

국유재산은 자산구분에 '국유재산'이라고 적혀 있다.

영종주공스카이빌 10단지 아파트. 전용 51㎡ 8층이 감정가 2억 5100만원에 나왔다. 1회 유찰이 되었는데도 최저가는 변함이 없다. (이 물건은 2회까지 유찰

처리하지 않고 진행하기로 정해져 있다. 매각입찰공고문에 나와 있다. 이후 10%씩 최저가가 내려가는데 유찰 기준은 그때그때 다르다.) 매각입찰공고문을 보고 이 물건의 특이사항을 확인한다. 입찰기간은 3월 13일 10시부터 3월 15일 17시까지다. (사진을 캡처한 시기는 입찰기간이기에 '입찰' 버튼이 보인다. 입찰기한이 아닐 때에는 파란색 '입찰' 버튼이 보이지 않는다.)

이 물건은 전자보증서로 입찰할 수 있다. ('전자보증서 발급신청' 버튼이 보인다.) 전자보증서는 입찰보증금을 전자보증서로 대신하는 방식이다. 공매물건에서는 전자보증서보다 현금으로 보증금을 내는 물건이 더 많다.

만약 이 물건에 지금 입찰하고자 한다면, 수의계약을 하는 것도 괜찮다. 수의계약은 일반 매매계약처럼 계약하는 것을 말한다. 국유재산은 수의계약이 가능한 경우가 많은데, 이 물건도 수의계약이 가능한 물건이다. 수의계약 여부, 유찰 여부 모두 매각입찰공고문에 나온다. 입찰 전 반드시 매각입찰공고문을 꼼꼼히 확인하자(390쪽 참조).

수탁재산&유입자산

수탁재산은 일반인이 온비드에 매각을 맡긴 재산이다. 일시적 1세대 2주택자(비과세 혜택을 받기 위해)와 비사업용 전환 예정인 토지 소유주(중과 제외 혜택을 받기 위해)가 캠코에 매각을 위임한 것들인데, 우리는 이런 물건에 대해서는 관심을 접자. 이런 물건은 저렴하게 거래되지 않는다.

수탁재산 중 금융기관과 공공기관이 소유하고 있는 비업무용 자산을 캠코에 매각 위임한 부동산은 관심을 가져볼 만하다. 이런 종류는 일반매매와 같다. 계약은 해당 금융기관과 하고 명도도 없다. 가격이 맞으면 입찰해도 좋다. 수의계약이 가능한 경우도 있다.

유입자산은 캠코 자신의 물건이다. 금융기관 등으로부터 인수한 부실채권의 담보물건을 경매과정에서 공사가 취득한 것인데, 잘 나오지 않는다.

이용기관물건과 신탁공매

이용기관물건은 금융기관, 공공기관(한전, 철도청, 수자원공사 등), 지방자치단체, 국가기관 등에서 온비드를 통해 자체 매각하는 재산을 말한다. 내가 첫 수익을 낸 물건도 이용기관물건이었다. 요거 괜찮다.

한국전력공사에서 내놓은 물건이다. 담당자는 한국전력공사의 경영지원팀 직원이다. 온비드는 시스템만 지원하고, 모든 업무는 해당 공기업의 담당자가 맡아서 진행한다. 보통의 경우, 공기업에서 사택으로 쓰던 물건이 나오는데 살던 직원은 이미 이사를 갔거나 곧 이사할 계획이 있다. 입찰 전에 집의 내부를 공개하고, 낙찰 후 명도가 필요 없다. 이용기관물건은 집행기관마다 집행방식이 조금씩 다르다. 자세한 내용은 해당 공고문을 확인하자.

부동산신탁공매

부동산신탁회사에서 자체적으로 운영하는 공매를 신탁공매라고 한다. 온비드를 통하지 않는다.

네이버에 부동산신탁으로 검색하면 수많은 부동산신탁회사들이 좌악 나온다. 이들은 온비드를 통하지 않고 자체 홈페이지를 통해 공고하고 매각한다. 과거엔 덩치가 크고 위험이 있는 물건이 많았으나 지금은 일반 물건도 많아졌다. 이 책에서는 부동산신탁공매가 있다는 것 정도만 알고 가자.

생보부동산신탁 www.sbtrust.co.kr
└ 회사소개 | 사업정보 | 업무안내 | **부동산정보** | 위치 | 고객센터 | 리츠
삼성생명, 교보생명이 만든 **부동산** 투자**신탁**회사, **부동산**개발, 토지, 관리, 담보, 컨설팅.

하나자산신탁 www.hanatrust.com 위치보기▼
└ 물건정보 | 채용 | 처분물건정보 | 위치 | 소개 | 사업정보 | 고객서비스 | E-book
부동산 신탁업체, 개발, 처분, 담보, 자금, 자산관리 등 안내.

kbret kbret.co.kr 위치보기▼
└ 공매/분양정보 | 채용정보 | **부동산신탁업무** | 소개 | 위치정보 | 고객서비스 | REITs업무
부동산신탁 개요, 토지개발, 부동산 담보, 처분신탁 안내, 공매, 분양정보 제공.

한국자산신탁 www.kait.com 위치보기▼
└ 공매정보 | 소개 | 위치 | 물건정보 | **신탁**업무 | 리츠업무 | **부동산**금융상품 | 커뮤니티
부동산 신탁 전문업체, 한국자산관리공사, 토지개발, 공매물건 및 분양정보 안내.

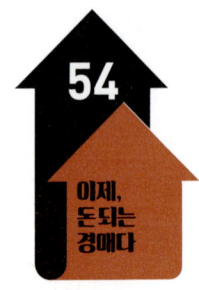

실전, 온비드 공매 입찰!

온비드에서 공매를 체험해 보자

먼저 회원가입을 하고, 공인인증서를 등록해야 한다. 물건 검색은 이미 해두었다. 맘에 드는 물건의 입찰가를 정하고 입찰을 하면 되는데, 온라인이니 이런저런 주의사항을 미리 확인하자. 입찰서를 제출하고 보증금을 납부하면 입찰 끝!! 결과를 기다리는 일만 남았다.

온비드에서는 이 모든 과정을 친절하게도 공지하고 있다.

(아래 화면은 온비드 사이트에 있는 입찰이용안내 세부 내용을 캡처한 실제 화면이다.)

온비드는 온라인 입찰이다. 먼저 회원가입을 한다.

| STEP. 01 온비드 회원가입 | • 온비드내 회원가입 코너를 통해 [회원가입]을 합니다.
• 개인회원, 법인회원, 단체회원, 이용기관회원 등으로 가입 할 수 있습니다.
• 반드시 유의사항을 읽어 본 후 가입하셔야 합니다. 이용기관회원도 인터넷입찰 참여가 가능하며 이 경우 개인명의가 아니라 기관명으로 입찰하셔야 합니다. |

물건 검색은 공인인증서 없이도 할 수 있지만, 입찰을 위해서는 공인인증서가 반드시 필요하다. 은행에서 쓰는 무료 인증서는 온비드에서 쓸 수 없다. 전자거래용 범용인증서를 쓰거나, 저렴한 온비드용 전용인증서(1100원)를 이용해야 하는데, 인증하는 데 시간이 걸린다. 미리 신청하여 받아두자.

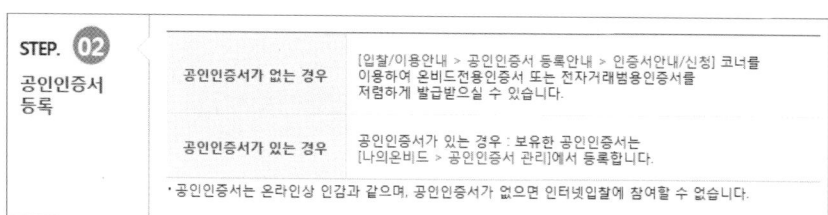

물건 검색은 경매 유료사이트 검색과 비슷하다. 지역별, 용도별 검색이 가능하고 맘에 들면 관심물건 리스트에 담아둔다. 입찰기간이 각각 다르니 잘 체크하자.

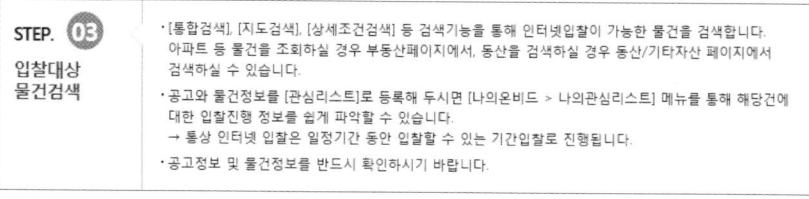

이제 맘에 드는 물건에 입찰을 해보자. 입찰기일이라면 '입찰' 버튼이 보일 것이다.

'입찰' 버튼을 누르면 입찰을 위한 화면으로 바뀐다. 이제 입찰 시작이다. 먼저 입찰정보를 확인하고 준수규칙에 동의를 한다. '동의'에 체크하고 '다음단계'를 클릭한다.

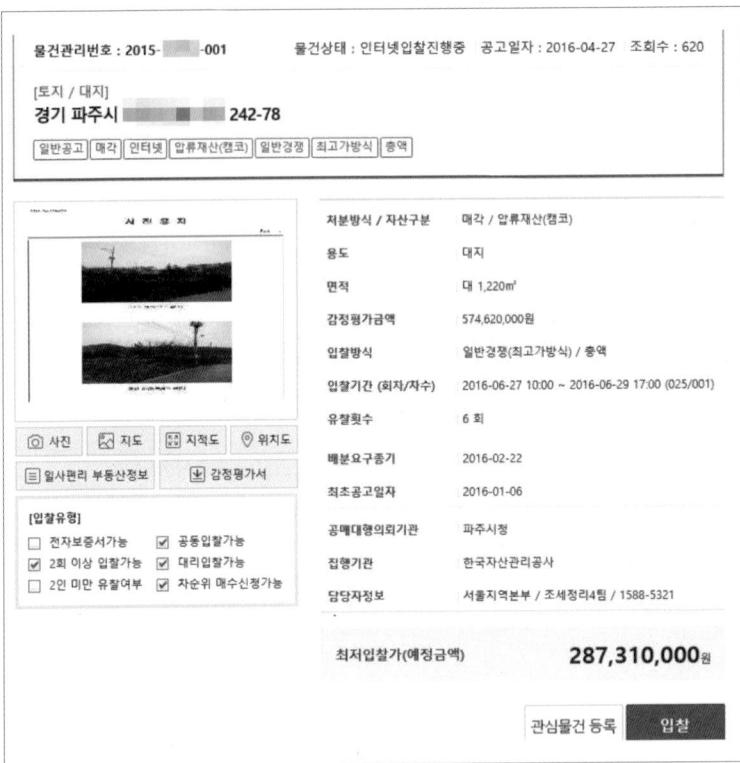

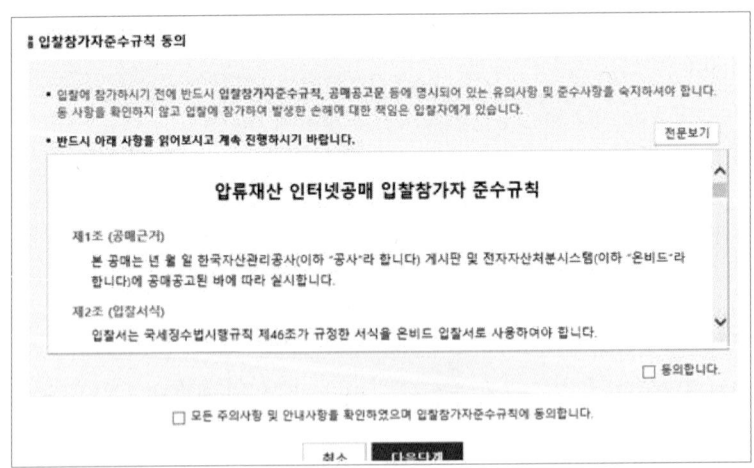

이제 입찰자정보를 입력하자. 회원가입이 되어 있기에 기본 내용은 자동으로 입력되어진다. 입찰자정보 중 빈칸을 채운다.

드디어 입찰가를 적는 곳까지 왔다.

'본인입찰'에 체크하고(대리입찰인 경우 사전에 온비드 측에 서류를 보내 확인받아야 한다. 대리입찰이 불가능한 물건도 있다), 입찰금액을 적고 '보증금계산'을 클릭하면 자동으로 입금해야 할 보증금이 계산되어 나온다. 보증금을 넣을 은행을 선택하면 가상계좌번호가 주어진다. 패찰시 받을 환불 계좌번호도 입력해야 하는데, 신한은행과 하나은행이 세팅되어 있다. (다른 은행도 가능하다. 다만 이체수수료가 부과되고 환불시 수수료를 제한 금액만큼 환불된다.) 매각결정통지서는 '전자송달'을 선택하자. 매각결정되면 온비드에서 바로 출력할 수 있다.

'입찰서제출' 버튼을 클릭하면 다음과 같은 팝업이 뜬다.

'확인'을 클릭하면 '입찰서가 제출되었습니다'라는 안내화면이 나오고, 입찰한 내용을 정리해서 보여준다. 제대로 잘 제출되었는지 다시 한번 확인하자.

이제 보증금을 납부하자. 주어진 가상계좌번호로 입금을 한다. 입금 후 바로 입금확인 문자가 날아오고, 입찰진행내역을 클릭하면 아래와 같은 화면이 나타난다. 보증금 상태 완납이다. 이로써 입찰이 끝났다. 결과는 어떻게 될까? 낙찰 결과를 기다리자. (압류물건은 월요일부터 수요일까지 입찰, 목요일에 개찰이다.)

- 해당 입찰건의 인터넷 입찰마감시간까지 보증금을 납부하시면 입찰이 완료됩니다.
- 납부할 입찰보증금액이 1,000만원 이하인 경우에는 반드시 한번에 입금하여야 하고, 1,000만원 초과하는 경우에만 분할납부가 가능한 점 유의하시기 바랍니다.
- 보증금을 현금으로 납부하는 경우 인터넷뱅킹, 폰뱅킹, ATM, 은행창구입금 등 일반적인 은행거래 방식을 모두 사용할 수 있으나 금융기관별 서비스 이용 가능시간과 거래방법별 이체료 등의 제한이 있으므로 주의하시기 바랍니다.
- 보증금 입금상태는 [나의 온비드 > 입찰관리 > 입찰진행내역]에서 확인하실 수 있습니다.

드디어 낙찰자 발표일이다. 공지된 날 낙찰자가 선정된다. 낙찰이 되면 낙찰 되었음을 알리는 문자가 온다. (패찰하면 보증금이 반환되었다는 문자를 받는다.) 낙찰 이후 과정은 경매와 같다. 잔금납부를 위한 대출을 준비하면서 명도를 한다.

개찰 과정에 있는 온비드 화면을 살펴보자. 입찰을 하고 나면 '나의 온비드' 화면에 입찰 중인 물건이 보인다. 클릭하면 상세 페이지로 이동한다.

입찰진행내역에 현재 입찰 중인 물건이 보인다. '입회검사대기 → 낙찰결정대기 → 낙찰'로 진행상태가 바뀔 것이다. 야호!! 드디어 낙찰이다. 낙찰이 되면 입찰결과내역에서 낙찰을 확인할 수 있다.

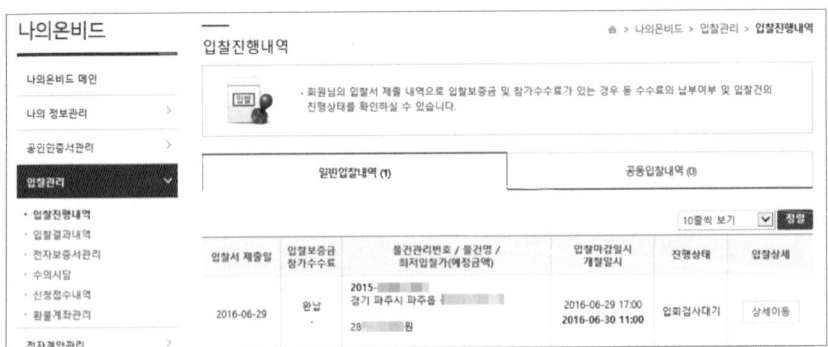

물건 상세 페이지로 이동하면 상세입찰결과를 확인할 수 있다. 상세입찰결과는 아래와 같다.

낙찰 이후 과정은 이렇다.

목요일날 낙찰되고, 다음주 월요일 10시에 매각결정이 되면 '매각결정통지서'가 발부된다. 전자송달을 신청한 우리는 온비드에서 인쇄하면 된다. (압류물건 외 기타 물건은 날짜가 다를 수 있다.) 매각결정문은 낙찰 영수증과 같다. 매각결정통지서를 발부받지 않으면 매각이 취소될 수도 있다는 점에 유의하자. (매각결정통지서는 은행 대출을 받을 때도 필요하다.)

그 이후 과정은 경매와 똑같다. 점유자를 만나고, 명도를 완료하면, 온전한 내 집이 된다. 다만, 인도명령제도가 없으니 명도에 조금 신경을 써야 한다.

공매는 너무 핫한 경매보다는 경쟁이 덜하다. 공매의 최대 강점이다.

권리분석을 스스로 해야 하고, 낯선 온라인 입찰을 해야 하고, 인도명령제도가 없는 것은 공매의 불편함이다. 하지만 그 불편함을 넘어서면 경매와는 다른 공매만의 매력에 빠지게 될 것이다.

Interview ❼
공매로 첫 낙찰, 에어비앤비까지 도전해요!

ID : 플로라
키워드 : 30세 전업투자자, 제주도 에어비앤비

Q 자기소개 부탁드려요.

A 이제 막 서른 된 전업투자자 플로라입니다. 투자를 시작한 지는 이제 4년차입니다. 어린 나이에 투자를 시작하게 된 계기요? 일찍 부모님 품을 떠나와 자취생활을 하고, 25살에 결혼을 한 덕(?)이랄까요.
저는 제주도에서 대학을 서울로 왔고, 운좋게도 졸업하기 전 취업을 했습니다. 하지만 버는 돈이 고스란히 월세와 식비로 빠지더군요. 제 손에 남는 돈은 채 10만원도 되지 않았어요.
'아. 이게 뭐냐….'
못다 이룬 꿈이 계속 밟히더라고요. 은행원.
그래서 다시 2년간 취업준비를 했는데, 은행원보다 유부녀가 먼저 되었어요.
"어차피 결혼할 건데, 빨리 결혼하고 같이 모으며 살자"는 남편의 제안에 동의했거든요.
결혼이 저한테는 인생의 전환점이랍니다. 가정을 가지니 남보다 일찍 철이 든 것 같아요. 그렇게 저는 25살에 새신부가 되었고, 원하던 은행원도 되었답니다.

Q 어떻게 경매를 시작하게 되었어요?

A 배부른 소리 같지만, 은행원 생활은 무척이나 갑갑했어요. 결국 어렵게 들어간 은행을 그만두고 전업주부의 길로 들어서게 되었답니다. 전업주부로 살다 보니 생각이 많았습니다.
어떻게 하면 좀 더 여유롭게 살 수 있을지, 어떻게 하면 좀 더 멋진 노후를 보낼 수 있을지 고민이 되었어요.
작은 돈으로 주식투자도 잠깐 해봤는데, 주식은 정말 본전치기만 해도 잘하는 거겠더라고요. 다시 전 고민에 빠졌지요.
"어떻게 하는 게 답일까. 다시 일을 해야 하나? 직장인이 되는 것 말고 다른 방법이 없을까? 이렇게 노후를 맞이하면 우린 어떻게 살게 될까…?"
그래서 이번에는 제대로 된 돈공부를 시작했습니다. 책을 많이 읽었어요. 도서관에서 빌려도 오고, 서점에 가서 왕창 사기도 했지요. 주로 투자나 부에 관련된 책이었어요.
그러다 제 손에 들어온 책 한권. 《나는 돈이 없어도 경매를 한다》를 읽었어요.
'진짜 될까?'라는 의문을 가득 안고, 경매를 마음속에 두기 시작했어요. 그러다 실전을 해보고 싶

어졌어요. 어떤 식으로 경매가 이루어지는지 어떤 방식으로 해야 하는지 궁금해 저자의 강의를 듣게 되었어요.

Q 언제 첫 낙찰을 받았어요?

A 공매로 첫 낙찰을 받았어요!
경매를 알게 된 뒤부터 일주일에 두세 번씩 현장조사를 갔답니다. 맘에 들면 법원에 가서 입찰도 했는데, 번번이 패찰을 했어요. 그 시간이 거의 8개월이나 됩니다. 성과가 없었어요. 지금 와서 돌이켜보면 제가 아직 마음의 준비가 안 되었던 때문이었어요. 항상 너무 낮은 입찰가를 썼으니까요.
"플로라, 이 물건 어때? 한번 봐봐."
앨리스님이 공매물건 하나를 추천해 주셨습니다. 기관의 사택으로 쓰던 물건이었죠.
"오호~ 이 집은 바다가 보이는 뷰가 나오네."
매매가가 높은 집인 거지요. 자신 있게 입찰을 했고, 첫 낙찰을 받았습니다.
단기차익을 노리고 들어간 물건이라, 대출 없이 진행했는데요, 덕분에 셀프등기를 할 수 있었습니다. 그런데 등기서류를 잘못 챙기기도 하고, 순서를 잘 몰라 시청을 먼저 가야 하는데 등기소를 먼저 가는 등 실수 연발이었습니다. 고생 끝에 셀프등기를 하고 나니 얼마나 뿌듯하던지요.
잔금을 치른 후에는 매도계약까지 일사천리로 진행되었어요. 바다가 보이는 아파트는 원하는 사람들이 많습니다. 직접 거주하려는 분뿐 아니라, 세컨드하우스로 쓰려는 분도 실수요자지요. 첫 낙찰이라 많이 헤매긴 했지만, 귀한 경험과 소중한 자산을 안겨준 물건이었습니다.

Q 부동산과 관련해서 재밌는 일 또 없나요?

A 제가 제주도 사람이라고 말씀드렸지요. 외할머니가 돌아가시면서, 외할머니께서 사시던 제주도 집을 어찌할지 가족회의가 열렸어요. 파는 게 나을지 세를 주는 게 나을지 고민하다가, 민박을 시작하게 되었어요. 저희 '마당뜰'은 잔디 딸린 단독주택이에요. 1층은 방 3개, 부엌, 거실, 화장실이 있어 단체손님들에게 딱 좋고, 2층은 2~4명 가족이나 친구들이 머물기에 좋지요. 홍보방법을 고민하다가 제 여행 패턴을 생각해 보았지요. 저는 해외여행을 갈 때 호텔을 이용하기도 하지만 에어비앤비도 자주 이용하는 편이에요.

Q 숙박 공유 업체 에어비앤비 말씀이시군요?

A 네, 맞아요. 에어비앤비에 내는 수수료가 아깝긴 했지만 숙박업 등록을 하였지요.
에어비앤비 호스트가 되면 손님을 받기에는 편리하지만 환불이나 변경 절차는 까다로워요. 게스트와 호스트가 서로의 입장을 절충해야 하는데, SNS로 하는 일이라 은근 신경쓰이는 일이에요. 가장 힘든 건 빠른 답변에 대한 강박관념이에요. 종종 외국인이 문의를 해오는데, 새벽시간에 알람이 울리면 신경이 쓰여요. 물론 새벽에는 바로 답변을 못하지만 최대한 빨리 답을 줘야 한다는 생각을 계속 하게 돼요. 간혹 귀찮게 질문을 많이 하는 분도 계신데요, 친절한 슈퍼호스트가 되기 위해서 어떤 질문에도 답변을 잘 해드리려고 노력하고 있어요.

저희는 숙박업으로 등록되어 있는 상태라 문제가 없지만, 아직까지 국내에서는 에어비앤비가 합법이 아니에요. 숙박업 등록이 되어 있으면 가능한데, 이것도 시도별로 조금씩 차이가 있어요. 독자분들께서 에어비앤비를 하게 된다면 이런 점은 확인을 잘 하셔야 할 것 같아요.

Q 제주도가 요즘 핫하잖아요.

A 많은 분들이 제게 제주도에 대해 질문하셔요. 특히 제주도 투자에 관심이 많으시지요. 제주도에 대한 투자 인기는 당분간 식지 않을 것 같아요. 아예 제주도로 내려가서 살고 싶어하는 분들도 많고 외국인 투자자도 많거든요. 인구가 한 달에 몇 천명씩 느는 지역은 국내에서 제주도가 유일하지요.

하지만 무작정 투자하는 건 바람직하지 않아요. 제주도는 땅값이 천차만별이에요. 저렴한 곳은 많이 저렴하지만 이슈가 된 동네는 많이 비싸죠. 근데 핫한 동네라고 소개받았는데 사실은 바로 옆동네이거나 비싼 땅값에 비해 다른 조건이 좋지 않은 경우도 많답니다. 동네 이름만 보고 투자했다가는 낭패를 보실 수 있어요. 그러니 반드시 현장에 가서 확인하셔야 합니다.

제주도가 섬이긴 하지만 서울에서 비행기로 한 시간이면 갈 수 있는 곳이잖아요. 진짜 괜찮은 곳인지, 투자가치가 있는 곳인지 직접 확인해 보셔야 합니다. 아파트는 제주나 서울이나 가격이 비슷해요. 3~4년 사이에 가격이 거의 곱절은 뛰었다는 거 참고하시고요.^^

Q 앞으로 어떤 계획을 갖고 있나요?

A 저는 전업투자자로 부동산 투자를 꾸준히 할 계획이에요.

꾸준함! 투자에서 아니, 어느 부분에서든 이게 제일 중요한 거 같아요. 한 가지를 꾸준히 할 수 있다면, 당장은 아무것도 몰라도 어느 순간 그 부분에 대해 전문가가 되거든요.

저도 제가 부동산 투자를 이렇게 계속하게 될지 몰랐어요. 다른 직장들은 다 오래지 않아 그만뒀으니까요. 그런데 종종 생각이 나요. 그 직장에서 꾸준히 계속했으면 지금 어떤 모습일까라는.

저는 지금의 제 일과 모습이 참 맘에 들어요. 여러분도 현재 하고 있는 일에, 혹은 아직 하고 있지 않더라도 관심 있는 일에 꾸준히 관심을 주세요. 그럼 여러분 자신도 어느 순간 변화될 거라 생각해요. 앞으로 10년 후, 저와 여러분의 모습이 기대됩니다.

제주마당뜰 블로그
blog.naver.com/madangtteul

이제,
돈되는 경매다

아홉째
마당

고수들은 배당도 스스로 챙긴다

55 | 배당, 기본 용어부터 익히자

56 | 배당에도 순위가 있다

57 | 사람도 많고 사연도 많은 다가구 임차인

Interview ❽
유치원 선생님에서 부동산 투자자로 대변신!

배당,
기본 용어부터 익히자

"남편이 이렇게까지 사고친 줄 몰랐어요."

낙찰 후 만난 점유자의 하소연이다. 사업하는 남편에게 채무가 많다는 것은 알았지만, 살던 집이 경매로 넘어가는 상황까지는 상상하지 못했던 모양이다. 그녀의 집은 근저당뿐 아니라 가압류, 압류, 세금 등이 빼곡하게 설정되어 있었다. 그녀의 남편에게 돈을 받을 사람이 한둘이 아닌 게다. 집을 잃은 그녀도 안됐지만, 배당받을 돈이 없는 채권자들도 참으로 안쓰럽다.

생각해 보면 결국 경매는 '배당'을 위한 절차다. 받아야 할 돈을 못 받은 채권자들을 위한 과정이다.

경매낙찰자가 잔금을 내면 그 돈을 쪼개어 채권자들에게 돌려주는데, 채권자들이 돈을 돌려받는 절차를 배당이라고 한다. 채권자들은 정해진 순서대로 배당을 받게 되는데, 배당표 작성하는 일이 꽤 복잡하다. 한치의 오차도 없어야 하고, 계산하기 위한 자료책의 두께도 만만찮다.

그렇지만 우리가 경매계에 취직할 것도 아니고, 우리의 관심은 오로지 선순위 임차인의 배당이다. 그들이 배당을 받지 못하면 보증금을 인수해야 한다. 우리는 아주 기초적인 배당은 이미 배웠다. 조금 더 깊이 들어가는 이유는 리스크를 최대한 줄이기 위해서다. 걱정 마시라. 예시와 함께 보면 이해가 쉬울 것이다.

요구를 해야 배당받는 사람 & 무조건 배당받는 사람

누가 배당을 받을까? 당연히 채권자가 배당을 받는다. 임차인도 채권자다. 채권자들 중에서는 배당요구를 반드시 해야 하는 사람이 있고, 배당요구를 안 해도 당연히 배당이 나오는 사람이 있다.

배당요구를 안 해도 당연히 배당을 받는 사람을 '당연배당자'라고 한다.

이들은 배당신청을 따로 안 해도 권리금액에 적혀 있는 금액대로 배당을 해준다.

당연배당자

1. 경매개시결정 전에 가압류, 근저당권, 전세권, 조세, 임차권등기, 가등기(담보)를 한 사람
2. 경매신청자 : 경매신청자는 경매를 신청할 때 금액을 미리 제출해 두었다.
3. 경매를 신청한 임차인과 임차권등기를 한 임차인 : 임차인은 원래 당연배당자가 아니기에 반드시 배당신청을 해야 한다. 그런데 임차인 중 당연배당을 해주는 사람이 있다. 경매를 신청한 임차인과 임차권등기를 한 임차인이다. 그 이외의 사람들은 반드시 배당요구를 해야 한다.

배당요구, 배당철회 모두 배당요구종기일까지 해야 한다

배당요구는 배당요구종기일 안에 해야 한다. 경매기일은 경매를 시작하는 날이고, 배당요구종기일은 배당요구를 할 수 있는 마지막 날이다.

사건	2015타경○○○ 부동산임의경매		매각물건번호	1	담임법관(사법보좌관)	
작성일자	2016.11.14		최선순위 설정일자	2012.7.11.(근저당권)		
부동산 및 감정평가액 최저매각가격의 표시	부동산표시목록 참조		배당요구종기	2015.12.31		
부동산의 점유자와 점유의 권원, 점유할 수 있는 기간, 차임 또는 보증금에 관한 관계인의 진술 및 임차인이 있는 경우 배당요구 여부와 그 일자, 전입신고일자 또는 사업자등록신청일자와 확정일자의 유무 그 일자						
점유자의 성명	점유부분	정보출처 구분	점유의 권원	임대차 기간 (점유기간)	보증금	차임	전입신고일자.사업 자등록신청일자	확정일자	배당요구 여부 (배당요구 일자)
김○	미상(주민등록표등 본상: 4층 502호)	현황조사	주거 임차인	미상	미상	미상	2010.05.20	미상	
	전부	권리신고	주거 임차인	2010.05.15~	80,000,000		2010.05.20	2010.05.20	2015.12.03
장○	미상(주민등록표등 본상: 502호)	현황조사	주거 임차인	미상	미상	미상	2015.04.17	미상	

위 사례의 임차인 김씨는 선순위 전세권자다.

"저 배당신청 꼭 해야 하나요?" 최선순위 전세권자는 배당신청을 해도 되고 안 해도 된다. 배당신청을 하면 법원에서 배당을 받을 것이고, 배당신청을 하지 않으면 법원 배당에서는 제외되지만, 낙찰자에게 보증금을 돌려받을 수 있다. 법원에서 보증금을 전액 배당받을 수 있다면 배당신청을 하는 것이 낫다. 법원에서 배당받으면 편하고 깔끔하다.

하지만, 임차인 본인이 직접 낙찰을 받을 생각이라면 배당신청을 하지 않는 편이 낫다. 낙찰자에게 인수되는 보증금이 있기에 입찰자들이 적정 가격에 입찰하지 못하고, 계속 유찰이 될 것이다. 이런 상황을 역이용해 김씨 본인이 싼 값에 직접 낙찰을 받으면 된다.

또 다른 경우로, 낙찰가가 보증금보다 적어 보증금을 전부 돌려받지 못할 것으로 예상될 때도 배당신청을 하지 않는 편이 낫다(낙찰가는 5천만원인데, 전세보증금은 5500만원이라면 낙찰가가 보증금보다 적어 보증금 일부를 돌려받지 못한다). 배당신청이 없는 선순위 전세권은 말소기준권리가 되지 못하여 낙찰자가 인수한다(30장 말소기준권리 다섯 번째 참조). 이 때문에 당연히 유찰되겠지만, 그렇더라도 김씨가 보증금을 잃을 염려는 없다. 저렴하게 낙찰받은 낙찰자가 대신 내줄 테니까.

그런데, 선순위 전세권자인 김씨가 이미 배당요구를 해버렸다면?

배당철회를 하면 된다. 배당철회도 배당요구종기일 안에 할 수 있다. 배당요구종기일이 넘으면 배당철회가 불가능하다. 배당요구종기일 안에 배당요구도 해야 하고, 철회도 그 안에 해야 한다.

임차인현황	건물소멸기준 : 2012-07-11	배당종기일 : 2015-12-31				매각물건명세서	예상배당표
순위	성립일자	권리자	권리종류(점유부분)	보증금금액	신고	대항	참조용 예상배당여부 (최저가기준)
1	전입 2010-05-20 확정 2010-05-20 배당 철회	김⬛	주거임차인 전부	[보] 80,000,000원	X	있음	인수금: 80,000,000원 전액매수인 인수예상
2	전입 2015-04-17 확정 없음 배당 없음	장⬛	주거임차인 미상(주민등록표등본상 : 502호)	[보] 미상	X	없음	현황조사 권리내역

- 보증금합계 : 80,000,000원
* 압류의 법정기일이 빠른경우 또는 교부청구(당해세)로 대항력있는 임차인의 경우 전액배당 안될시 인수금액 발생할수있음.
- 김진경 : 2015.12.09.자로 배당요구신청을 철회함.

건물 등기 사항	건물열람일 : 2015-10-23					등기사항증명서
구분	성립일자	권리종류	권리자	권리금액	상태	비고
갑2	2005-06-21	소유권	이⬛		이전	매매
을5	2012-07-11	(근)저당	서서울농업협동조합	28,800,000원	소멸기준	(주택) 소액배당 7500 이하 2500 (상가) 소액배당 5000 이하 1500
갑3	2013-10-08	소유권(지분)	이⬛		이전	상속
갑4	2013-10-08	소유권(지분)	김⬛		이전	부담부증여
갑5	2013-10-15	소유권(지분)	이⬛		이전	부담부증여
갑6	2014-04-02	압류(지분)	서울특별시마포구		소멸	
갑7	2014-05-13	압류(지분)	국민건강보험공단		소멸	
갑8	2014-08-12	압류(지분)	서울특별시마포구		소멸	
갑9	2014-11-25	압류(지분)	서울특별시마포구		소멸	
갑10	2014-12-18	압류(지분)	서울특별시마포구		소멸	
갑11	2015-03-26	가압류(지분)	김⬛	40,000,000원	소멸	
갑12	2015-08-07	압류(지분)	서울특별시금천구		소멸	
갑13	2015-10-20	임의경매	서서울농업협동조합	청구: 25,795,790원	소멸	2015타경⬛

명세서 요약사항	최선순위 설정일자 2012.7.11.(근저당권)
소멸되지 않는 등기부권리	해당사항 없음
설정된 것으로 보는 지상권	해당사항 없음
주의사항 / 법원문건접수 요약	1.임차인 김⬛은 2015.12.3.자로 권리신고 및 배당요구신청서를 제출하였으나, 2015.12.9자로 동 신고를 철회함. 따라서 매수인은 임차보증금을 인수하게 됨.(입찰시 주의 요망) 2.매수신청보증금 최저매각가격의 2할 2015-12-09 임차인 김⬛ 배당요구신청철회서 제출

선순위 임차인 김씨가 배당철회를 하여 낙찰자가 보증금을 전액 인수하게 된다.

배당기일, 법원 풍경

낙찰자가 잔금납부를 하면 배당기일이 정해진다. 잔금납부 후 3일 이내에 배당기일이 지정되고, 2주 내에 이해관계인들에게 통지된다. 배당받아야 할 사람들한테는 우편물로 배당기일이 통보되는데, 낙찰자한텐 굳이 통보해 주지 않는다. (낙찰자는 배당과 상관이 없으니까.)

정해진 배당기일에 채권자들은 배당법정에 모여서 배당을 받는다. 배당법정이 궁금하면 임차인에게 "배당기일 잡히면 연락 주세요" 하고 부탁해도 되고, 잔금납부 일주일 후쯤 사건번호로 찾아볼 수도 있다. (법원경매 사이트에서 검색한다.)

배당 과정은 간단하다. 정해진 시간에 배당법정으로 가면 현장에서 A4용지에 인쇄된 배당표를 나눠준다. 배당표는 배당기일 3일 전에 확정된다. 연체대금 등을 배당기일 직전까지 계산해야 하니 미리 만들 수가 없다. 만약 임차인의 배당에 문제가 있을 것으로 예상되면 배당기일 3일 전에 배당표를 열람할 수 있다.

배당표에는 사건번호별로 배당금액이 쭈욱 적혀 있다. 단상 앞에 집행관들이 앉아 있는 것은 경매법정과 같다.

"사건번호 1234번 배당 김복순 100만원, 이철수 200만원, 문경식 300만원 이상, 이의 있으십니까? 다음 사건번호…." 자기 순서를 기다려 본인 확인을 한 후 배당금액이 적힌 쪽지를 받는다. 이 쪽지를 법원 안에 있는 은행에 제출하면 배당금을 본인 명의 계좌로 이체해 준다. 배당법정이 궁금하다면, 누구나 참가할 수 있다. 구경해도 괜찮다. (내 물건이 아니면 재미는 없을 것이다.)

배당에 불만 있는 채권자

배당표에 문제가 있거나, 배당이 잘못됐다고 생각되면 그 자리에서 배당이의신청을 해야 한다. 채권자들 중 은행 등 기관들이 종종 배당이의를 제기한다. 특히 소액임차인들에 대해서 이의를 제기하는 경우가 많다. 가짜 소액임차인이 배당을 받으면 가장 손해 보는 사람이 집주인에게 돈을 빌려준 채권자다.

채권자가 "배당에 이의 있습니다"라고 하면,

임차인이 "무슨 소리예요!! 내 보증금 돌려줘요!!" 하고 지지 않을 터.

이런 경우 법원은 배당할 금액을 공탁하고 배당을 마무리한다. "아, 나중에 싸우세요. 이 건 말고도 배당할 물건 되게 많거든요." (소송을 하든 말든, 당신들끼리 싸우고 오세요. 이기는 사람한테 내줄 테니까라는 뜻이다.) 배당이의신청을 한 사람은 7일 내에 배당이의 소송(배당이의의 소)을 신청해야 한다.

내가 배당법정에 간 것은 임차인과의 재계약 건 때문이었다. 보증금을 돌려받는 임차인과 재계약을 하기로 했는데, 배당금을 받으면 보증금을 내겠다는 것이 계약조건이었다. 임차인이 배당기일에 배당을 받으려면 낙찰자의 명도확인서가 필요하다. 만약 배당기일까지 명도가 되지 않으면, 임차인은 명도확인서를 제출하지 못할 것이고, 임차인에게 가야 할 배당금은 법원에 공탁이 된다. 나는 배당법정에서 임차인을 만나 명도확인서를 주고, 그 자리에서 배당금을 보증금으로 받았다. 낙찰자는 '점유자가 배당을 받고도 보증금을 주지 않으면 어쩌나' 하는 의심이 들고, 점유자는 처음 가는 법정에서 낙찰자가 배당을 도와주면 감사한 맘이 든다.

56 배당에도 순위가 있다

0순위 : 경매실행비용

0순위는 경매실행비용이다(이 돈은 경매를 신청한 사람이 이미 낸 돈이다. 돈을 내야 법원에서 경매를 진행한다. 법원에서 진행되는 모든 일은 다 그렇다). 경매실행비용은 경매신청비용과 예납금으로 구성된다. 자잘한 명목이 많은데 일반적으로 매각가의 2~5% 정도다. 자잘한 명목이란, 신문에 공고하고(법적으로 공고를 하게끔 되어 있다), 현황조사하고, 감정평가하고, 송달 보내고 하는 것들을 말한다. 경매실행비용은 미리 알 수 있다.

유료사이트에서 예상배당표를 클릭하면, 맨 위칸에 경매신청비용이 있다. 그야말로 0순위다. 감정가 3억 7천만원에 경매신청비용이 약 340만원이다. 감정가가 낮으면 비율적으로 많이 나온다. 송달비나 감정평가 같은 경우 최저비용이 있기 때문이다. 이 금액은 그리 크지 않기에 별로 신경쓰지 않는 편이다.

배당순위	권리종류	권리자	채권금액	배당할금액	배당금액	미배당금액	실제배당할 총금액
0순위	경매신청비용	한국산업은행	0	0	3,413,453	0	294,186,547
1순위	(근)저당	한국산업은행	9,600,000,000	9,600,000,000	294,186,547	9,305,813,453	0
2순위	(근)저당	비엔케이캐피탈	3,000,000,000	3,000,000,000	0	3,000,000,000	0
3순위	압류	국 - 금천세무서	0	0	0	0	0
4순위	임의경매	한국산업은행	8,341,860,721	0	0	0	0
5순위	확정일자상가임차인	차이이그룹대표이	4,000,000	4,000,000	0	4,000,000	0
6순위	압류	국 - 구로세무서	0	0	0	0	0
7순위	압류	서울특별시금천구	0	0	0	0	0

1순위 : 필요비, 유익비

1순위는 제3취득자의 필요비와 유익비다. 제3취득자는 전세권자, 지상권자, 임차권자, 점유자, 새로운 소유주를 말한다. 유치권자들이 종종 주장하는 항목이다.

필요비

필요비는 집을 보존하기 위해서 쓴 돈이다. 수리를 하지 않으면 집의 가치나 존재 자체가 없어지는 중요한 수리에 든 비용을 필요비라고 한다. 지붕 한 켠이 무너지거나, 기둥이 기울어지는…. 현실에서 그런 수리는 많지 않다. 임차인이 있는 집은 더욱 그렇다. 그런 집에 누가 임차인으로 들어갈까? 일단 임차인이 되면 그들은 당연히 집을 잘 보존할 의무가 있다. 따라서 임차인, 전세권자가 필요비로 배당을 받는 건 쉽지 않은 일이다.

임차인이 필요비로 배당받기 위해서는 두 가지 조건을 충족해야 한다.

첫째, 소유주가 필요비인 것을 동의하고 허락했어야 한다. "네가 알아서 고쳐 써. 집 고치면 내가 나중에 돈 줄게"라는 허락이 있어야 한다. 둘째, '작고 경미하지 않은 수리'여야 한다. 안 고치면 큰일날 중요한 수리여야 하는 것이다. 그리고 이것을 입증해야 한다. 임차인에게 쉽지 않은 일이다.

유익비

유익비는 집을 개량하여 건물가치를 증가시키는 데 들어간 비용이다. 유익비는 임대차계약이 끝나면 받을 수 있는데, 경매에서 배당받기 위한 조건이 까다롭다.

단순한 집꾸미기는 개량했다고 보지 않는다. 당연히 인테리어 관련 수리는 해당되지 않는다. (인테리어비는 양도세 산정 시에도 비용으로 인정하지 않는다.)

임차인이 기름보일러를 가스보일러로 바꾸었다면 유익비로 쳐주는데, 방바닥에 균열이 생겨 가스가 샐 것 같아서 임차인이 자비로 수리를 했다면 유익비가 아니다. 임차인 본인의 안전을 위해서 수리를 한 것일 뿐 집의 가치를 높이기 위해서 수리했다고 볼 수 없다는 것이 판례다. 유익비, 참 애매하다. 임차인이 "이건 유익비다!! 필요비다!!"라고 강력히 우겨도 법원에서 인정이 안 될 가능성이 매우 높다.

2순위 : 임금채권, 최우선변제권

최우선변제권

2순위는 특별법으로 다른 채권자들보다 먼저 배당을 해주는 것들이다. 입찰자에게 매우 중요하다. 소액임차인들이 받아가는 최우선변제금은 우리가 앞에서 열심히 공부했다. 주택임대차보호법, 상가임대차보호법에서는 소액임차인을 보호한다.

임금채권

"우리 공장이 경매 들어간다는데, 어쩌죠?"

그녀가 일하는 곳은 영수증용 종이를 생산하는 공장이다. 검색하니 경매예정 물건으로 나온다.

"우리 회사, 지금도 월급 잘 나와요. 한 번도 밀린 적도 없고요."

공장은 몇 년 전에도 어려움을 겪었지만, 무사히 고비를 넘겼다고 한다. 그녀는 이번에도 별일 없이 넘어갈 거라고 여겼다.

"10년 넘으셨으면, 퇴직금이 꽤 되겠네요. 아, 임금채권 신청은 하셨죠?"

"뭔가 서류가 왔는데, 아무것도 안 했어요. 사장님이 걱정 말라고 하셔서…."

이 공장은 결국 경매진행이 되었고, 회사는 부도 처리되었다.

임금채권은 근로자의 최종 3개월치 임금과 최종 3년치 퇴직금, 재해보상금이다. 근로기준법에서는 "월급도 못 받은 너희들 정말 안됐구나, 먼저 가져가라"라고 근로자에게 일부 금액을 먼저 배당하도록 한다.

최우선변제권과 임금채권, 이 두 가지는 '새치기 권리'들이다. 채권 순서에 상관하지 않는다. 소액임차인은 '경매가 시작한다'고 알리는 기입등기를 하기 전까지 전입해야 배당을 받는데 임금채권은 기입등기보다 늦어도 가능하다. 배당요구종기일 내에 배당신청만 하면 된다. 등기부등본에는 임금채권이 없는데 매각물건명세서 비고란에 '임금채권 있음'이라고 적혀 있기도 한다. 배당할 금액이 적혀 있다면 입찰하기 어렵지 않다.

다음과 같은 물건은 정말 주의해야 하는 경우다.

임차인현황 ▶ 건물소멸기준 : 2016-05-03	배당종기일 : 2017-03-30					매각물건명세서	예상배당표
순위	성립일자	권리자	권리종류(점유부분)	권리금액	신고	대항	참조용 예상배당여부 (최저가기준)
1	전입 2015-04-17 확정 2015-03-04 배당 2017-03-30	이◯◯	주거임차인 902호	【보】120,000,000원	○	있음	배당금 : 120,000,000원 전액배당으로 소멸예상 임금채권 주의
• 압류의 법정기일이 빠른경우 또는 교부청구(당해세)로 대항력있는 임차인의 경우 전액배당 안될시 인수금액 발생할수있음.							

건물 등기 사항 ▶ 건물열람일 : 2017-01-16						등기사항증명서	
구분	성립일자	권리종류	권리자	권리금액	상태	비고	
갑4	2015-12-21	소유권	전◯◯	(거래가) 160,000,000원	이전	매매	
갑5	2016-02-15	소유권	전◯◯	(거래가) 160,000,000원	이전	매매	
갑8	2016-05-03	가압류	기술신용보증기금	297,500,000원	소멸기준		
갑11	2016-06-01	가압류	경남은행	693,399,907원	소멸		
갑12	2017-01-02	임의경매	변호사 전◯◯		소멸	2016타경◯◯◯ 채무자전상용의 파산관재인 변호사 전◯◯ (주택) 소액배당 5000 이하 1700 (상가) 소액배당 3000 이하 1000	

명세서 요약사항 ▶ 최선순위 설정일자 2016. 5. 3. 가압류	
소멸되지 않는 등기부권리	해당사항 없음
설정된 것으로 보는 지상권	해당사항 없음
주의사항 / 법원문건접수 요약	2017-01-23 배당요구권자 근로복지공단 권리신고 및 배당요구신청서 제출 • 관리비 조사일자 : 2017-05-31 관리비미납 없음 ※ 임금채권 우선변제로 선순위 임차인은 배당 안될 수 있으므로, 임금채권 금액을 확인하시기 바랍니다.

소유주가 파산한 아파트 물건이다. 대항력 있는 선순위 임차인의 전세금은 1억 2천만원. 임차인이 이사 들어올 때만 해도 아무 채권도 없는 깨끗한 아파트였다. 소유주의 사업이 어려워지면서 기술신용보증기금에서 가압류가 들어오고, 결국 소유주는 파산을 하고 말았다.

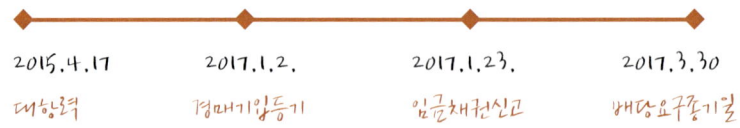

경매가 시작되자 임금채권 신고가 들어왔다. 임금채권의 크기가 크면 선순위 임차인의 보증금은 배당되지 않을 것이다. 임금채권이 선순위 임차인의 보증금보다 앞서 배당되기 때문이다. 선순위 임차인은 법원에서 배당받지 못한

보증금을 낙찰자에게 받을 권리가 있고, 이 물건의 낙찰자는 임차인의 보증금을 인수하게 된다.

선순위 임차인이 배당받을 금액을 임금채권이 먼저 받아가게 되면, 임차인의 보증금은 낙찰자에게 인수된다는 점에 주의하자. 임금채권의 금액이 고지되지 않은 상태에서 선순위 임차인이 있으면 매우 위험하다. 반드시 임금채권이 얼마인지 확인해야 한다.

2순위 권리들은 안분배당된다

2순위 내에서는 순서가 중요하지 않다. 어차피 새치기 권리 아닌가. 같은 2순위라면 동등한 권리를 갖는다. 배당도 공평하게 나누어주는데, 이것을 안분배당(按分配當)이라고 한다.

990만원을 3명에게 330만원씩 똑같이 나누어주는 것이 균등배당이다. 안분배당은 똑같이가 아니다. 비율대로 배당을 한다. a의 채권이 1000만원, b의 채권이 500만원이라면, 2 : 1로 배당한다. 990만원이라면, a에게 660만원을 b에게는 330만원을 배당한다.

최우선변제권과 임금채권이 동시에 있는 물건이라면, 채권비율별로 안분해서 배당한다.

소액임차인의 최우선변제금은 낙찰가의 50% 이내

소액임차인을 위한 최우선변제금은 낙찰가의 50%까지만 인정한다. 때문에 소액임차인이라도 보증금을 다 받지 못할 수 있다. 집이 2억원에 낙찰이 되었는데, 임차인이 많다. 보증금을 다 합치면 1억 8천이고, 모두 소액임차인이어도 이들에게 배당될 총 금액은 낙찰가의 50%인 1억원뿐이다. 다가구주택인 경우 이런 일이 가끔 있다.

최우선변제권이 있는 집에 임금채권까지 들어왔다면 배당받을 수 있는 금액이 더 작아진다. 이런 경우, 임차인이 대항력까지 있다면 문제가 된다. 대항력이 있는 임차인의 보증금은 낙찰자가 인수해야 하기 때문이다.

때문에 임금채권과 소액임차인이 함께 있다면 배당금 계산을 잘해야 한다.

3순위 : 당해세

3순위는 당해세다. 당해세는 그 부동산에 대한 세금이다. 당해세도 임차인의 우선변제권보다 앞서 배당되기 때문에 선순위 임차인이 있다면 주의해야 할 권리다.

세금은 크게 국세와 지방세가 있다.

국세

당해세가 될 수 있는 국세는 상속세와 증여세, 종합부동산세이다. 이중 상속세는 사실 당해세가 되기 곤란하다. 상속세는 누가 내나? 상속받은 사람이 내는 세금이다(돌아가신 분이 세금을 낼 순 없지 않은가). 상속받은 사람이 내야 하는 세금이기에 당해세가 되려면 연달아 두 번 사망해야 가능하다. 무슨 말인지, 예를 들어보자.

할아버지가 돌아가셔서 집을 상속받은 아버지가 계시다면, 아버지가 상속세를 내야 한다. 그런데, 아버지가 상속세를 내기도 전에 갑자기 돌아가시는 바람에 아들이 다시 상속을 받고, 집이 경매에 나왔다. 그러면, 아버지의 상속세는 당해세로 3순위다. 이런 일이 얼마나 있을까? 현실에서 상속인이 연달아 사망해 상속세가 당해세로 나오는 경우는 그리 흔하지 않다. 증여세도 마찬가지다. 증여받은 사람이 증여세를 내기 전에 연달아 증여하는 특이한 케이스여야 한다.

지방세

지방세는 재산세, 자동차세, 도시계획세, 공동시설세, 지방교육세이다. 부동산의 당해세는 재산세가 많다. 주거용 물건은 재산세가 그리 크지 않지만, 공장이나 상가는 그 금액이 만만치 않다. 세금내역을 어떻게 확인할까? 근래에는 세금금액을 친절하게 고지하는 경우가 많아졌지만, 따로 고지가 없다면 관할 시군구청(재산세는 각 시청, 구청에서 고지한다)에 확인을 해야 한다(담당자가 잘 안 가르쳐준다). 취등록세는 당해세가 아니다.

임차인현황	건물소멸기준 : 1994-06-22	배당종기일 : 2016-01-08(연기)					매각물건명세서 / 예상배당표
순위	성립일자	권리자	권리종류(점유부분)	보증금금액	신고	대항	참조용 예상배당여부 (최저가기준)
1	사업 없음 확정 없음 배당 없음	성남제일새마을금고	상가전세권자 상가건물의 전부	[보] 130,000,000원	X	없음	배당표참조

건물 등기 사항		건물열람일 : 2015-05-28					등기사항증명서
구분	성립일자	권리종류	권리자	권리금액		상태	비고
갑1	1994-06-15	소유권	치○○			이전	매매
을1	1994-06-22	전세권	성남제일새마을금고	100,000,000원		소멸기준	최선순위 설정일자임 경매신청채권자
을1-1	1999-06-08	전세권(변경)	성남제일새마을금고	130,000,000원		소멸	증액(30,000,000)
갑3	2004-01-06	압류	성남시분당구			소멸	(세무13410-150) (주택) 소액배당 4000 이하 1600 (상가) 소액배당 3900 이하 1170
갑7	2015-05-07	강제경매	성남제일새마을금고	청구: 130,000,000원		소멸	2015타경○○○○(배당종결)

위 물건은 분당에 있는 상가다. 새마을금고가 전세금 반환을 이유로 강제경매를 넣었다. 새마을금고의 전세권 외에 분당구의 압류도 있다. 해당 물건지 구청의 압류이므로 당해세일 가능성이 있다.

만약 이것이 당해세라면 새마을금고의 전세권보다 먼저 배당이 될 것이다.

하지만, 입찰자에게는 안전한 물건이다. 전세권이 말소기준권리여서 소멸되기 때문에 당해세의 금액이 커서 전세금이 전액 배당되지 않더라도 새마을금고의 전세금을 낙찰자가 인수하지는 않는다. 선순위 임차인이 있는 것이 아니라면 당해세는 낙찰자에게 위협적이지 않다.

4순위 : 우선변제권

4순위는 우리가 앞에서 열심히 공부했던 채권들이다. 말소기준권리에 해당하는 권리들과 임차인의 보증금이 4순위에 해당한다(근저당권, 압류, 담보가등기, 전세권, 보증금, 임차권등기, 당해세를 제외한 국세, 지방세 등등).

이 권리들은 우선변제권을 가지며, 날짜별로 배당을 받는다. 순서대로 줄서서 받는데, 순서가 애매하면 아래 규칙대로 순서를 정한다.

- 임차인의 우선변제권이 생기는 날은 전입과 확정일자 중 늦은 날짜 기준이다.
- 우선변제권이 같은 날짜면 접수번호 순서로 배당한다.
- 접수 순서를 구분할 수 없다면, 안분배당한다. 임차권과 근저당이 동순위일 때에도 안분배당한다. 가압류는 늘 안분배당한다(안분배당 예시 353쪽 참조).
- (근저당권 등의) 우선변제권은 후순위(우선변제권이 없는) 가압류 등을 흡수배당한다(흡수배당 예시 353쪽 참조).

조세채권

4순위에 법인 소유 부동산이나 개인사업자의 부동산 관련 세금이 있다면 조심해야 한다. 특히 선순위 임차인이 있고, 연달아 세금 관련 조세채권이 있다면 배당에 심각한 문제가 생길 수 있다. 조세채권은 등기 순서가 아니라 법정기일 순으로 배당되기 때문이다. 호환마마보다 무섭다는 조세채권의 법정기일! 반드시 체크하자.

도대체 법정기일이란 뭘까?

일반인이 보기에 이것이 참 애매하다.

세무서에서 세금고지서를 발행한 날일 수도 있고, 집주인이 고지서를 받은 날일 수도 있는데, 법정기일은 공매재산명세서에 나와 있다. 등기부등본 순서로는 선순위 임차인이 먼저 배당을 받아야 하는데, (세무서만 아는, 보이지 않는 법정기일이 빠르다는 이유로) 조세채권이 먼저 배당을 받을 수 있다. 그러면 선순위 임차인은 보증금을 배당받지 못하고, 낙찰자가 선순위 임차인의 보증금을 인수해야 한다.

선순위 임차인의 전입일과 조세채권의 등기일이 얼마 차이가 안 날 때는 꼭 법정기일을 확인해야 한다. 물건내역서에 적혀 있는 담당자에게 전화해서 물어보면 된다. 그리 흔한 케이스는 아니지만 한번 당하면 치명적이다.

법정기일은 아래와 같다. (해당 조세채권이 이중에서 어떤 기준인지 우리는 알 수 없다.)

1. '신고일'이라 함은 신고서 접수일을 말함.
2. '발송일'이라 함은 다음 각 호의 구분에 의한 날을 말함.
   가. 우편송달의 경우 : 우편발송일
   나. 교부송달의 경우 : 고지서 등의 교부를 위한 출장일
   다. 공시송달의 경우 : 반송 또는 수령 거부된 당초 고지서 등의 발송일
   라. 전자송달의 경우 : 국세정보통신망에 저장된 때

악법도 법이다. 어쩌랴. 완전 깡패인 조세채권의 법정기일은 피하는 방법밖에 없다. 조세채권의 법정기일 문제는 주로 공매에서 나타나는데, 불허가도 내주지 않는다(만약 경매라면 불허가를 내줄 것이다).

공매입찰 전 선순위 임차인이 있다면 반드시 담당자에게 법정기일 문제가 없는지 확인하자.

5순위 이하 : 그외의 것들

공매는 5순위 이하가 그리 중요하지 않다. NPL을 한다면 5순위 이하 배당도 체크할 필요가 있지만, 적은 금액의 공과금이나 100만원 이하의 건강보험료 미납으로도 매물로 나올 수 있기 때문에 중요도가 떨어진다.

- **5순위** : 앞에서 2순위로 받은 임금 이외의 나머지 임금채권은 5순위에서 배당한다. 4개월치, 5개월치 임금 등 더 받아야 할 임금이 5순위이다.
- **6순위** : 저당권보다 늦은 국세, 지방세이다.
- **7순위** : 각종 공과금이다. 산업재해보상금, 건강보험금, 연금보험금이 7순위이다.
- **8순위** : 우선변제권이 없는 가압류채권, 일반채권, 과태료 등이 8순위이다.

0순위	경매실행비용	신문공고료, 현황조사수수료, 매각수수료, 감정평가료, 송달료 등 매각가의 2~5%
1순위	필요비	관리, 보존, 현상유지를 위하여 지출한 비용
	유익비	개량, 이용을 위하여 지출한 비용
▶	요건이 엄격하고, 소명자료가 필요해 임차인 등의 청구는 배당 제외 후 별도 소송으로 한다.	
2순위	소액임차보증금	최우선변제권으로 배당
	근로자임금채권	최종 3개월치 임금, 최종 3년치 퇴직금, 재해보상금
▶	2순위 내는 동급으로 평등안분배당	
3순위	당해세	경매 목적 부동산 자체에 부과된 조세와 가산금
	국세	종합부동산세, 본인에게 납부 의무가 있는 상속증여세
	지방세	재산세, 종합토지세. 취등록세는 당해세 아님
▶	담보권설정자가 납세의무자여야 한다.	
4순위	저당권, 전세권, 담보가등기, 임차권등기, 확정일자부 보증금, 국세, 지방세(법정기일)	
▶	우선변제권 발생일을 기준하여 날짜별로 배당한다. 같은 날짜라면 접수번호 순서 안분배당 - 임차권과 근저당이 동순위일 때. 가압류는 늘 안분배당 흡수배당 - 근저당권자는 후순위 압류권자의 배당액을 흡수한다.	
5순위	일반임금채권	근로관계로 인한 채권
6순위	저당권보다 늦은 국세, 지방세	
7순위	각종 공과금	산업재해보상금, 건강보험금, 국민연금보험금
8순위	일반채권	가압류채권과 일반채권, 과태료 등 안분배당

사람도 많고 사연도 많은 다가구 임차인

다가구 선순위 임차인 미납 사례

임차인 중 대항력 있는 선순위 임차인은 늘 조심해야 한다. 아래 사례로 확인해 보자.

감정가 6억 4500만원인 4층짜리 다가구, 원룸이다. 감정가의 98%에 낙찰을 받은 1회 낙찰자는 불허가를 받았고, 재매각되어 또 낙찰이 되었지만 이번에는 미납이 되었다. 최고가 낙찰자 외에도 입찰자가 많이 몰린 이 물건에는 사실 심각한 위험이 있다.

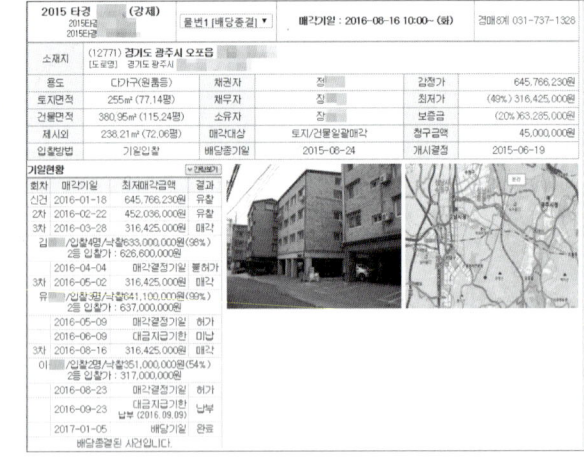

다가구는 건물 전체를 한 사람이 소유하는, 즉 주인이 한 명인 주택이다. 이 집은 1층에 주차장과 창고가 있고, 2층과 3층에 각 4가구, 3층에 3가구가 살고 있다.

임차인 현황은 매각물건명세서에 쓰여 있다. 유료사이트에서는 임차인 현황을 아래와 같이 정리해서 물건 첫 페이지에 올려준다.

임차인현황	건물소멸기준 : 2015-03-25	배당종기일 : 2015-08-24				매각물건명세서	예상배당표
순위	성립일자	권리자	권리종류(점유부분)	보증금금액	신고	대항	참조용 예상배당여부 (최저가기준)
1	전입 2012-07-17 확정 2012-07-24 배당 2015-06-01	임◯◯	주거임차인 203호	【보】 80,000,000원	○	있음	배당금: 80,000,000원 전액배당으로 소멸예상
2	전입 2012-09-04 확정 2012-09-04 배당 2015-06-01	김◯◯	주거임차인 204호	【보】 40,000,000원	○	있음	배당금: 40,000,000원 전액배당으로 소멸예상
3	전입 2012-10-29 확정 2012-11-14 배당 2015-05-29	김◯◯	주거임차인 402호	【보】 75,000,000원 【월】 100,000원	○	있음	배당금: 31,352,300원 인수금: 43,647,700원 일부배당(미배당금 인수)예상
4	전입 2013-04-01 확정 2013-04-11 배당 2015-06-01	이◯◯	주거임차인 301호	【보】 37,000,000원	○	있음	배당금: 19,000,000원 인수금: 18,000,000원 일부배당(미배당금 인수)예상
5	전입 2013-06-07 확정 2013-06-07 배당 2015-05-29	강◯◯	주거임차인 202호	【보】 65,000,000원	○	있음	인수금: 65,000,000원 전액매수인 인수예상
6	전입 2014-04-15 확정 2014-04-02 배당 2015-07-02	김◯◯	주거임차인 303호	【보】 75,000,000원	○	있음	인수금: 75,000,000원 전액매수인 인수예상
7	전입 2014-07-30 확정 2014-07-30 배당 2015-05-29	유◯◯	주거임차인 401호	【보】 110,000,000원	○	있음	인수금: 110,000,000원 전액매수인 인수예상
8	전입 2014-08-12 확정 2014-06-17 배당 2015-06-01	이◯◯	주거임차인 전부	【보】 70,000,000원	○	있음	인수금: 70,000,000원 전액매수인 인수예상
9	전입 2015-08-02 확정 없음 배당 없음	권◯◯	주거임차인 203호		X	없음	권◯◯가 203호 권◯◯은 임◯◯의 자임
10	전입 2015-05-26 확정 2015-05-26 배당 2015-06-10	이◯◯	주택임차권자 201호	【보】 35,000,000원	○	없음	경매기입등기이후전입 내용보기
11	전입 2015-07-14 확정 2013-01-04 배당 2015-08-04	김◯◯	주거임차인 403호	【보】 55,000,000원	○	없음	경매기입등기이후전입 내용보기 확정일자가 전입일보다 빠를 경우 가족전입여부 확인 바랍니다.
- 보증금합계 : 642,000,000원 - 월세합계 : 100,000원								
* 압류의 법정기일이 빠른경우 또는 교부청구(당해세)로 대항력있는 임차인의 경우 전액배당 안될시 인수금액 발생할수있음.								

이렇게 임차인의 수가 많을 때는 그림을 그리면 알아보기 좋다. 먼저 각 호수에 해당하는 임차인을 적어넣는다.

　다음으로, 각 임차인들의 대항력과 우선변제권을 확인한다. 대항력을 확인하려면 일단 말소기준권리를 알아야 한다. 이 물건은 건물과 토지의 말소기준권리가 다르다. 이럴 경우 임차인의 대항력은 건물을 기준으로 판단한다. 때문에 이 물건의 말소기준권리일은 2015년 3월 25일이다.

건물 등기 사항		건물열람일 : 2016-01-04				등기사항증명서
구분	성립일자	권리종류	권리자	권리금액	상태	비고
갑1	2012-07-24	소유권	장▨		이전	보존
을1	2012-07-27	주택임차권	정▨	45,000,000원	있음	경매신청채권자 전입 : 2012-07-27 확정 : 2012-07-27
갑2	2015-03-25	가압류	우리은행	40,485,429원	소멸기준	
갑3	2015-03-25	가압류	우리은행	84,314,161원	소멸	
갑4	2015-04-24	가압류	성남수정새마을금고	315,141,340원	소멸	
갑5	2015-05-15	강제경매	정▨	청구: 45,000,000원	소멸	2015▨ (주택) 소액배당 6000 이하 2000 (상가) 소액배당 3800 이하 1300
을2	2015-05-26	주택임차권	이▨	35,000,000원	소멸	전입 : 2015-05-26 확정 : 2015-05-26
추가	2015-07-24	임의경매	성남수정새마을금고	청구: 330,198,969원	소멸	2015타경▨ 성남수정새마을금고
갑6	2015-09-14	압류	광주시		소멸	(징수과-150911)

토지 등기 사항		토지열람일 : 2015-07-07				등기사항증명서
구분	성립일자	권리종류	권리자	권리금액	상태	비고
갑1	1987-05-14	소유권	김▨		이전	매매
갑2	2011-11-30	소유권	장▨	(거래가)98,951,760원	이전	매매
을10	2011-11-30	(근)저당	성남수정새마을금고	390,000,000원	소멸기준	
을11	2011-11-30	지상권	성남수정새마을금고		소멸	
갑12	2014-12-30	압류	군포시		소멸	(교통과-53663)
갑13	2015-03-25	가압류	우리은행	40,485,429원	소멸	
갑14	2015-03-25	가압류	우리은행	84,314,161원	소멸	
갑15	2015-06-19	강제경매	정▨	청구: 45,000,000원	소멸	2015타경▨
추가	2015-07-24	임의경매	성남수정새마을금고	청구: 330,198,969원	소멸	2015타경▨ 성남수정새마을금고

명세서 요약사항	최선순위 설정일자 1번 2011.11.30.근저당 2번 2015.03.25. 가압류
소멸되지 않는 등기부권리	주택임차권자 접수번호 2014년 12월 16일 제89603호(임차보증금 45,000,000원, 전입일 2012. 7. 27, 확정일자 2012. 7 ,27.). 신청채권자로 배당에서 보증금이 전액 변제되지 아니하면 잔액을 매수인이 인수함
설정된 것으로 보는 지상권	해당사항 없음
주의사항 / 법원문건접수 요약	1. 일괄매각, 제시외건물포함 2, 4층 개별 호 표시가 현황과 다름 3. 임차인 및 임차권등기권자 중 전입일자가 건물의 최선순위 가압류등기일자보다 빨라 대항력이 인정되는 경우 배당받지 못한 보증금은 매수인에게 인수됨. 4. 특별매각조건 매수보증금 20% 2016-06-17 유치권자 주식회사 부자마을부동산 유치권 권리신고하서 제출 유치권신고가 되었으니, 물건변호별 유치권신고내역은 별도확인요망. 확정일자가 전입일보다 빼를 경우 가족전입여부 확인 바랍니다.

    건물의 말소기준권리일보다 전입이 빠른 임차인은 대항력이 있고, 전입이 늦은 후순위 임차인은 대항력이 없다. 전입, 확정, 배당요구를 한 임차인은 우선변제권을 가지게 된다. 이것도 그림에 써넣어 보자. (대항력이 있으면 대○, 없으면 대×, 우선변제권도 같은 방식으로 표시.)

이○○ 대×우×	강○○ 대○우○
201호	202호
203호	204호
권○○, 임○○ 대○우○	김○○ 대○우○

이○○ 대○우○	이○○ 대○우○
301호	302호
303호	304호
김○○ 대○우○	

유○○ 대○우○	김○○ 대○우○	옥탑방
401호	402호	
	403호	
	김○○ 대×우×	

두 명을 제외한 임차인 8명은 대항력이 있는 임차인이다. 전체 임차인의 보증금을 모두 합한 금액이 6억 4200만원이고, 선순위 임차인 8명의 보증금 합계가 5억 5200만원이다. 입찰자들은 6억 이상의 금액을 써냈기에 당연히 선순위 임차인들이 모두 배당을 받을 것이라 생각했을 것이다.

그런데 이 집의 선순위 임차인들보다 먼저 배당받는 사람이 있다. 바로 토지에 있는 근저당권자, 새마을금고이다. (2011년 11월 30일 새마을금고의 근저당이 3억 9000만원 설정되어 있다. 이 근저당 금액은 토지와 건물의 감정비율로 안분배당된다.) 다행스럽게도 소액임차인은 최우선변제권으로 먼저 배당이 되는데, 건물 근저당일이 기준날짜가 된다. (2011년 11월 30일 기준, 경기도 광주는 보증금 5500만원 이하일 때 1900만원을 최우선변제한다.)

그래서 이 물건의 예상배당표는 다음과 같다.

배당순위	권리종류	권리자	채권금액	배당할금액	배당금액
0순위	경매신청비용	정○	0	0	4,169,612
1순위	주택임차권(소액)	정○	45,000,000	19,000,000	19,000,000
1순위	주택소액임차인	김○	40,000,000	19,000,000	19,000,000
1순위	주택소액임차인	이○	37,000,000	19,000,000	19,000,000
2순위	(근)저당	성남수정새마을금고(토지)	390,000,000	390,000,000	241,412,560
3순위	확정일자주택임차인	임○	80,000,000	80,000,000	80,000,000
4순위	주택임차권	정○	45,000,000	26,000,000	26,000,000
5순위	확정일자주택임차인	김○	40,000,000	21,000,000	21,000,000
6순위	확정일자주택임차인	김○	75,000,000	75,000,000	75,000,000
7순위	확정일자주택임차인	이○	37,000,000	18,000,000	18,000,000
8순위	확정일자주택임차인	강○	65,000,000	65,000,000	65,000,000
9순위	확정일자주택임차인	김○	75,000,000	75,000,000	53,417,828
10순위	확정일자주택임차인	유○	110,000,000	110,000,000	0
11순위	확정일자주택임차인	이○	70,000,000	70,000,000	0
12순위	압류	군포시	0	0	0
13순위	가압류	우리은행	40,485,429	40,485,429	0
14순위	가압류	우리은행	84,314,161	84,314,161	0
15순위	가압류	성남수정새마을금고	315,141,340	315,141,340	0
16순위	강제경매	정○	45,000,000	0	0
17순위	확정일자주택임차인	이○	35,000,000	35,000,000	0
18순위	강제경매	정○	45,000,000	0	0
19순위	임의경매	성남수정새마을금고	330,198,969	0	0
20순위	확정일자주택임차인	김○	55,000,000	55,000,000	0
21순위	압류	광주시	0	0	0

매각 예상가격 수정 (배당할 총금액): 641,000,000원

　대항력 있는 선순위 임차인 중 303호 김○○은 일부만, 401호 유○○과 302호 이○○는 전액 배당받지 못한다. 따라서 대항력 있는 이들의 보증금을 낙찰자가 인수해야 한다. 낙찰자는 잔금 외에 2억 200만원을 더 내야 한다는 이야기다. 낙찰자는 6억 4100만원이 아니라 8억 4300만원에 낙찰받은 셈이다.

　첫 낙찰자는 운좋게 불허가를 받았고, 두 번째 낙찰자는 보증금을 날리며 미납으로 잔금납부를 포기했다. 후에 이 물건은 3억 5천만원에 낙찰되었고 배당 종결되었다. (배당받지 못한 임차인들의 보증금까지 고려한 적절한 입찰금액이다.)

다가구나 원룸의 권리분석을 할 때는 다음 세 가지를 반드시 주의하자.
① 임차인의 대항력 기준은 건물 기준이다.
② 건물과 토지 상관없이 채권날짜 순으로 배당받는다.
③ 선순위 임차인과 소액임차인의 배당금을 꼼꼼히 체크하자.

배당을 연습해 보자

■ **배당연습 1 | 안분 후 흡수배당**

가압류는 안분배당 후에 흡수배당을 한다. 안분배당은 어떻게 하고, 흡수배당은 무엇인가. 단계별로 뜯어 살펴보자. 예시의 총 배당금액은 6300만원이다. 채권자들을 A부터 G까지 순서대로 쭉 줄세워 보았다. A부터 G까지 총 채권금액은 9000만원이다.

배당금액 총 6300만원
A: 가압류 - 2000만원(말소기준권리)
B: 근저당 - 2000만원
C: 근저당 - 1000만원
D: 가압류 - 1000만원
E: 근저당 - 1000만원
F: 가압류 - 1000만원
G: 근저당 - 1000만원
채권금액 총 9000만원

A가압류가 맨 위에 있다. 맨 위에 있으니 A가압류가 말소기준권리가 된다. 말소기준권리가 되는 A가압류 밑에 근저당이 있고, 또 가압류가 있고, 근저당이 있고…. (물론 현실에서 이런 채권자들을 볼 수는 없다. 이렇게 빚이 많은 집에 돈을 빌려주는 근저당권자가 세상 어디 있겠나. 연습문제용 예시일 뿐이다.)

1단계
A가압류 : 6300 × (2000 ÷ 9000) = 1400 → 확정
B근저당 : 6300 × (2000 ÷ 9000) = 1400 (+600 = 2000)
C근저당 : 6300 × (1000 ÷ 9000) = 700 (+300 = 1000)
D가압류 : 6300 × (1000 ÷ 9000) = 700

E근저당 : 6300 × (1000 ÷ 9000) = 700
F가압류 : 6300 × (1000 ÷ 9000) = 700
G근저당 : 6300 × (1000 ÷ 9000) = 700

1단계 배당을 해보자. 총 9000만원의 배당금액을 비율별로 나누어준다. 비율별로 나누어주는 것을 안분한다고 한다.
A의 채권은 2천만원이니 2천만원÷9천만원을 하여 총 배당금액 6300만원을 곱한다. 같은 방법으로 계속 계산해 보자. 맨 위 A가압류의 배당금은 1400만원. 1400만원은 확정이다. 그 다음에 B근저당 1400만원, C근저당 700만원이다.
그런데, D는 가압류다. 근저당은 가압류보다 훨씬 세서 가압류를 흡수한다. 근저당이 가압류 배당금을 뺏어온다. 즉, B와 C 근저당이 D가압류 이하의 배당금을 흡수한다.
자, C근저당과 D가압류 사이에 줄을 한번 쭉 그어보자. 원래 6300만원을 똑같이 나눠가지면 B근저당 배당금이 1400만원이었다. 하지만, D가압류 밑의 금액을 뺏어온다. 쫘~~악 흡수해 버린다. 이것을 흡수배당이라고 한다. 근저당은 가압류 이하 금액을 쫙 흡수해 자기 몫을 다 챙긴다. B근저당은 부족한 600만원을 흡수해서 2000만원이 된다. 근저당 C도 자기 몫을 챙겨서 1000만원을 채운다. 이것이 안분 후 흡수배당이다. 일단 안분배당을 한 후 가압류를 만나면 부족한 자기 몫을 쫙 땡긴다. 그랬더니 밑의 D, E, F, G는 700만원씩 가질 수 없게 되었다. 확정된 A, B, C를 제외한 나머지 채권은 남은 배당 금액으로 2단계 배당계산을 다시 해야 한다.
앞선 근저당에 흡수당하고 남은 배당금은 총 1900만원이다. 또 나누어보자. 1900만원 가지고 나머지 채권을 안분배당한다. D, E, F, G의 빚을 다 합하면 4000만원이다.

2단계
D가압류 : 1900 × (1000 ÷ 4000) = 475 → 확정
E근저당 : 1900 × (1000 ÷ 4000) = 475 (+525=1000)
F가압류 : 1900 × (1000 ÷ 4000) = 475
G근저당 : 1900 × (1000 ÷ 4000) = 475

D가압류는 1000만원÷4000만원에 총 배당금 1900만원을 곱한다. 그랬더니 D가압류는 475만원으로 배당금이 확정되었다. 다음 E는 근저당이다. 그 밑에 또 가압류가 있다.
E와 F 사이에 줄을 쫙 그어주자. 이제 E근저당이 밑의 배당금을 흡수할 차례다. 힘센 놈(근저당)이 힘없

는 놈(가압류) 것을 쫙 뺏어 흡수한다. E근저당은 525만원을 흡수해 자기 몫 1000만원을 채운다. 역시 근저당이 최고다.
이제 남은 돈은 425만원뿐이다. 같은 방법으로 F와 G에게 안분배당을 한다.

3단계   F가압류 : 425×(1000÷2000)=212.5 → 확정
G근저당 : 425×(1000÷2000)=21

F가압류는 212.5만원 확정이다. G근저당은 남은 돈 212.5만원만 배당받는다. 현실에서는 이런 근저당이 있을 리 없다.
이것이 안분 후 흡수배당이다. 이런 방법으로 계산하여 배당표를 만든다.

■ 배당연습 2 | 최우선변제금액 날짜 적용

이번에는 최우선변제금액 날짜를 적용하는 배당방법을 알아보자. 우리가 기본적으로 알고 있는 것은 '저당권 등이 등기된 날짜 기준으로 최우선변제금액이 정해진다'는 것이다. 맞다. 맞긴 맞는데 정확한 배당금액과는 미묘한 차이가 있다. 최우선변제권을 가진 임차인이 예상 최우선변제금액보다 더 받아가기도 한다. 왜 그럴까?
배당금액이 2억원인 서울 지역의 예를 들어보자.

▶ 배당금액 2억원 서울 지역

A : 근저당(2013. 12. 28) - 1억 2000만원
B : 임대차(2013. 12. 30) -   7000만원
C : 근저당(2014. 01. 02) - 1억 2000만원
D : 임대차(2014. 01. 04) -   8000만원

이 집에는 두 개의 근저당과 두 명의 임차인이 있다.
A은행에서 2013년 12월 28일 설정한 근저당 1억 2000만원이 있고, 첫 번째 임차인 B가 2013년 12월 30일에 7000만원에 이사 들어와 살고 있다. C근저당은 2014년 1월 2일에 1억 2000만원이 있고 또 다른 D세입자가 1월 4일에 8000만원에 들어왔다. 오래된 다가구 물건에서 볼 수 있는 모양새다.
이제 배당을 해보자.

1단계	A근저당 날짜에 해당하는 B의 소액임차보증금 2500만원
	A근저당 1억 2000만원 → 남은 배당금 5500만원
2단계	C근저당 날짜에 해당하는 B의 소액임차보증금 500만원
	D의 소액임차보증금 3200만원 → 남은 배당금 1800만원
3단계	남은 금액 C근저당 1800만원 배당

말소기준권리인 A근저당 날짜는 2013년 12월 28일이다. 이 시기 서울 기준 소액임차인은 보증금 7500만원 이하일 때 최우선변제금액이 2500만원이다.

1단계 계산을 보자.

가장 먼저 A근저당 날짜에 해당하는 B의 소액임차보증금이 1순위로 배당된다. B의 배당금은 2500만원이다. 두 번째 임차인 D는 보증금이 8000만원이기 때문에 소액임차인이 되지 못한다. 다음으로 A근저당 1억 2000만원을 배당하고 배당금액이 남는다. 배당금액이 남지 않으면 나머지 권리는 배당받지 못한다.

2단계 계산을 하자.

C근저당 날짜는 2014년 1월 2일이다. 이 시기 서울 기준으로 소액임차인은 보증금 9500만원 이하일 때 최우선변제금이 3200만원이다. B임차인은 C근저당 날짜를 기준으로 하면 700만원을 더 받아서 3200만원까지 배당받을 수 있다. C기준으로는 D도 소액임차인이므로 3200만원을 배당받는다. 결국 B도 3200만원을 받고 D도 3200만원을 받는다.

3단계로, 나머지 남는 금액 1800만원을 C근저당이 받는다.

배당표를 보면 이렇게 나온다.

1	B소액	2500만원
2	A근저당	1억 2000만원
3	B소액 추가	700만원
	C기준 D소액	3200만원
4	C근저당	1600만원

Interview ⑧

유치원 선생님에서 부동산 투자자로 대변신!

ID : 벨라
키워드 : 5년차 전업투자자

Q 얼마 전 직장을 그만두셨다고요.

A 제 직업은 유치원 선생님이었습니다. 아이들을 무척 좋아해서 선택한 직업인데 경매 공부를 하다 보니 좀 더 매진하고 싶은 마음에 일을 그만두었는데요, 지금 와서 생각해 보니 직장생활을 하면서 부동산 투자도 같이 하는 게 좋은 것 같아요. 부동산 투자라는 게 바쁠 때는 아주 바쁘지만 자본 여력이나 타이밍이 어느 정도 맞춰지지 않으면 잠시 멈출 수밖에 없거든요. 직장이 있다면 심적으로도 안정이 되고, 적당한 매도 타이밍까지 기다릴 수 있는 여유가 생겨 더 좋을 것 같아요.

Q 언제부터 경매에 빠지셨나요?

A 경매를 알게 된 것은 5년쯤 전입니다. 부동산 문외한이었던 저는 권리분석도 낯설고, 과연 내가 할 수 있을까 하는 두려움이 많았습니다. 임장 가서 쭈뼛거리며 말도 못하고, 임장 간 집의 초인종을 누르면서 속으로는 '제발 아무도 없어라. 없어라' 외치기도 했지요. 부동산 사장님께 쫓겨난 적도 많고요. 지금은 다 추억입니다.

수많은 시행착오를 거쳐 조금씩 성장한 것 같습니다. 지금은 임장 나가기 전에 미리 조사를 하고, 현장에서는 제가 궁금한 사항들을 빼놓지 않고 확인하고, 부동산 사장님들과도 좋은 관계를 유지하려고 노력합니다. 경매법정에서의 에피소드도 많지요. 입찰서류를 넣어놓고는 '되면 어떻게 하지?'라는 불안감에 떨기도 했어요. 지금 생각하면 아쉬움도 많지만, 패찰의 소소한 경험들이 쌓여 더 좋은 물건을 알아보는 눈을 가지게 된 것 같습니다. 경매를 처음 시작하는 분이라면 패찰에 너무 낙담하지 않으셨으면 좋겠습니다.

Q 경매를 하고 제일 기뻤던 순간이 언제예요?

A 제 첫 낙찰 이야기를 해드릴까요? 연이은 패찰에 지쳐갈 때쯤 세라님이 실거주로 살기 딱 좋은 아파트를 하나 추천해 주셨습니다. 몇 번을 방문하여 배운 대로 이것저것 물어보며 확인하고 또 확인하였지요.
처음으로 낙찰을 두려워하지 않고 '정말 됐으면!!' 했던 물건이었습니다. 경매법정에서 제 이름이 불렸을 때의 짜릿함이란…. 대출상담사들이 주는 명함을 연예인처럼 받으며 나올 때의 기분은 최고였습니다.

명도도 아주 수월했습니다. 10월 말에 낙찰받고 찾아간 관리실에서 집주인 전화번호를 알려주더군요. 그날 바로 통화가 됐습니다. "11월 중순에 나갈게요. 이사비도 필요 없으니 공사비에 보태세요." 전 주인은 이렇게 말하며 쿨하게 전화를 끊으셨고, 잔금납부 전에 나가셨지요.

그야말로 꿀.명.도였습니다.

Q 정말 아무 문제도 없었나요?

A 현관문 열기 전까지진 정말 운이 좋다고 생각했어요. 아파트 현관문을 열고 들어선 순간 전 주저앉고 말았습니다. 집 안에 온통 악취가 진동했어요. 하얀색 씽크대는 담배 니코틴에 절어 베이지색으로 변해 있고, 방마다 쓰레기와 함께 갖가지 짐들이 그대로 있었습니다. 쓰레기들이 온 집에 발디딜 틈 없이 널브러져 있는데, 화장실은 참혹 그 자체였습니다. 몇 년째 청소를 한 번도 안 한 것 같았지요.

전 주인분이 "냉장고와 옷가지 좀 버려주세요" 하시더니, 정말 몸만 나가신 거죠. 〈세상에 이런 일이〉에 나오는 집이 이보다 더할까요.

마음을 다잡고 하나씩 정리를 시작했습니다. 제가 직접 살 집인걸요. 지인들을 동원해서 짐을 꺼냈는데, 다들 그날 식사를 할 수 없을 정도였습니다. 짐을 다 들어내고, 누런 새시를 죽어라 닦고 나니 원래 색인 흰색이 보였습니다. 씽크대와 타일은 교체하고, 악취가 빠질 것 같지 않던 화장실도 리모델링하였습니다. 벽체와 새시만 빼놓고 할 수 있는 공사는 다 했지요.

지금 저희 집요? 매우 아름답습니다.

Q 첫 경매에서 기억에 남는 점이 더 있나요?

A 이 집에는 미납 도시가스비가 좀 많았는데요. 미납 공과금은 낙찰자가 인수하지 않습니다. 잔금납부 후 소유권이전을 마치고, 집주인 주민등록번호가 나오게 등기부등본을 뽑은 후 도시가스 계량기 사진을 찍어 도시가스요금 청구분리신청서를 작성하여 미납 도시가스비를 깨끗이 정산한 것이 기억에 남습니다.

Q 부동산, 도대체 어떤 걸 골라야 할까요?

A 제가 물건을 고를 때는 한꼼꼼 합니다. 권리관계는 당연하구요, 그외에도 확인할 내용이 많습니다.

1. 신규 분양 체크. 분양물건이 많으면 제 물건이 역전세난을 겪을 수도 있거든요. 기존 아파트가 새 아파트와 나란히 붙으면 경쟁에서 이길 수 없습니다.
2. 주부 선호 체크. 초등학교와 인접하고, 엄마들이 선호하는 아파트가 좋은 물건입니다.
3. 직장인 편리. 서울과 인접하고 직장인이 출근하기 편한 버스노선이 있는 아파트도 좋습니다.

4. 리모델링. 저는 항상 최선의 리모델링을 합니다. 예쁜 집은 다른 집보다 전세가가 높더라도 빠르게 세입자를 구할 수 있습니다.

열심히 고민하고 투자를 했지만, 돌이켜보면 아쉬움도 있습니다.

초기 갭투자시 갭이 적은 것만을 우선시했는데요, 지금은 갭 차이가 나더라도 향후 더 오를 수 있는 지역에 투자하고자 합니다. 갭차이가 적게 나더라도 오를 지역이 아니라면, 시세차익이 목적인 갭투자의 본질에서 보면 실패이지요.

Q 또 도움이 될 만한 이야기가 있을까요?

A 부동산 투자를 할 때 중요한 점 많지요. 그중 가장 중요한 것은 같이 갈 수 있는 파트너입니다. 서로 밀어주고 땡겨주는 사람이 필요합니다. 아마도 제게 임장 파트너가 없었더라면 지금 같이 쭉 부동산의 길을 걷고 있지 못했을 거예요. 부동산은 왜 배워도 배워도 끝이 없는지, 제가 다 알지 못하기에 아는 지식은 나누고 모자란 부분은 채워줄 사람이 있어야 합니다. 지금의 임장 파트너와 지인들, 제게는 정말 소중한 인연입니다.

둘째, 나름 공부도 필요합니다.

경매로 부동산을 시작했지만, 경매시장이 지나치게 과열되어 실수요자 위주의 낙찰가를 보일 때는 제가 시장을 이길 방법이 없겠다는 생각이 들었습니다. 투자를 여러 건 하다 보니 MCI(모기지신용보험), MCG(모기지신용보증)도 소진돼 다른 방법을 찾아야 했지요. 특히 다른 투자자들의 이야기에 귀를 기울였는데요, 부동산 투자계의 유명 블로거들의 글을 많이 탐독하였습니다. 블로그를 보며 내 생각을 수정도 하고, 그들의 경험담을 내 것으로 만들기 위해 노력했지요. 카페나 블로그에 올라오는 강의도 많은데요, 모든 강의가 다 좋을 수는 없지만, 한 가지라도 배울 수 있다면 그걸로도 충분합니다.

세 번째, 매일 읽는 신문이 아주 중요합니다.

별거 아닌 거 같아도 조금씩 지식이 쌓이면, 보는 시야가 넓어집니다. 매일 신문을 읽고, 관심 있는 투자자의 블로그도 가끔씩 들여다보면서 카페 내 정기 스터디모임에서 해이해지는 정신을 다잡고 자극받을 것, 이것이 제가 투자하는 힘입니다. 그리고 공부도 중요하지만, 발품을 팔고 다니며 현실적인 감각을 키우는 것은 필수입니다.

Q 마지막으로 한마디 해주세요.

A 경매를 처음 하는 분들은 열정이 활활 타오릅니다. 직장보다도, 다른 어떤 일보다도 부동산이 우선하지요. 그러면서 없는 시간도 내서 했던 공부를 바빠서 못하겠다는 핑계로 멀리하게 됩니다. 그럴 때 다른 투자자분들을 만나세요. 카페나 스터디모임을 다녀오면 다시 공부하고 다시 도전할 힘이 생길 겁니다. 저처럼요. 꾸준하게 포기하지 않으면 평범한 사람도 투자자의 삶을 살 수 있습니다. 독자님을 응원합니다.

이제,
돈 되는 경매다

열째 마당

집 있는 곳에 세금이 있다

58 | 부동산을 살 때 내야 하는 세금

59 | 부동산을 가지고 있을 때 내야 하는 세금

60 | 부동산을 팔 때 내야 하는 세금

61 | 임대사업자, 어떤 세금을 어떻게 낼까?

62 | 임대사업자의 사업소득, 임대소득세

부동산을 살 때 내야 하는 세금

2017년 8월 2일 정부는 '주택시장안정화방안'을 발표했다. 서울과 수도권에서 지나치게 과열된 지역을 투기지역, 투기과열지구, 조정대상지역으로 지정하고, 특별관리하기로 한 것이다. 특히 재건축, 재개발, 다주택자에 대한 규제를 강화했는데, 투기과열지구 및 투기지역의 집을 살 때 대출을 규제하고, 양도세를 중과하는 것이 주요 내용이다.

부동산 세금은 총 3번 내야 한다.

- **부동산을 살 때** : 취득세 (농어촌특별세, 지방교육세는 취득세에 덧붙여 내는 세금)
- **부동산을 보유할 때** : 재산세(지방교육세, 지역자원시설세), 종합부동산세(농어촌특별세)
- **부동산을 팔 때** : 양도소득세(지방소득세)

> **조정대상지역(75개)**
>
> 서울 전 지역('17.8.3) / 경기 – 과천('17.8.3), 성남분당('17.9.6), 광명, 하남('18.8.28), 수원, 성남수정, 안양, 안산단원, 구리, 군포, 의왕, 용인수지·기흥, 동탄2('20.6.19) / 인천 – 연수, 남동, 서('20.6.19) / 대전 – 동, 중, 서, 유성('20.6.19) / 대구 – 수성('17.9.6) / 세종('17.8.3)
>
> **투기과열지구(48개)**
>
> 서울 전 지역('16.11.3)/ 경기 – 과천, 성남, 하남, 동탄2('16.11.3), 광명('17.6.19), 구리, 안양동안, 광교지구('18.8.28), 수원팔달, 용인수지·기흥('18.12.31), 수원영통·권선·장안, 안양만안, 의왕('20.2.21), 고양, 남양주[1], 화성, 군포, 안성[2], 부천, 안산, 시흥, 용인처인[3], 오산, 평택, 광주[4], 양주, 의정부('20.6.19), 김포[5]('20.11.20) / 인천 – 중, 동, 미추홀, 연수, 남동, 부평, 계양, 서('20.6.19) / 대전 – 동, 중, 서, 유성, 대덕('20.6.19)/ 부산 – 해운대, 수영, 동래, 남, 연제('20.11.20), 수성('20.11.20) / 세종[6]('16.11.3) / 청주[7]('20.6.19)

주1) 화도읍, 수동면 및 조안면 제외
주2) 일죽면, 죽산면 죽산리·용설리·장계리·매산리·장릉리·장원리·두현리 및 삼죽면 용월리·덕산리·율곡리·내장리·배태리 제외
주3) 포곡읍, 모현읍, 백암면, 양지면 및 원삼면 가재월리·사암리·미평리·좌항리·맹리·두창리 제외
주4) 초월읍, 곤지암읍, 도척면, 퇴촌면, 남종면 및 남한산성면 제외
주5) 통진읍, 대곶면, 월곶면, 하성면 제외
주6) 「신행정수도 후속대책을 위한 연기·공주지역 행정중심복합도시 건설을 위한 특별법」제2조제2호에 따른 예정지역에 한함
주7) 낭성면, 미원면, 가덕면, 남일면, 문의면, 남이면, 현도면, 강내면, 옥산면, 내수읍 및 북이면 제외

(2020.11.19. 기준)

괄호 안은 부가세다. 주요 세금에 따라붙는 세금을 부가세라고 하는데, 주요 세금 항목에 더해 정해진 비율로 부과된다. 이 책에서는 세금의 주요 부분만 설명한다. 부가세는 그냥 내는 거다. 설명은 생략하고 세율만 표시한다.

참고로, **임대소득세**는 부동산 세금이 아니다. 소득에 대한 세금이기에 소득세에 속한다.

부동산을 샀다면

취득세는 부동산을 취득한 날로부터 60일 이내(상속은 상속개시일이 속한 달의 말일부터 6개월 이내)에 부동산 소재지 관할관청에 신고납부해야 한다.

경매에서 취득세는 잔금납부와 동시에 내야 한다. 소유권이전등기를 할 때 취득세 납부영수증을 첨부해야 하기 때문이다. 취득세액 계산은 간단하다. 85m² 이하 6억원 이하 주거용 물건은 낙찰가의 1.1%, 상업용이나 토지는 낙찰가의 4.6%다. 고가주택이거나 큰 평형의 취득세율은 아래 표를 참고하자.

다주택자도 세율이 같다. (2014년부터 다주택자의 취득세 중과제도가 폐지되었다.)

구분		취득세	농어촌 특별세	지방교육세	합계세율
6억 이하 주택	85m² 이하	1%	비과세	0.1%	1.1%
	85m² 초과	1%	0.2%	0.1%	1.3%
6억 초과 9억 이하 주택	85m² 이하	1~3%	비과세	0.2%	1.2~3.2%
	85m² 초과	1~3%	0.2%	0.2%	2.4~3.4%
9억 초과 주택	85m² 이하	3%	비과세	0.3%	3.3%
	85m² 초과	3%	0.2%	0.3%	3.5%
2주택	조정지역	8%	0~0.2%	0.1~0.3%	8.1~8.5%
	비조정지역	1주택자 동일			1.1~3.5%
3주택	조정지역	12%	0~0.2%	0.1~0.3%	12.1~12.5%
	비조정지역	8%			8.1~8.5%
4주택 이상 전지역, 법인명의		12%	0~0.2%	0.1~0.3%	12.1~12.5%
무상취즉(증여)		3.5%	0.2%	0.3%	4%
조정지역내 3억 이상 주택 (단 1주택자가 직계존비속 동여시 3.5%)		12%	0.2%	0.3%	12.5%
원시취득, 상속(농지외)		2.8%	0.2%	0.16%	3.16%
주택외(토지건물) 오피스텔		4%	0.2%	0.4%	4.6%

59 부동산을 가지고 있을 때 내야 하는 세금

이제, 돈 되는 경매다

부동산을 가지고 있다면

1 | 재산세

매년 6월 1일 현재 토지와 건물 등을 사실상 보유한 사람에게 재산세가 부과된다. 납부는 7월과 9월 두 번에 걸쳐 내는데, 언제 낼까 고민할 필요 없다. 내야 할 때가 되면 친절하게도 관할기관에서 납부고지서를 우편발송해 준다(고지납부라고 한다).

대상	납부기한	납부방법	소관기관
건물분 재산세 주택분 재산세 1/2	7월 16일~7월 31일	고지납부	시청·군청·구청
토지분 재산세 주택분 재산세 1/2	9월 16일~9월 30일		

주택분 재산세는 두 번에 걸쳐 나누어 부과되는데, 금액이 10만원 이하인 경우 7월에 전액 고지될 수도 있다. 재산세는 물건지 시군구청에서 부과한다(부동산을 여러 개 가지고 있다면 고지서도 물건 수만큼 받는다. 한 지역에 여러 개 있으면 모아서 부과하기도 한다).

재산세는 고지납부이기에 굳이 세금 계산을 할 필요가 없다. 어차피 공무원이 계산해서 부과하는 세금이다.

아래 과세표준과 세율은 참고만 하자.

■ 재산세 과세표준

구분	과세대상	시가표준액	재산세 과세표준
주택분	주택과 부속토지	주택 공시가격	시가표준액×공정시장가액비율 (60%)
건물분	일반건물	지방자치단체장이 결정한 가액	시가표준액×공정시장가액비율 (60%)
토지분	종합합산토지 별도합산토지	개별공시지가×면적(m²)	시가표준액×공정시장가액비율(70%)

■ 재산세 세율

과세대상	과세표준	세율	비고
주택	6천만원 이하	0.1%	별장 4%
	1억 5천만원 이하	6만원+6천만원 초과금액의 0.15%	
	3억원 이하	19만 5천원+1.5억원 초과금액의 0.25%	
	3억원 초과	57만원+3억원 초과금액의 0.4%	

과세대상	과세표준	세율	비고
건축물	골프장, 고급오락장	4%	과밀억제권역 안의 공장 신·증설 (5년간 1.25%)
	주거지역 및 지정지역 내 공장용 건축물	0.5%	
	기타 건축물	0.25%	
나대지 등 (종합합산과세)	5천만원 이하	0.2%	
	1억원 이하	10만원+5천만원 초과금액의 0.3%	
	1억원 초과	25만원+1억원 초과금액의 0.5%	
사업용토지 (별도합산과세)	2억원 이하	0.2%	
	10억원 이하	40만원+2억원 초과금액의 0.3%	
	10억원 초과	280만원+10억원 초과금액의 0.4%	
기타토지 (분리과세)	전·답·과수원·목장용지 및 임야	0.07%	
	골프장 및 고급오락장용 토지	4%	
	위 이외의 토지	0.2%	

2 | 종합부동산세

2005년에 신설되었으며 보유 중인 주택 및 토지 가격이 일정 금액 이상인 사람에게 부과된다. 집과 토지가 많은 사람에게 부과된다고 해서 일명 '부자세'라고도 불린다. (집 많다고 부자는 아닌데…. 종합부동산세는 대출이 많은 것은 상관하지 않는다.)

부동산 투자를 하는 우리에게 중요한 세금 항목이다. 정신 집중!!

종합부동산세는 ① 매년 6월 1일 기준 주택 및 토지분 재산세의 납부의무자로서 국내에 있는 재산세 과세 대상인 ② 주택 및 토지의 공시가격의 합계액이 ③ 일정 금액을 초과하면 그 초과분에 대해서 부과되는 세금이다.

■ 종합부동산세 과세 유형

과세대상 유형 및 과세단위의 구분		공제금액
주택	인별 전국 합산	6억원 (1세대 1주택자 9억원)
종합합산토지(나대지, 잡종지 등)		5억원
별도합산토지(일반건축물의 부속토지 등)		80억원

- 6월 1일을 기준으로 각 개인이 가진 부동산을 합산한다. (6월 1일은 재산세 과세 기준일이기도 하다. 집을 팔 때는 5월 29일이, 집을 살 때는 6월 2일이 유리하다. 종합부동산세는 인별 과세다. 부부도 각 개인으로 본다.)
- 주택 및 토지의 공시가격 기준이다. 현 거래시세가 아니다. 공시가는 매년 4월 30일(토지는 5월 31일) 공시되는데, 국토교통부의 부동산공시가격알리미(www.realtyprice.kr)에서 열람할 수 있다.
- 일정 금액을 초과하면 부과된다.

지금부터가 매우 중요하다. 다주택자일 때 개인이 가진 주택을 모두 합해 공시가격 6억원 이상이면 종합부동산세 부과 대상자이다. 집 몇 채만 있어도 금방 6억이다. 전세를 들이거나 은행 대출을 가득 받아 산 집도 예외가 없다. 전세금이 얼마이든, 은행 대출이 얼마건 상관없이 공시가격이 6억을 넘으면 종합부동산세가 부과된다. 단돈 몇 십만원의 임대수익을 얻으려고 다주택자가 된 임대사업자에게 종합부동산세는 상당히 부담스러운 세금이다.

다행히 나라에서는 종합부동산세 과세 대상에서 제외해 주는 '합산배제 임대주택'이라는 제도를 두었다.

■ 합산배제 임대주택

	임대주택유형	전용면적	주택 수	공시가격	임대기간	임대료
단기	매입임대주택	–	전국 1호 이상	6억원 이하 (비수도권 3억 이하)	5년 이상	증가율 5% 이하
	건설임대주택	149m² 이하	전국 2호 이상	6억원 이하	5년 이상	증가율 5% 이하
장기	매입임대주택 중 장기일반민간임대주택등	–	전국 1호 이상	6억원 이하 (비수도권 3억 이하)	10년 이상	증가율 5% 이하
	건설임대주택 중 장기일반민간임대주택등	149m² 이하	전국 2호 이상	9억원 이하	10년 이상	증가율 5% 이하
기타	기존임대주택	국민주택규모 이하	전국 2호 이상	3억원 이하	5년 이상	
	미임대 민간 건설임대주택	149m² 이하	–	6억원 이하	–	
	리츠·펀드 매입임대주택	149m² 이하	비수도권 5호 이상	6억원 이하	10년 이상	
	미분양 매입임대주택	149m² 이하	비수도권 5호 이상	3억원 이하	5년 이상	5년 이상

임대주택 유형이 여러 가지다. 낙찰받은 혹은 매매로 산 물건은 임대주택 유형 중 '매입임대주택'에 해당한다. 1채부터 등록 가능하며 5년 이상 임대를 해야 종합부동산세 합산배제가 가능하다(의무임대기간은 4년이지만, 종부세 때문에 5년 임대를 해야 하는 셈이다). 나머지 임대주택 유형은 일반인이 신경쓸 범주가 아니다. (미분양 매입임대주택은 미분양된 아파트로 임대하라는 건데, 분양 안 된 집이 임대가는 괜찮을까.) 그외 종합부동산세 합산배제에 해당하는 주택은 기숙사, 사원용 주택, 주택건설업장 미분양주택, 가정어린이집 주택 등이다.

종합부동산세 합산배제 주택으로 인정받으려면 ① 임대사업자등록(시군구청)과 ② 사업자등록(세무서)을 해야 한다.

1주택자라도 가진 주택이 9억을 넘으면

1주택자라도 가진 주택이 9억원을 넘으면 종합부동산세 대상자이다. 고가주택은 취득 시부터 부부가 공동소유로 하면 종합부동산세를 피할 수 있다. 종합부동산세는 부부 합산이 아니라 인별 과세이기 때문이다. 부부 공동명의로 하면 12억원까지는 종합부동산세를 피할 수 있다. 10억원의 주택이 남편 개인 명의라면 6억을 초과한 4억원에 대해 종합부동산세가 과세되지만, 부부가 함께 보유하고 있으면 각각 5억원으로 나눠져 종합부동산세 과세 대상이 아니다.

■ **종합부동산세 세율**

주택분						주택분 재산세		
과세표준	일반(2주택 이하)			3주택 등[1]		과세표준	세율	누진공제
	개인		법인[2]	개인	법인[2]			
	세율	누진공제		세율	누진공제			
3억원 이하	0.6%	–	3%	1.2%	–	6%	0.6억원 이하	0.1%	–
6억원 이하	0.8%	60만원		1.6%	120만원	1.5억원 이하	0.15%	3만원
12억원 이하	1.2%	300만원		2.2%	480만원	3억원 이하	0.25%	18만원
50억원 이하	1.6%	780만원		3.6%	2,160만원	3억원 초과	0.4%	63만원
94억원 이하	2.2%	3,780만원		5.0%	9,160만원			
94억원 초과	3.0%	11,300만원		6.0%	18,560만원			

1) 3주택 이상자 및 조정대상지역 2주택자
2) 법령에서 정하는 공공주택사업자 · 건설임대주택사업자 등은 일반누진세율 적용

고가주택 1주택자 중 고령자와 장기보유자는 세액공제를 해준다(고령자 60세 이상 10%, 65세 이상 20%, 70세 이상 30% / 장기보유자 5년 이상 20%, 10년 이상 40%).

> **종합부동산세 계산방법**
>
> (인별 전국 합산 공시가격 − 공제가격)×공정시장가액비율(80%) × 세율 − 법정공제세액(이미 낸 재산세 등)

종합부동산세는 과거 신고제였으나 현재 부과제로 전환되었다.

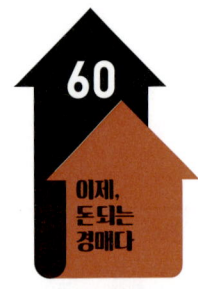

부동산을 팔 때 내야 하는 세금

부동산을 팔아 이익이 났다면

1 | 양도세

토지나 건물을 팔면 양도세가 부과된다. 양도세는 경우에 따라 비과세되기도 하고, 감면 방법도 여러 가지가 있다. 미리미리 감면 조항을 알아두면, 그 요건에 맞추어 절세할 수 있다.

비과세

① 1세대 1주택에 대한 양도소득세는 비과세이다. 양도일 기준 ② 2년 이상 보유(조정대상지역 내 2년 거주(신설))해야 하고, 거래가액이 ③ 9억원 이하여야 한다.

비과세 요건은 매우 중요하다. 양도차액이 10억원이라도 비과세 요건에 해당되면 양도세를 한 푼도 안 내도 된다. 반대로 작은 집 하나 샀다가 어마무시한 양도세를 내야 할 수도 있다. 부동산 세금 중 가장 중요한 양도세 비과세 요건에 대해 하나하나 알아보자.

① 비과세 요건 첫 번째는 1세대 1주택이다. 소유주가 살지 않고 전세를 주었어도 1주택만 가지고 있다면 비과세가 원칙이다. 그런데, 조정대상지역 내 주택은 2년 거주 요건을 충족해야 비과세 적용이 된다(2017년 8월 2일 신설. 2017년 8월 3일 취득부터 적용).

② 집이 두 채만 되어도 양도세 비과세 혜택을 받지 못한다. 그런데, 사람 사는 일이 어디 그런가. 이사를 준비하다 보면 일시적으로 집이 두 채가 될 수도 있고, 기타 다른 이유로 집이 두 채가 되는 일이 생긴다. 세법에서는 이를 위한 예외조항을 두었다.

- **일시적 2주택** : 두 번째 주택을 구입한 날로부터 3년 이내에 2년 이상 보유한 종전 주택을 팔면 비과세된다(기업의 지방 이전으로 인한 경우는 5년).
- **상속으로 2주택** : 본인이 살고 있던 집을 먼저 팔면 비과세된다.
- **노부모 합가 2주택** : 60세 이상의 직계존속(부모님, 장인장모님)과 합가 시, 두 집 중 5년 내 먼저 파는 집이 비과세된다.
- **결혼으로 2주택** : 집 가진 청춘남녀가 결혼을 해 2주택이 되었다. 멋지다. 5년 내 먼저 양도하는 집이 비과세된다.
- **농어촌 2주택** : 귀농을 장려하기 위한 혜택이다. 도시사람이 시골집을 사서 2주택이 된 경우, 기존 집을 먼저 팔면 비과세된다(2017년 12월까지 주는 혜택이며, 시골주택의 규모나 가격에 대한 복잡한 세부 규정이 있다).
- **취학 질병 2주택** : 취학, 전근, 질병 등의 이유로 수도권 밖의 주택을 산 경우 3년 내 기존 주택을 먼저 팔면 비과세된다(까다로운 세부 규정이 있다).

③ 1세대 1주택 과세특례 중 가장 중요한 부분이다(☆☆). 임대주택사업자가 거주하는 집은 1세대 1주택으로 보아 비과세한다. 임대용 주택은 주거용이 아닌 사업용으로 보아, 사업자가 거주하는 집을 팔 때 비과세하는 것이다.

임대주택사업자의 거주주택 비과세 특례는 다음 두 가지 요건이 동시에 성립되어야 한다.

첫째, 거주기간이 2년 이상일 것(임대사업자 등록을 한 날 이후부터)

둘째, 양도일 현재 장기임대주택을 임대주택으로 등록하여 임대하고 있을 것

* 장기임대주택과 그밖의 1주택을 소유하고 있을 때 적용한다. 즉, 살고 있는 집 외에 소유한 모든 주택이 임대주택으로 등록되어 있어야 한다.
* 거주주택을 장기임대주택의 의무임대기간(4년 이상) 전에 양도해도 비과세 적용된다. 다만, 장기임대주택의 의무임대기간을 충족하지 못하면 그 사유가 발생한 달의 말일부터 2개월 내에 비과세받은 양도소득세를 신고납부해야 한다.

양도세 감면

정부는 필요시 양도세 감면 카드를 꺼낸다. 현재 적용되고 있는 양도세 감면 카드 중에 가장 강력한 것은 준공공임대주택이다. 양도세 전액 감면은 아주 가끔 있는 이벤트다. 이런 건 적극 이용하도록 하자.

2018년 12월 31일까지 국민주택규모 이하의 집을 취득하고 3개월 이내에 장기임대주택으로 등록하고 10년 이상 임대하면 양도세가 전액 면제되었다. 지금은 장기보유특별공제로 감면받을 수 있다.

양도세 중과

2주택 이상 다주택자(조합원 입주권 포함)가 조정대상지역 내 주택 양도 시에는 양도소득세가 중과되고 장기보유특별공제도 적용받지 못한다. 개정 전에는 3년 이상 보유 시 보유기간에 따라 양도차익의 10~30%를 공제해 주었다.

■ **다주택자에게 적용되는 양도세율**

구 분	2주택자	3주택자 이상
현 행	양도차익에 따라 기본세율(6~40%) 적용	
개 정	기본세율 + 10%p	기본세율 + 20%p

▶ 다만, 장기임대주택 등 과거 양도세 중과 대상에서 제외되었던 주택 등은 이번 대책에서도 양도세 중과 및 장기보유특별공제 배제 대상에서 제외한다.

2주택 소유자 중 양도세 중과 제외 예시

- **일정 가격 이하 주택** : 기준시가 1억원 이하 주택(정비구역 내 주택 제외), 지방 3억원 이하 주택

- **장기임대주택** : 일정 호수 이상 주택을 건설하거나 매입해서 장기간 임대한 주택으로 일정 요건을 갖춘 주택

- **상속주택** : 상속일로부터 5년이 경과되지 않은 주택

- **장기사원용** : 종업원에게 10년 이상 무상으로 제공한 주택

- **근무형편 등** : 근무상 형편, 취학, 질병요양 등의 사유로 1년 이상 거주하고 직장문제, 학업, 치료문제가 해소된 후 3년 내 팔 경우

- **혼인·노부모 봉양** : 결혼일 또는 합가일로부터 5년이 경과되지 않은 주택

- **가정어린이집** : 지방자치단체에서 인가받고 국세청에 사업자등록한 후 5년 이상 가정어린이집으로 사용하는 주택

- **일시적 주택** : 새 집을 산 후 3년 이내에 기존 주택을 팔 경우

* 적용 시기는 2018년 4월 1일 이후 양도하는 주택부터다.

2 | 양도소득세 계산하기

양도세는 고지되는 세금이 아니다. 우리가 직접 신고납부해야 한다. 먼저 양도세 계산방법을 살펴보자.

■ **양도세 계산방법**

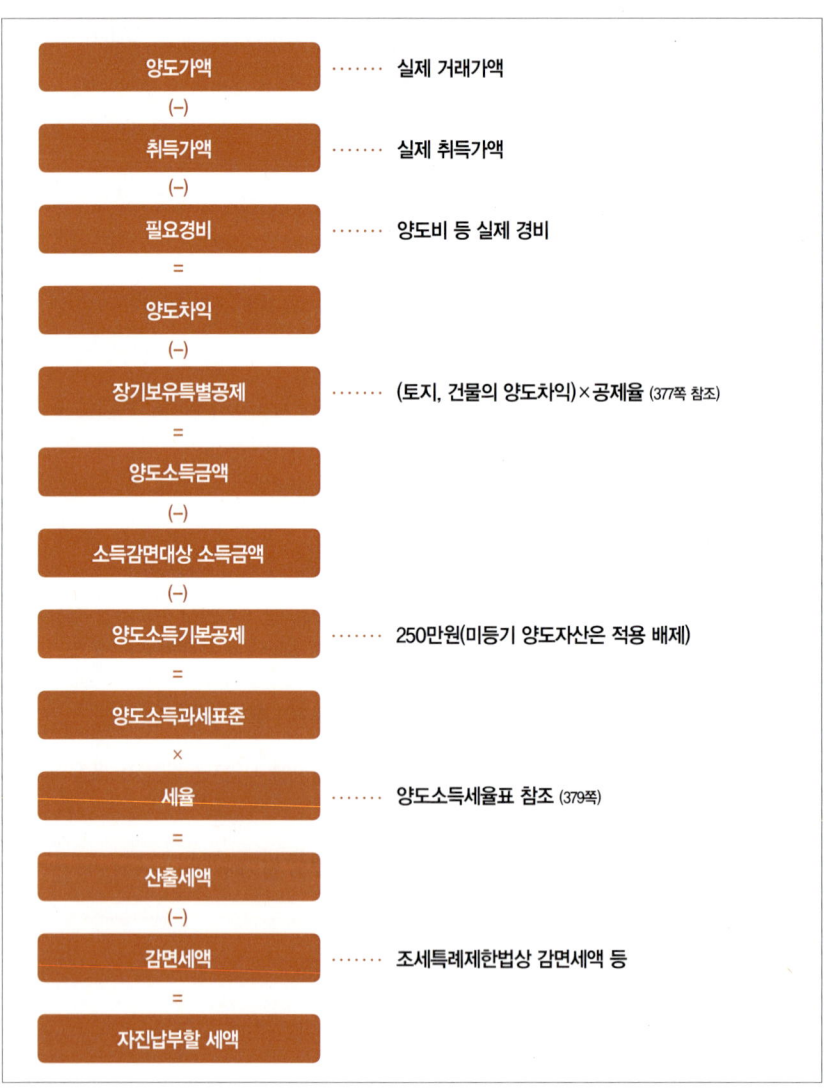

양도가액은 실제로 판 금액(실제 양도가액)이고, 취득가액은 예전에 산 금액(실제 취득가격)이다. 양도차익에서 중요한 건 필요경비다. 필요경비는 총 세 종류가 있다.

- **취득시 부대비용** : 취득세, 중개수수료 등 취득에 든 모든 비용
- **취득 후 발생한 자본적 지출 비용** : 취득 후 용도변경, 개량, 이용편의를 위한 비용/새시 설치, 발코니 개조, 난방시설 교체 비용/소유권 확보나 소유권 분쟁으로 인한 소송비용, 명도비용, 인지대 등 비용. 2016년 2월 17일 이후 지출한 비용은 신용카드영수증, 현금영수증, 세금계산서 등의 증빙서류가 있어야 인정받을 수 있다.
- **양도비용** : 계약서 작성 비용, 공증비용, 인지대, 중개수수료, 양도세 신고서 작성 비용 등

3 | 장기보유특별공제

부동산을 오래 보유하고 있다 팔면 양도차익에서 장기보유특별공제를 해준다. 주택의 경우 1세대 1주택이면 최대 80%까지 적용된다. 비사업용 토지도 2017년 1월부터 적용하고 있다(조정대상지역 내 2주택 이상 다주택자는 적용받지 못한다. 2018년 4월 1일 양도부터 적용. 2017년 8월 2일 신설).

■ 장기보유특별공제율

공제율	3년 이상	4년 이상	5년 이상	6년 이상	7년 이상	8년 이상	9년 이상	10년 이상
토지 건물	10%	12%	15%	18%	21%	24%	27%	30%
1세대 1주택	24%	32%	40%	48%	56%	64%	72%	80%

임대주택 추가 혜택

'민간임대주택에 관한 특별법'에 따라 장기임대주택을 6년 이상 임대 후 양도할 때 임대기간에 따라 아래와 같이 추가 공제율을 더한다. 이때 기간은 임대를 시작한 날로부터 본다.

6년 이상~7년 미만 → 추가 공제율 2%
7년 이상~8년 미만 → 추가 공제율 4%
8년 이상~9년 미만 → 추가 공제율 6%
9년 이상~10년 미만 → 추가 공제율 8%
10년 이상~ → 추가 공제율 10%

> **장기임대주택이란**
> 민간매입임대주택 : 1호 이상. 임대개시일 당시 주택 기준시가 6억원(수도권 밖 3억원) 이하
> 건설임대주택 : 2호 이상. 대지면적 298m² 이하 주택으로 연면적(공용주택은 전용면적) 149m² 이하

4 | 양도소득 기본공제

부동산 양도시 연간 250만원을 기본공제한다. 1년에 2회 이상 양도시 먼저 양도한 금액에서 공제한다.

5 | 세율

계산 후 나온 양도소득 과세표준에 세율을 곱하면 산출세액이 나온다.

> **복잡한 양도소득세, 그냥 계산기를 두들겨보자**
> 국세청 홈택스 사이트에 가면 온갖 세금계산기가 준비되어 있습니다. '모의계산'을 클릭해 들어가면 양도세 계산기를 이용할 수 있어요.

■ 「소득세법」 제 55조 세율

과세표준	기본세율	누진공제액
1,200만원 이하	6%	–
4,600만원 이하	15%	108만원

과세표준	기본세율	누진공제액
8,800만원 이하	24%	522만원
1.5억원 이하	35%	1,490만원
3억원 이하	38%	1,940만원
5억원 이하	40%	2,540만원
10억원 이하	42%	3,540만원
10억원 초과	45%	6,540만원

■ 「소득세법」 제104조 세율

구분		세율	
		'21.5.31.까지	'21.6.1.이후
조정대상지역 소재 주택	2주택자	기본세율 + 10%	기본세율 + 20%
	3주택 이상자	기본세율 + 20%	기본세율 + 30%
	분양권	50%	1년 미만 → 70% 1년 이상 → 60% (조정대상지역내·외 구분 없음)
주택 보유기간별	1년 미만 보유 주택·조합원 입주권	40%	70%
	1년 이상 2년 미만 보유 주택·조합원 입주권	기본세율	60%
	2년 이상 보유 주택·조합원 입주권	기본세율	기본세율
미등기 양도주택		70%	70%

임대사업자, 어떤 세금을 어떻게 낼까?

"임대사업자를 내는 것이 좋은가요?"

답은 그때그때 다르다. 임대사업은 말 그대로 사업이다. 많고 많은 사업 중에 임대를 주업으로 하는 사업인 것이다. 사업은 하루이틀 하고 말 일이 아니잖는가. 이 사업 시작하면 어떤 세금을 어떻게 내야 할까?

임대사업자는 크게 일반임대사업자와 주택임대사업자로 나뉜다. 둘은 조금 다르다.

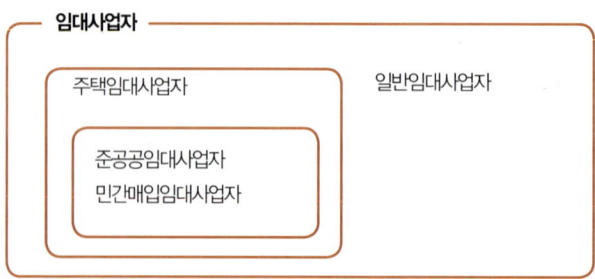

일반임대사업자

상가나 업무용 오피스텔을 임대하는 사람은 일반임대사업자를 내야 한다. 일반임대사업자는 과세사업자인데, 과세사업자는 일년에 두 번 부가세 신고를 한다(예정신고까지 하면 총 4번). 암만 해도 세금 관련 일이 좀 번거롭다.

주택임대사업자

주택임대사업자는 집, 즉 주거용만 임대하는 사람들이다. 주택임대사업자는 부가세를 내지 않는 면세사업자이다. 부가세를 내지 않는 대신, 매년 2월에 사업자현황신고서를 제출한다. 또, 매년 5월에는 소득세 신고를 해야 한다. 이때 신고하는 소득세가 바로 임대소득세이다. 원칙상 임대사업자 등록을 하지 않았더라도 임대소득이 있으면 종합소득세 신고를 해야 한다(등록하지 않은 임대사업자가 많아 정부는 등록 의무화 여부를 검토 중이라고 공표하였다).

세금 이야기를 하기 전에 주택임대사업자의 종류부터 확인해 보자. 사업 종류에 따라 의무임대기간이 다르다.

주택임대사업자는 크게 세 종류가 있다.

① **집을 지어서 임대 주는 건설임대사업자** : 건설임대사업자는 일반 개인이 하기 힘드니 경매하는 우리에게는 해당사항이 없다.
② **8년간 의무임대를 하는 준공공임대사업자** : 민간주택이면서도 임대료 인상 규제, 8년 이상 의무임대 등 공공성을 갖는 임대주택이다. 취득세, 재산세 등 세제 감면과 주택자금지원 등을 받는 대신 정부로부터 임대료 인상 상한 등의 규제를 받는다. 2013년 4월 주거안정화를 위한 부동산대책의 하나였으며, 2013년 12월 5일부터 시행되고 있다. 준공공임대사업자는 규제가 많다. 그래서 정부는 대대적인 이벤트를 진행 중이다. 준공공임대주택으로 등록 후 10년간 임대 시 양도세를 전액 면제해 준다(2020년까지 적용).
③ **4년간 의무임대를 하는 민간매입임대사업자** : 일반적으로 말하는 임대사업자이다(현재 폐지).

이하 임대사업자는 민간매입임대사업자를 기준으로 이야기한다.

임대사업자로 등록을 하면 8년간(2016년 1월 17일 이전 등록자는 의무임대기간 5년) 집을 팔 수 없다(다른 임대사업자에게만 양도 가능). 매도도, 폐업도, 사장 맘대로 불가능하니 사장에게 참 불리한 사업이다. 그럼에도 불구하고 임대사업자 등록을 하는 이유 중 하나는 세금혜택 때문이다.

임대사업자에게 어떤 세금혜택이 있을까?

취득세

임대사업자는 취득세 면제 혜택이 있다. 다만, 신규 분양주택이어야 하고, 그 면적이 전용 60㎡ 이하여야 한다(60~80㎡는 25% 감면). 최초 분양주택이 아닌 이미 지어진 집은 대상이 아니다. 경매로는 그 조건을 충족하기 힘들다.

재산세

재산세 면제는 건설임대사업자에게만 해당되는 이야기다. 민간매입임대사업자인 경매하는 사람에게는 면제가 아닌 50% 감면 혜택이 있다. 오피스텔도 주거용으로 임대하면 감면 혜택이 있다.

종합부동산세

임대사업자를 내는 가장 큰 이유이다.

임대사업자는 집이 많다 보니 공시가격 6억을 훌쩍 넘기기 쉽다. 대출이 가득한 집이라도 세금 부과 때 대출은 감안하지 않으니 종부세 대상자가 된다. 종합부동산세는 재산세보다 세율이 높아서 매년 내야 하는 금액이 상당히 부담스럽다. 따라서 보유한 집의 공시가격이 6억 이상이라면 임대사업자를 내는 것이 유리하다. 다만, 2018년 4월 1일부터 준공공임대주택만 합산배제 혜택을 받는다. 조정대상지역에서는 준공공임대주택도 합산배제 혜택을 받을 수 없다.

양도세

임대사업자 본인이 사는 집은 양도세 면제다. 1주택자와 같다. 임대사업자 본인 집은 사업용이 아닌 거주용이기에 1세대 1주택자와 같이 취급해 준다는 뜻이다. 다만, 임대사업자 거주주택 비과세 제도는 2019년 2월 12일 이후 크게 달라졌다. 과거를 포함해서 생애 최초로 양도하는 거주주택인 경우에만 양도세가 비과세 된다. 이미 2019년 2월 12일 이전에 거주주택 비과세를 받은 임대사업자가 2019년 2월 12일 이후에 취득, 이사해서 거주하고 있는 주택이 있다면 이 주택은 팔 때 비과세를 받지 못한다.

■ **다주택자 중과세율 적용 판정 절차** (양도당시 기준)

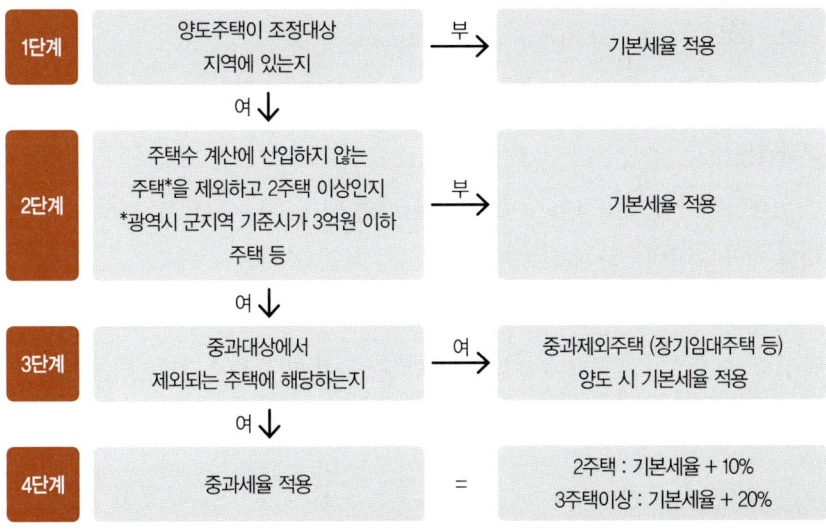

* 주택수에 조합원입주권, 분양권('21.1.1.이후 취득) 포함

임대사업자의 사업소득, 임대소득세

집이 있는 곳에 세금이 있듯이 소득이 있는 곳에 세금이 있다.

회사원은 매달 월급에서 일정 금액을 세금으로 먼저 내고, 연말에 환급을 받는다. 이것을 연말정산이라고 한다. 그동안 더 낸 세금이 있다면 돌려받는다. 만약 그동안 낸 세금이 적으면 더 내야 할 수도 있다.

사업자는 매달 내는 세금이 없기에 일년에 한 번(매년 5월 31일) 종합소득세 신고를 한다.

임대사업자도 사업자이기에 종합소득세를 내게 된다. 임대사업자의 소득에 대한 세금을 임대소득세라고 한다.

과거에는 임대소득에 대해 정부에서 제대로 세금을 부과하지 않았다. 우여곡절 끝에 정부는 전월세에 대한 과세 방향을 2014년 6월에 결정했다.

① 임대소득이 2천만원 이상이면 종합소득세를 내야 한다. 종합소득세율은 6~38%이며, 구간별 누진세여서 소득이 많을수록 세금이 많아진다. 따라서 사업소득이나 근로소득 등 다른 소득이 있는 사람은 불리하다.
② 임대소득이 2천만원 이하라면 분리과세가 된다. 분리과세는 정기적인 수입이 아닌 비정기적인 수입에 적용되는 것으로 세율은 14%다.

주택임대소득의 총 수입금액은 해당과세기간의 수입의 합계이다. 일반적으로 1년치 월세와 보증금에 대한 간주임대료의 합계액으로 계산한다

간주임대료는 3주택이상 소유한 사람의 전세보증금이 3억원을 초과할 때 수입금에 포함한다. (단 21년 말까지 40m이며 2억원 이하의 주택은 포함하지 않는다.)

사업소득이 생기면 지역의료보험으로 전환되는데, 소득이 2천만원 이하인 피부양자(직장 다니는 아들의 직장의료보험에 속해 있는 아버지)는 직장의료보험이 그대로 유지된다.

직장의료보험 대상자는 소득이 7200만원이 넘어야 지역의료보험으로 전환되므로 대부분 직장의료보험 자격을 그대로 유지할 수 있다. (의료보험체계는 현재 계속 수정 논의 중이며 대대적인 개편이 있을 예정이다.)

에 | 필 | 로 | 그

마음에는 관성이 있다.

기존대로 흘러가는 것이 편하다. 새로운 시선과 낯선 행동, 해보지 않았던 다른 방식과 같은 것들은 모두 불편하다. 세상은 내가, 그리고 여러분이 원래 살던 방식대로 살라고 한다. 시도하지 말고, 도전하지도 말고, 안전하게 이곳에 머무르기를 권한다.

나의 사랑하는 가족, 나의 가장 친한 친구, 나와 맘이 딱 맞는 동료가 말한다.

"넌 지금이 딱 좋아!!"

마음의 관성은 '핑계'라는 친구를 불러온다.

누구는 부동산 시장이 활황이라 시도하기에 너무 늦었고, 누구는 또 불황이라 너무 늦어버렸다고 한다. 마음먹고 뭔가 하려고 하면 일이 생긴다. 투자하려고 돈을 모아두면 꼭 쓸 일이 생기고, 현장에 가기로 하면 갑자기 비가 오고, 법원에 가려면 아이가 아프다.

당신은, 지금이 딱 좋은가.

세상의 이치라는 게 참 단순하다.

인과법칙! 원하는 결과가 있으려면 반드시 원인이 필요하다. 공부를 잘하려면 먼저 책을 펼쳐야 하고, 복권에 당첨되려면 일단 복권을 사야 한다.

임대사업자가 되려면 임대할 물건이 있어야 한다. 하루 종일 남의 물건 앞에 서서 바라보기만 하는 것은 소용없다.

집과, 건물과, 땅은 모두 주인이 있다. 그 주인 중 하나가 당신인 것은 이상한 일이 아니다. 원하는 것을 가져도 좋다.

이제 당신 차례다. 언제나처럼 당신을 응원한다.

별첨1 | 농지취득자격증명원

[별지 제5호 서식] 〈개정 2009. 11. 27〉

제 호

농지취득자격증명

농지 취득자 (신청인)	성 명 (명 칭)		주민등록번호 (법인등록번호)	
	주 소	시 구 동 도 시 군 읍 면 리 번지		
	연 락 처		전화번호	
취득 농지의 표시	소 재 지	지 번	지 목	면적(m²)
취득목적				

귀하의 농지취득자격증명신청에 대하여 「농지법」 제8조 및 같은 법 시행령 제7조 제2항에 따라 위와 같이 농지취득자격증명을 발급합니다.

년 월 일

시장 · 구청장 · 읍장 · 면장 [직인]

〈유의사항〉
○ 귀하께서 해당 농지의 취득과 관련하여 허위, 그 밖에 부정한 방법에 따라 이 증명서를 발급받은 사실이 판명되면 「농지법」 제59조에 따라 3년 이하의 징역이나 1천만원 이하의 벌금에 처해질 수 있습니다.
○ 귀하께서 취득한 해당 농지를 취득목적대로 이용하지 아니할 경우에는 「농지법」 제11조 제1항 및 제62조에 따라 해당 농지의 처분명령 및 이행강제금이 부과될 수 있습니다.

[별지 제4호 서식] 〈개정 2009. 11. 27〉 (앞 쪽)

농업경영계획서

취득대상농지에 관한 사항	① 소재지			② 지번	③ 지목	④ 면적 (m²)	⑤ 영농거리	⑥ 주재배 예정 작목	⑦ 영농 착수 시기
	시·군	구·읍·면	리·동						
	계								

농업경영노동력의 확보방안	⑧ 취득자 및 세대원의 농업경영능력				
	취득자와 관계	성별	연령	직업	영농경력(년)	향후 영농여부
	⑨ 취득농지의 농업경영에 필요한 노동력확보방안			
	자기노동력	일부고용	일부위탁	전부위탁(임대)

농업기계·장비의 확보방안	⑩ 농업기계·장비의 보유현황					
	기계·장비명	규격	보유현황	기계·장비명	규격	보유현황
	⑪ 농업기계장비의 보유 계획					
	기계·장비명	규격	보유계획	기계·장비명	규격	보유계획

⑫ 연고자에 관한 사항	연고자 성명		관계	

「농지법」 제8조 제2항에 따라 위와 같이 본인이 취득하려는 농지에 대한 농업경영계획서를 작성·제출합니다.

년 월 일

제출자 (서명 또는 인)

(뒤 쪽)

⑬ 소유농지의 이용현황

소 재 지				지번	지목	면적 (m²)	주재배 작목	자경 여부
시·도	시·군	읍·면	리·동					

⑭ 임 차(예정)농지현황

소 재 지				지번	지목	면적 (m²)	주재배 (예정) 작목	임 차 (예정) 여 부
시·도	시·군	읍·면	리·동					

⑮ 특 기 사 항	

※ **기재상 주의사항**

⑤란은 거주지로부터 농지소재지까지 일상적인 통행에 이용하는 도로에 따라 측정한 거리를 씁니다.

⑥란은 그 농지에 주로 재배·식재하려는 작목을 씁니다.

⑦란은 취득농지의 실제 경작 예정시기를 씁니다.

⑧란은 같은 세대의 세대원 중 영농한 경력이 있는 세대원과 앞으로 영농하려는 세대원에 대하여 영농경력과 앞으로 영농 여부를 개인별로 씁니다.

⑨란은 취득하려는 농지의 농업경영에 필요한 노동력을 확보하는 방안을 다음 구분에 따라 해당되는 난에 표시합니다.

  가. 같은 세대의 세대원의 노동력만으로 영농하려는 경우에는 자기노동력란에 ○표

  나. 자기노동력만으로 부족하여 농작업의 일부를 고용인력에 의하려는 경우에는 일부고용란에 ○표

  다. 자기노동력만으로 부족하여 농작업의 일부를 남에게 위탁하려는 경우에는 일부위탁란에 위탁하려는 작업의 종류와 그 비율을 씁니다. [예 : 모내기(10%), 약제살포(20%) 등]

  라. 자기노동력에 의하지 아니하고 농작업의 전부를 남에게 맡기거나 임대하려는 경우에는 전부위탁(임대)란에 ○표

⑩란과 ⑪란은 농업경영에 필요한 농업기계와 장비의 보유현황과 앞으로의 보유계획을 씁니다.

⑫란은 취득농지의 소재지에 거주하고 있는 연고자의 성명 및 관계를 씁니다.

⑬란과 ⑭란은 현재 소유농지 또는 임차(예정)농지에서의 영농상황(계획)을 씁니다.

⑮란은 취득농지가 농지로의 복구가 필요한 경우 복구계획 등 특기사항을 씁니다.

별첨2 | 국유재산 매각입찰공고문(2017년)

2017년 제4회 국유재산 매각 입찰 공고

1. 입찰물건의 표시 물건의 목록과 같음

2. 입찰참가자격
가. 모든 사람(내·외국인 및 법인 포함)의 참가가 가능합니다. 단, 개별물건정보의 입찰 방식이 지명경쟁으로 표시된 건은 지명경쟁입찰이므로 사전에 참가자로 지명된 자만 입찰이 가능합니다.
나. 대리인이 입찰에 참가하고자 하는 경우에는 입찰마감일까지 대리입찰신청서(입찰자의 날인 및 인감증명이 첨부된 위임장)를 작성하여 한국자산관리공사 국유재산기획실에 제출하여야 합니다.
다. 2인 이상이 공동명의로 입찰에 참여하고자 하는 경우에는 입찰마감일까지 공동입찰참가신청서(공동입찰자의 날인 및 인감증명이 첨부된 위임장)를 한국자산관리공사 국유재산기획실에 제출하고 대표 입찰자 명의로 입찰에 참여해야 합니다.
라. 민법상 만19세 미만의 미성년자 명의로 입찰에 참가하고자 하는 경우에는 입찰마감일까지 법정대리인의 미성년자입찰참가동의서(법정대리인 인감증명서 및 주민등록등본 첨부)를 한국자산관리공사 국유재산기획실에 제출하여야 합니다.
  * 대리입찰신청서, 공동입찰참가신청서, 미성년자입찰참가동의서는 온비드(http://www.onbid.co.kr)의 온비드 이용안내 → 자료실 → 서식자료 메뉴의 국유재산 서식을 참조하시기 바랍니다.
  * 날인 및 인감증명은 이와 동일한 효력을 가진 서명 및 본인서명사실확인서로 대체할 수 있습니다.

3. 입찰 및 개찰

회차	차수	입찰기간	개찰일자	계약체결일	적용률
4	10	2017.03.06 10:00 ~ 2017.03.08 17:00	2017.03.09 10:10	2017.03.16 한	100%
4	11	2017.03.13 10:00 ~ 2017.03.15 17:00	2017.03.16 10:10	2017.03.23 한	100%
4	12	2017.03.20 10:00 ~ 2017.03.22 17:00	2017.03.23 10:10	2017.03.30 한	90%

4	13	2017.03.27 10:00 ~ 2017.03.29 17:00	2017.03.30 10:10	2017.04.06 한	80%
4	14	2017.04.03 10:00 ~ 2017.04.05 17:00	2017.04.06 10:10	2017.04.13 한	70%
4	15	2017.04.10 10:00 ~ 2017.04.12 17:00	2017.04.13 10:10	2017.04.20 한	60%
4	16	2017.04.17 10:00 ~ 2017.04.19 17:00	2017.04.20 10:10	2017.04.27 한	50%

※ 낙찰자발표 : 한국자산관리공사 전자자산처분시스템(http://www.onbid.co.kr)

4. 입찰방법
일반경쟁입찰 또는 지명경쟁입찰에 의합니다.

5. 입찰참가 전 준비사항
입찰자는 입찰참가 전까지 온비드(www.onbid.co.kr) 회원가입 후 공인인증기관으로부터 전자입찰용(범용) 공인인증서를 발급받아 온비드에 등록하여야 합니다.

6. 입찰예정가격 및 입찰보증금
가. 입찰예정가격은 '국유재산법 시행령' 제42조(처분재산의 예정가격)에 따라 대장가격이 3천만원 이상인 경우에는 두 개의 감정평가법인의 평가액을 산술평균한 금액을 적용하고, 대장가격이 3천만원 미만인 경우에는 하나의 감정평가법인의 평가액을 적용합니다.
  * 감정평가 금액을 확인하고자 하실 경우 반드시 각 물건별로 첨부된 감정평가서를 열람하여 주시고 추가적인 문의사항은 해당 물건 담당자와 충분히 상담하시기 바랍니다.

나. 일반경쟁입찰을 두 번 실시하여도 낙찰되지 아니한 재산에 대하여는 세 번째 입찰부터 최초 매각 예정가격의 100분의 80(국가가 활용할 가치가 없는 재산으로서 보존하기에 적합하지 않은 재산의 경우에는 100분의 50)을 최저한도로 하여 매회 100분의 10의 금액만큼 그 예정가격을 낮추는 방법으로 조정합니다.

다. 입찰자는 매수하고자 하는 금액의 5%에 해당하는 금액을 입찰마감 전까지 온비드에서 지정한 예금계좌에 현금으로 입금(수표로 입금할 경우 입금창구 은행이 발행한 수표)하거나 전자보증서(보증보험증권)를 제출하여야 합니다.

라. 낙찰자의 입찰보증금(낙찰금액의 5% 이상)은 계약보증금으로 대체되며, 입찰보증금을 제외한 계약보증금(낙찰금액의 10%에서 입찰보증금을 제외한 금액)은 매매계약 체결 시에 납부하여야 합니다. 또한, 입찰보증금을 보증보험증권으로 제출한 낙찰자

는 계약 체결 시 계약보증금(낙찰금액의 10%)을 현금(수표로 입금할 경우 입금창구 은행이 발행한 수표)으로 납부하여야 합니다.
마. 입찰자는 입찰 후 온비드에서 본인의 입찰서 제출 및 입찰보증금의 납부가 완료되었음을 직접 확인하여야 하며, 이를 확인하지 않아 발생한 불이익 등에 대해서는 입찰자 본인이 책임을 부담합니다.
바. 입찰 결과 무효 또는 유찰된 경우 입찰보증금은 입찰자가 지정한 환불계좌로 이자 없이 반환되며 별도의 송금수수료가 발생될 경우에는 입찰보증금에서 이를 공제합니다.

7. 입찰의 무효 및 취소
가. 입찰보증금을 납부하지 아니한 입찰, 동일물건에 대하여 동일인이 2통 이상의 유효한 입찰서를 제출한 입찰, 기타 입찰공고에 고지한 내용을 위반한 입찰은 낙찰자 결정 이후라도 무효로 처리하며, 계약체결 이후 위반사실이 발견될 경우에도 계약을 취소할 수 있습니다.
나. 공고일 이후 입찰 종료 시까지 공고물건에 대하여 불가피하게 취소사유가 발생한 경우에는 해당 물건의 입찰을 무효 처리합니다.
다. 입찰 진행 시 온비드 장애 및 기타 사유로 인하여 입찰진행이 어려운 경우에는 인터넷입찰을 연기 또는 중지할 수 있습니다.

8. 낙찰자 결정방법
가. 온비드 시스템에서 전자적 방법으로 일괄 개찰하여 매각예정가격 이상의 유효한 입찰이 성립한 경우에 한하여 그중 최고가액의 입찰자를 낙찰자로 결정합니다.
나. 동일한 최고가격으로 입찰한 자가 2인 이상인 경우에는 온비드 시스템에 의한 무작위 추첨으로 낙찰자를 결정합니다.

9. 계약체결 및 대금납부방법
가. 낙찰자는 낙찰일로부터 5영업일 이내에 신분증, 주민등록등본 1통 및 인장을 지참하여 매매계약을 체결해야 하며 이에 응하지 않을 경우에는 낙찰을 무효로 하고 입찰보증금은 국고에 귀속됩니다.
나. 매매계약 체결일로부터 60일 이내에 잔대금 전액을 납부해야 하며, 미납시 매매계약은 해지(해제)되고 입찰보증금은 국고에 귀속됩니다. 다만, 토지에 한하여 매각대금이 1천만원을 초과하는 경우에는 그 매각대금을 3년 이내의 기간에 걸쳐 나누어 낼 수 있

습니다. 이경우, 매각대금 잔액에 대해서는 국유재산법에서 정한 이자가 추가됩니다. 또한, 연부취득(2년 이상 분할납부)하는 경우, 계약금 납입시를 포함하여 대금 납부시마다 60일이내 취득세 신고 및 납부를 하여야 합니다.
다. 외국인 등이 '외국인토지법' 제4조 제2항의 규정에 의하여 토지거래허가를 받아야 하는 경우에는 시장·군수 또는 구청장에게서 토지취득허가증을 교부받는 날로부터 5영업일 이내에 매매계약을 체결하여야 하며, 외국인 등이 토지취득허가증을 받지 못한 경우에는 낙찰취소 또는 수의계약 요청을 무효로 하고 보증금은 낙찰자 또는 수의계약 요청자에게 반환됩니다
라. 농지법 등 관계법령에 의하여 농지취득자격증명이 필요한 경우 등 취득(소유권등기)이 제한되는 사항은 매수자가 갖추어야 할 요건이므로 사전확인 후 응찰하시기 바랍니다.

10. 물건별 부대조건
매매계약 내용이나 기타조건 등 상세조항은 물건기본정보에 표시된 담당부서에 필히 문의(확인)하시고 입찰하시기 바랍니다.

11. 공통조건
가. 입찰물건 중 관련 법령 등의 규제, 구조, 규격, 품질, 수량 등이 입찰내용과 상이한 경우에도 현 상태대로 매각하는 것이므로 사전에 공부의 열람과 현장을 충분히 답사하시고 사실 확인 후 입찰하시기 바랍니다.
나. 매매목적물에 표시되지 않은 물건(쓰레기, 산업폐기물 포함)의 명도나 철거는 매수자 책임이며, 매매목적물에 표시된 미등기건물에 대한 행정관청의 무허가 건물철거명령에 따른 철거책임(이행강제금, 벌과금 등 제비용 부담 포함)과 철거에 따른 매매목적물의 감소로 인한 손해도 매수자가 부담하여야 합니다.
다. 국유재산의 대부료 또는 매각대금을 연체중인 자는 낙찰자 결정 이후라도 낙찰을 무효로 처리하며, 국유재산에 대한 매매계약 체결이 불가하오니 반드시 사전에 대부료 또는 매각대금 연체여부를 확인 후 입찰에 참가하시기 바랍니다.
라. 매매계약 체결 이후 계약이 해제되는 경우에는 과납금 중에서 계약보증금(국고귀속 사유발생시), 원상회복비용, 제세공과금 등을 공제한 잔액만을 이자 가산 없이 반환합니다.
마. 기타 조건은 국유재산 관련 법령, 입찰참가자준수규칙에 의하여 동 법령, 규칙, 국유

재산 매매계약서 및 감정평가서는 담당부서에 항상 비치되어 있사오니 사전에 열람하시기 바랍니다.
바. 매매계약의 당사자는 '부동산 거래신고에 관한 법률' 제3조에 의거 매매계약체결일로부터 60일 이내에 부동산의 관할 기초자치단체의 장에게 부동산 거래내용을 신고할 의무가 있습니다.

12. 수의계약 안내
가. 금번 매각 입찰결과 2회에 걸쳐 유효한 입찰이 성립되지 아니한 물건에 대해서는 입찰종료 후 차기 입찰기일 전까지 공고된 매각예정가격 이상으로 수의계약이 가능합니다.
나. 개찰일 이후부터 차기 입찰기일 전일 사이에 수의계약 체결을 희망하는 자는 금번 입찰공고 내용에서 정한 매각예정가격의 10% 이상을 계약보증금으로 지정계좌에 입금하고 매수신청서를 제출하여야 하며, 우선 입금·납부한 자를 당사자로 선정합니다.
다. 계약보증금의 납부 전에 수의계약 신청인이 2인 이상 경합하는 경우에는 매수희망가격을 제출받아 최고가격을 제시한 자를 계약당사자로 결정합니다.
라. 계약대상자로 선정된 자는 입금일로부터 5영업일 이내에 신분증, 주민등록등본 1통 및 인장을 지참하여 매매계약을 체결하여야 하며 이에 응하지 않을 경우에는 수의계약 의사가 없는 것으로 간주하여 계약보증금은 국고에 귀속됩니다.
마. 매매계약 체결일로부터 60일 이내에 잔대금 전액을 납부해야 하며, 미납시 수의계약 의사가 없는 것으로 간주하여 계약보증금은 국고에 귀속됩니다. 다만, 토지에 한하여 매각대금이 1천만원을 초과하는 경우에는 그 매각대금을 3년 이내의 기간에 걸쳐 나누어 낼 수 있습니다. 이 경우, 매각대금 잔액에 대해서는 국유재산법에서 정한 이자가 추가됩니다.

2017년 2월 20일
한국자산관리공사 국유재산총괄부장
48400 부산광역시 남구 문현금융로 40 부산국제금융센터 42층

MEMO

MEMO

MEMO

MEMO

MEMO

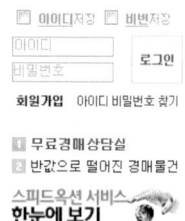